W0242574

Mosaik bei
GOLDMANN

Buch

Auf den Spuren des Kan-Yu-Meisters Yo Han, der in der Zeit des ersten Kaisers des vereinten Chinas lebte, taucht der Leser ein in die faszinierende Welt des klassischen Feng-Shui und erfährt die uralten Geheimnisse und Übungen dieser Zeit. Die Übungen, auf denen das jahrtausendealte Wissen der führenden Meister basiert, sind eine wunderbare Kombination aus Meditation und Bewegung, die auch heute noch für jeden leicht nachzuvollziehen sind. Sie verbinden Körper und Seele und symbolisieren das Gleichgewicht von Yin und Yang. Neben diesen Übungen, deren positive Wirkungen sofort spürbar sind, erklären Thomas Fröhling und Katrin Martin-Fröhling zahlreiche Maßnahmen des klassischen Feng-Shui und verraten viele Tricks, die unser heutiges Leben bereichern.

Autoren

Katrin Martin-Fröhling ist Mitbegründerin und Ausbildungsleiterin des Deutschen Feng Shui Instituts (DFSI). Sie erarbeitet die Ausbildungskonzepte des DFSI und widmet sich mit besonderer Hingabe der Forschung. Neben ihrer Beratertätigkeit für große Firmen, zum Beispiel für die Lufthansa, entwirft sie Lampen, Teppiche und andere Einrichtungsaccessoires. Bekannt wurde sie als die Erfinderin der Katma-Edelsteinessenzen.

Thomas Fröhling ist Journalist, Leiter eines Literaturbüros und Autor von mehr als 50 Büchern. Bei seinen kulturhistorischen Forschungen stieß er vor vielen Jahren auf die Harmonielehre Feng-Shui. Gemeinsam mit Katrin Martin-Fröhling gründete er 1999 das Deutsche Feng Shui Institut. Seitdem arbeitet er dort als Ausbildungsleiter sowie als Management-Berater und hat sich vor allem auf die Erarbeitung erfolgreicher Firmen-Logos spezialisiert.

Außerdem von Katrin Martin-Fröhling und Thomas Fröhling
bei Mosaik bei Goldmann

Feng Shui heute (16567)
Wohnen mit Feng Shui (16319)
Der Feng Shui Berater (16693)

Thomas Fröhling
Katrin Martin-Fröhling

Der Feng Shui Meister

Vom Ursprung der Lehre

Mosaik bei
GOLDMANN

Die Ratschläge in diesem Buch wurden von den Autoren und vom Verlag sorgfältig erwogen und geprüft, dennoch kann eine Garantie nicht übernommen werden. Jegliche Haftung der Autoren bzw. des Verlags und seiner Beauftragten für Personen-, Sach- und Vermögensschäden ist ausgeschlossen.

Bildnachweis:
Illustrationen S. 143, 146, 150, 154, 157, 161, 165, 168 Johann Valentin Wittkamp;
alle weiteren Abbildungen von Thomas Fröhling und Katrin Martin-Fröhling

FSC
Mix
Produktgruppe aus vorbildlich bewirtschafteten Wäldern und anderen kontrollierten Herkünften

Zert.-Nr. SGS-COC-1940
www.fsc.org
© 1996 Forest Stewardship Council

Verlagsgruppe Random House FSC-DEU-0100
Das für dieses Buch verwendete FSC-zertifizierte Papier *Munken Print* liefert Arctic Paper Munkedals AB, Schweden.

1. Auflage
Originalausgabe Mai 2007
© 2007 Wilhelm Goldmann Verlag, München,
in der Verlagsgruppe Random House GmbH
Umschlaggestaltung: Design Team München
Umschlagmotiv: corbis/BarneyBurstein
Redaktion: Dunja Reulein
Satz: Buch-Werkstatt GmbH, Bad Aibling
Druck und Bindung: GGP Media GmbH, Pößneck
WR · Herstellung: Han
Printed in Germany
ISBN 978-3-442-16811-8

www.mosaik-goldmann.de

Wir widmen dieses Buch unseren Vätern, unserem guten Freund, dem Master First Degree Roul Ramirez Chen, der Journalistin Kathrin Wriedt – und natürlich unserem Sohn Julian Sebastian, der trotz seiner Jugend mehr und mehr die Züge eines weisen Chinesen annimmt.

Inhalt

Vorwort

Liebe Leserin, lieber Leser,

Wir möchten Sie zu einer einzigartigen Lektüre einladen – und einen Vorhang im Feng-Shui heben, der bisher fest verschlossen war. Und zwar nicht nur für oberflächlich Interessierte der Harmonielehre, sondern auch für langjährige Berater, Meister und Großmeister in aller Welt.

Kann das wirklich sein? Wenn Sie heute den Begriff »Feng-Shui« (übersetzt: Wind und Wasser) beim Internet-Händler amazon.de eingeben, erhalten Sie 460 Bucheinträge. Fragen Sie weltweit Literatur über die Harmonielehre aus Asien ab, können Sie getrost noch zwei Nullen dranhängen. Und Sie, die Leserin, der Leser, fragen sich nun mit Recht: Muss noch ein 46 001. Ratgeber auf den Markt kommen, wurde nicht schon alles über Feng-Shui geschrieben, was es zu schreiben gibt?

Gute Frage! Doch in diesem einen, einzigen Fall können wir sagen: Nein! – Dieses Buch, das Sie gerade aufgeschlagen haben, beschäftigt sich mit einer Seite des Feng-Shui, die in keinem der aktuellen Werke behandelt wird. Denn in unserem »Meister« geht es um den geheimnisvollen Hintergrund dieser Lehre, der in eine Zeit fällt, als sie den heute bekannten Namen »Wind und Wasser« noch gar nicht besaß. Dieses Buch greift zudem einen sehr speziellen Aspekt auf, der längst in Vergessenheit geraten ist. Wir haben Aufzeichnungen im asiatischen Raum entdeckt (unter anderem neben China auch auf den Philippinen und in

Taiwan), die lange vor Christi Geburt entstanden sind und eine einzigartige Geschichte erzählen! Nämlich die der frühen Meister dieser Harmonielehre, die am Hofe des chinesischen Hochadels als Prinzenerzieher tätig waren. Und dieses spezielle Wissen, das weitergegeben wurde als Herrschaftswissen für spätere Regenten, zaubert ganz neue Farben auf die Palette des Feng-Shui. Denn viel stärker als das heute übliche New-Age- oder das so genannte Klassische Feng-Shui bezieht es den reichen Schatz der chinesischen Philosophie und die unendliche Weisheit des ältesten Orakelbuchs der Welt, des *I Ging,* nicht nur oberflächlich mit ein. Nein: Es wird hier als eine klare Arbeitsgrundlage genutzt, die unverzichtbar ist.

Und zum Dritten werden Sie mit einer neuen Analysemethode vertraut gemacht, die von den Autoren in den langen Jahren des Studiums des *I Ging* entwickelt wurde. Hier finden Sie einen ganz frischen Ansatz, der Sie direkt zu sich selbst führen wird. Dieses – von uns so genannte – »TrI Ging« hat uns in einem Augenblick gefunden, in dem es von den Menschen unserer modernen Zeit ganz besonders gebraucht wird …

Am Ende erhalten Sie als Leser dieser zum Teil mehr als 2000 Jahre alten Texte das große Geschenk einer wirklich universellen Lehre. Hier geht es nicht nur um Wohnen im Einklang mit der Umgebung – sondern parallel dazu um den Weg zur wahren Gesundung, zu einem von keinerlei Krankheit getrübten, frohen Alter und endlich dann mit dem TrI Ging zum wahren Ich.

Das also ist der Weg, den wir mit Ihnen gehen werden. Wir freuen uns auf Sie!

Herzlich, Ihre
Katrin Martin-Fröhling und Thomas Fröhling

Einleitung

Gestatten Sie uns einen kurzen, aber notwendigen Rückblick, bevor wir auf den Kern vom Feng-Shui-Meister kommen. Wenn dieses Buch erscheint, sind genau elf Jahre vergangen, seitdem wir das erste Buch über Feng-Shui als Deutsche für den heimischen Markt verfassten. Es war ein schmaler Einsteiger-Band, einfach (aber nicht simpel!) geschrieben – denn wer kannte damals schon diese exotische Harmonielehre aus China? Zu unserer großen Überraschung wurde das Buch *Wohnen mit Feng-Shui* ein vielfach übersetzter Bestseller – und ist es bis heute. Es war wohl eben diese Schlichtheit, verbunden mit dem Anspruch, die asiatische Lehre nicht einfach zu übernehmen, sondern sie in unsere Kultur zu übertragen, die seinen Erfolg ausgemacht hat.

Vier Jahre danach kam dann – nach einem weiteren schmalen Buch, viel Medienrummel, Vorträgen, Beratungen und Schulungen – *Feng-Shui heute* heraus. Auch dieser Band hat einen Nerv getroffen. Denn neben und vor allem nach unserem Überraschungsbestseller erschienen sehr viele Bücher über die bis dahin weitgehend unbekannte Lehre. Doch es verwirrte nun viele Leser, dass in jedem dieser Werke Feng-Shui anders interpretiert wurde, ja gar Methoden vorgestellt wurden, die sich gegenseitig ausschlossen. Fast jeder Autor folgte irgendeiner Schule, einem Meister oder auch Guru. Und sie alle kehrten überaus selbstbewusst ihren Alleinvertretungsanspruch heraus! Und immer mehr Leser schrieben uns oder riefen einfach an mit der verzweifelten Frage: »Was ist denn nun das wahre Feng-Shui?«

Lehrbuch und Standardwerk

Vor allem um diesen Menschen eine klare und aufrichtige Antwort zu geben, schrieben wir *Feng-Shui heute*. In diesem – wie die Presse schrieb – »Lehrbuch und Standardwerk« erfuhren die Leser unter vielem anderen, warum diese Harmonielehre verschiedene Methoden kennt, das Element eines Menschen zu ermitteln; wann man das Kompass- und wann das Drei-Türen-Bagua nutzt; und ob Paare überhaupt noch weiter in einem Bett schlafen dürfen, wenn sie verschiedene Glücksrichtungen haben. (Natürlich dürfen sie das.)

Dieses Buch konnte nur erscheinen, weil wir stets wussten, dass wir unserem »Dao«, also unserem ganz eigenen Schicksal und Weg, zu folgen hatten. Und der führte uns nicht zu irgendeinem Großmeister, sondern zu uns selbst. Wir reisten nach vielen Irrungen und Wirrungen und endlich nach einer Ausbildung auf den Philippinen weiter durch Asien. Noch gab es bei uns Lücken, die kein Lehrer schließen konnte.

Wir waren auf der Suche nach den Antworten und den Urquellen dieser Lehre – denn nur hier konnten wir sie finden! Und wir fan-

den sie dann auch, oft nach mühsamer Recherchearbeit in Museen oder abgelegenen Buchhandlungen in uralten, längst vergessenen Schriften.

Wir entdeckten, dass der eigentliche Kern dieser Lehre multikulturell ist – und wir dies aber erst erkennen können, nachdem wir die chinesischen Traditionen herausgefiltert haben. Denn nicht nur in China, sondern überall auf der Welt war es Notwendigkeit und Ziel, im Einklang mit der Natur zu leben. Aus den Beobachtungen dazu erwuchsen dann teilweise umfassende Werke, die das Leben und Wohnen regelten und die bis heute für uns aktuell geblieben sind. Im Unterschied aber zu den Folgerungen etwa der Ägypter und Kelten, Griechen und Römer, die ganz gewiss zu ähnlichen Ergebnissen kamen, haben die Chinesen ihre Erkenntnisse sehr früh gesammelt, aufgeschrieben – und auch bewahren können! Und da ihr großes Reich zwar oft erschüttert, von innen oder außen erobert, doch niemals ganz zerstört wurde oder gar unterging, wie etwa die Reiche anderer Völker, konnte man die Aufzeichnungen über Jahrtausende hin aufbewahren. Das ist der große Unterschied zu den oben genannten Völkern, mit deren Reichen auch ein großer Teil ihrer Kultur unterging. China aber blieb über die Jahrtausende hinweg China.

Hintergrund der klassischen Schulen

Im Laufe der Jahrhunderte wurden die Quelltexte allerdings immer mehr von Traditionen überdeckt, die sich zuerst ganz direkt aus ihnen entwickelten, dann aber auch ohne jeden Bezug weiterwucherten. Die eigentliche Essenz der Beobachtungswissenschaft von den reinen Interpretationen, von Traditionen oder gar Aberglauben zu befreien, das war unsere Arbeit.

Dank dieser Recherche konnte es uns in *Feng-Shui heute* gelingen, den theoretischen Hintergrund der klassischen Schulen des Feng-Shui zu erklären und zugleich deutlich zu machen, in welchem Fall welche Methoden sinnvoll sind – und wann und wo auch nicht. Denn im Laufe der Zeit offenbarte sich uns immer mehr der Zusammenhang zwischen dem geografisch-geschichtlichen Hintergrund und der Entstehung bestimmter Methoden.

Dadurch verlor das Feng-Shui seine magisch geprägte Orthodoxie und seine Unbedingtheit, die bislang von sensiblen westlichen Lesern als sein größter Nachteil angesehen wurde. Und es gewann seine ursprüngliche Wahrhaftigkeit zurück, die es wieder mit den Schöpfungsgesetzen der Welt verbindet und es deshalb auch praktikabel für den heutigen Menschen werden lässt. Nach alledem ist es logisch, dass wir in unserem eigenen Lehrinstitut, in dem wir Berater und Meisterschüler ausbilden, diesen grundlegenden »schulübergreifenden« Ansatz etabliert haben.

Ein anderes Ergebnis unserer langjährigen Recherchearbeit freilich fand sich nicht in dem Buch *Feng-Shui heute* wieder: unsere Begegnung mit dem Ur-Feng-Shui und seinen Meistern. Wir hielten es nicht für klug, dieses Lehrbuch, als solches wird es jedenfalls längst international in Feng-Shui-Schulen genutzt, zu überlasten.

Nun allerdings, nach weiteren Jahren der Auseinandersetzung mit Feng-Shui in Theorie und Praxis und nachdem die Lehre nicht mehr weiter in die Breite wächst, sondern es Zeit wird, endlich in die Tiefe zu gehen, ist es für uns so weit, auch diese Schatztruhe zu öffnen.

Was will dieses Buch?

Rund um das Thema Feng-Shui – wir schrieben es bereits – existieren zahlreiche Veröffentlichungen. Sie alle beschäftigen sich mit der Oberfläche, bestenfalls den Grundlagen dieser Beobachtungswissenschaft. Doch wer sich tiefer gehend mit Feng-Shui befasst, weiß: Um erfolgreich mit Feng-Shui arbeiten zu können, benötigen wir weiterführende Informationen. Diese aber erwachsen ausschließlich aus einer viele Jahre andauernden Praxis.

Wir haben in unserem Institut ein Mentoring-System aufgebaut, das Feng-Shui-Berufsanfängern erlaubt, erfahrenen Beratern wie uns bei ihrer Arbeit über die Schulter zu schauen. Hier lernen sie dann Methoden kennen, die in keinem Buch dieser Welt zu finden sind. Denn sie sind ausschließlich das Ergebnis unserer Praxis- und Forschungsarbeit auf der Grundlage der Gesetze des Lebens, die ebenfalls Inhalt dieses Buchs sind – aber dazu gleich mehr.

Bewährte Profi-Tricks und -Tipps

Wenn Sie also wissen möchten, wie es gelingt, Hunderte von Kilometern auseinanderliegende Häuser oder Firmen energetisch zu verbinden oder eine blockierte Wand durch eine Feng-Shui-Akupunktur zu öffnen, dann halten Sie das richtige Buch in den Händen.

Und dann freuen wir uns, Ihnen eine völlig unbekannte, von uns auf der Grundlage klassischer Werke wiederentdeckte und in unsere Zeit übertragene Methode zu präsentieren. Sie beruht auf dem *I Ging*, dem ältesten Weisheitswerk der Welt, und beschreibt einen Weg, der dieses uralte Buch der Wandlungen und deren Hexagramme mit dem Feng-Shui verbindet.

Das TrI Ging

Wir haben unserer Methode den Namen TrI Ging gegeben, denn es geht dabei um die Ermittlung von Hexagrammen, die sich aus der Himmlischen und der Irdischen Anordnung der Trigramme ergeben und das Geburtspotential von Häusern bestimmen. Wenn Sie also im entsprechenden Kapitel von den TrI-Ging-Haustypen wie Tempel, Amtshaus oder Atelier lesen, dann stehen diese für jene verborgenen Qualitäten, die wir nun mithilfe des TrI Ging erwecken können. Darüber hinaus gelingt es uns, die zeitliche Qualität und die darin enthaltenen Entwicklungen sichtbar zu machen. Der Nutzen für Sie liegt klar auf der Hand: Mit diesem »neuen« alten Weg haben Sie die Möglichkeit, Unsichtbares sichtbar zu machen, um aus diesem Wissen die Chancen für zukünftige Entwicklungstendenzen zu ergreifen.

Die Gesetze des Lebens

Des Weiteren wird es in diesem Buch um die Gesetze des Lebens gehen. Sie sind die geistigen Grundlagen für das »Funktionieren« von Feng-Shui und waren für uns immer der Wegweiser in der Praxisarbeit als Berater und Ausbilder. Und auch, wenn sich bislang kein Buch über die Harmonielehre damit beschäftigt hat, sind diese Gesetze Grundlage aller Feng-Shui-Empfehlungen und als Schöpfungsprinzip unsichtbar in allem enthalten. Wenn Sie sich also jemals an Feng-Shui versucht haben und zu keinem rechten Ergebnis gelangt sind – nun, hier finden Sie die Gründe dafür.

Das Innere Feng-Shui

Weiterhin gehen wir in dem Kapitel über das Innere Feng-Shui auf die Wechselwirkungen zwischen dem Raumpotential und unserer persönlichen Entwicklung ein. Denn wie Sie wissen, gibt es eine Beziehung zwischen Raum und Mensch, und diese sehr allgemeine Aussage lässt sich konkret auf die Bagua-Energien übertragen. Und deshalb stehen bestimmte Eigenschaften, Sicht- und Verhaltensweisen auch mit den Bagua-Sektoren in Verbindung und können deren Verwirklichung fördern oder auch behindern. Dies zu erkennen ist wesentlich auf dem Weg zur Meisterschaft.

Mit unseren Bagua-Fragebögen haben Sie die Möglichkeit, Ihren persönlichen Energiestatus für jeden der acht Feng-Shui-Lebenswünsche festzustellen. Richtig verstandenes Feng-Shui beschreibt also auch einen Weg, Entwicklungsprozesse zu befördern, indem es im Umfeld bewusst Resonanzen etabliert.

Daran anschließend stellen wir Ihnen die goldenen drei Übungen der »Lotosweißen Bruderschaft« vor. Lange Zeit waren sie für die breite Öffentlichkeit verborgen. Mit diesen Ein-

übungen – die einst auch bei der Prinzenerziehung im alten China genutzt wurden – gelingt es uns, unseren persönlichen Weg des Dao zu vervollkommnen. Jede der hier vorgestellten Übungen reguliert auf unbeschreibliche Weise den Fluss der feinstofflichen Energien von Körper und Geist und bringt uns in Harmonie mit dem Universum.

Es lohnt sich, diese Übungen, die direkt von daoistischen Meistern für Eingeweihte entwickelt wurden, zu praktizieren und den Versuch zu wagen, sie in Ihr alltägliches Leben zu integrieren. Denn diese sowohl körperlichen als auch geistigen Exerzitien haben bei unseren Probanden wie auch uns selbst sehr große und tief greifende Wirkungen erzielt. Es gab niemanden, der von ihnen nicht auf schier unglaubliche Weise profitiert hätte.

Um es auf den Punkt zu bringen: Dieser daoistische Weg schenkt nicht das ewige Leben, aber er vermag durchaus, den Alterungsprozess sehr effektiv hinauszuzögern und auch im hohen Alter eine heitere Gesundheit zu erhalten.

Doch bis wir dahin kommen, haben wir noch einen weiten Weg vor uns. Nun geht es erst einmal um die unbekannte Geschichte des Feng-Shui. Sie brauchen diese Informationen, um nicht nur den Reichtum und die Dimension dieser Lehre zu begreifen, sondern auch, um ihre Verknüpfung mit dem Daoismus des Laotse zu erkennen.

Die unbekannte Geschichte des Feng-Shui

Vor knapp 20 Jahren begannen wir, die Geschichte des Feng-Shui zu erforschen. Zunächst erschien uns die Recherche relativ einfach, denn bekannt war ja damals schon: Ab dem 3. Jahrhundert n. Chr. wurde der Begriff »Feng-Shui« zum ersten Mal erwähnt; 500 Jahre später arbeiteten bereits in ganz China Meister nach den Prinzipien der Harmonielehre, noch einmal zwei Jahrhunderte danach waren die großen Schulen, die der Formen- und die der Kompass-Schule, fest etabliert. Aber ist es wirklich so einfach und überschaubar – und so zeitnah?

Nach und nach kamen uns immer mehr Zweifel, je intensiver wir bei unseren Reisen durch Asien in das Thema einstiegen. Uns wurde klar: Die Vernetzungen reichen weiter und sind viel tiefer in der Vergangenheit zu finden. Endlich fiel uns in einer Bibliothek in Taipeh das Werk des Meister Fo Lim in die Hände. Unsere Schülerin und Übersetzerin deutete den Titel etwa so: »1000 Blumen gingen dahin, die Sonne ist verdunkelt.«

Hier lasen wir zum ersten Mal sehr viel mehr und sehr viel Genaueres über die große Vergangenheit dieser Harmonielehre, deren Beginn, so Fo Lim, durchaus nicht gleichzusetzen ist mit dem Namen »Wind und Wasser«. Die – natürlich nicht nur durch diesen Meister – verbürgte Historie beginnt sehr viel früher, und sie erreichte nachweislich Jahrhunderte vor Christi Geburt ihren Höhepunkt. Ausgelöst durch die Daoisten! Diese

Tatsachen haben wir bereits in unseren früheren Büchern angedeutet. Entgegen der Meinung von Historikern und Sinologen haben wir stets geschrieben, dass diese Harmonielehre mindestens 3000 Jahre, ja bis zu 4000 Jahre alt sein könnte. Und Belege fanden wir nicht nur bei dem englischen Forscher und Jesuiten Eitel, der schon in Grabformationen, die mehr als 1000 Jahre v. Chr. errichtet wurden, fengshuiistische Einflüsse gesehen haben will. – Nein, wir fanden auch bei unseren Recherchen vor Ort unzweifelhafte Beweise dafür …

Bevor wir nun in diese unbekannte Geschichte des Feng-Shui einsteigen, lassen Sie uns ein Missverständnis ausräumen, das seit einigen Jahren durch die westliche Welt geistert. Für den interessierten Beobachter der Szene sind nämlich Lehrer, Meister und Schulen dieser Harmonielehre weltweit in – grob gesprochen – zwei unterschiedliche, starke Blöcke gespalten. Hinzu kommen nur sehr wenige »Unabhängige«, dazu zählen auch wir mit unserem Deutschen Feng Shui Institut. Zum einen großen Block zählen die Vertreter des so genannten Klassischen Feng-Shui, zum anderen die des New-Age-Feng-Shui.

Vertreter dieser beiden Strömungen behaupten von sich, entweder das einzige wahre Feng-Shui des alten chinesischen Imperiums zu praktizieren – oder aber die Harmonielehre in unsere moderne Zeit übertragen und damit für uns Heutige erst praktikabel gemacht zu haben. Doch uns war längst durch die Studien klar geworden: Die Methoden des Klassischen Feng-Shui ebenso wie die der »Drei-Türen-Bagua«-Anhänger kommen weder aus der frühen Ära noch aus der neuen Zeit des Feng-Shui – sondern beide entstammen der Spätphase dieser Lehre: dem 8. Jahrhundert n. Chr. In jenen Jahren erhielt die Beobachtungswissenschaft ihren Namen »Wind und Wasser«. Doch bezeichnet wurde damit eine uralte Lehre, die schon zuvor durch viele Jahrhunderte hinweg die Chinesen geprägt hatte. Freilich nicht unter der Begrifflichkeit »Feng-Shui«, sondern einem anderen Namen, nämlich »Kan Yu«, und noch einigen anderen, die regional benutzt wurden und hier nicht von Interesse sind.

Quellpunkt der Lehre

Unter welchem Namen auch immer: Hier gab es eine allgemein anerkannte Harmonielehre, die im ganzen Reich bereits eine gemeinsame Aussage und Ausrichtung besaß. Dieses wahre Feng-Shui, das sich am Kern und Quellpunkt dieser Lehre orientiert, beruft sich auf Laotse. Und in diesem Abschnitt soll es um eben diese unbekannte Geschichte gehen.

Um die Fakten verstehen und einordnen zu können, müssen wir zurückgehen in der Geschichte Chinas, die ja auch die Historie des Feng-Shui ist. Wir wissen zunächst einmal durch den Fund des »Peking-Menschen«, der vor rund 500 000 Jahren lebte, dass dieses Land schon sehr früh besiedelt war. Vor rund 5000 bis 6000 Jahren – auf genaue Zahlen haben sich die Geschichtswissenschaftler bis heute nicht einigen können – wurde dann China von Nomaden besiedelt. Sie also sind die wahren Urahnen der heutigen Chinesen. Auf dem Territorium der heutigen Volksrepublik begannen sie, ihr Vieh zu züchten, den Boden zu bebauen, und wurden schließlich sesshaft. Diese frühen Chinesen waren, wie die Urmenschen in aller Welt – ob in China, Griechenland oder Ägypten –, großartige Beobachter der Natur. Das mussten sie auch sein, denn es war damals für sie überlebenswichtig, Wissen über Himmel und Erde zu erlangen und zu sammeln. Und so lernten sie bald, welche Umweltbedingungen sie unterstützten und welche ihnen schadeten. Das war der Ursprung des Feng-Shui, das vor allem eines ist: eine Beobachtungswissenschaft der frühen Menschen.

Kreislauf der Natur

Der Weg der Erkenntnis ging über Jahrhunderte und Jahrtausende: Menschen gaben zuerst an ihre Kinder weiter, was sie über den Kreislauf der Natur entdeckt und erfahren hatten. Später war es die Aufgabe der Schriftkundigen, alles aufzuzeichnen und zusammenzufassen. Gesetzmäßigkeiten wurden erkannt, Folgerungen gezogen und in erste, einfache Modelle gepackt. Aus dem zunächst allgemeinen Wissen wurde später dann das Geheimwissen von Herrschern und Priestern, die damit ihren Führungsanspruch untermauern konnten. Das stellte den zweiten Schritt in der Entwicklungsgeschichte dieser Lehre dar. Freilich hatten die Sammlungen über die Naturphänomene noch keinen speziellen Namen, schon gar nicht »Feng-Shui«. Doch schon um diese Beobachtungen herum gruppierten sich ein-

太保相宅圖
太保

fache Vorschriften für Bauern, wann die Aussaat zu beginnen hatte, wie das Vieh bevorzugt gehalten und wo das Haus im Einklang mit der Natur gebaut werden sollte!

Über all das gibt es sehr frühe Zeugnisse. Eines davon ist der Erlass des Kaisers Kuang Yu, der bereits um 2200 v. Chr. anordnete, dass kein Haus gebaut werden dürfe, bevor nicht das Grundstück von Rutengängern auf schädliche Erddämonen (also auf Erdstrahlen oder Wasseradern) hin untersucht worden war. Diese Rutengänger können als die ersten Meister unserer Harmonielehre angesehen werden. Denn sie untersuchten nicht nur die Beschaffenheit des Bodens, sondern achteten auch darauf, dass das Haus in Harmonie mit der Umgebung errichtet wurde.

Die Erddämonen des Kaisers

In dieser frühen Zeit also kannte man schon zahlreiche Methoden und Regelwerke, die heute unter dem Namen Feng-Shui (wieder) zu uns kommen. Doch noch existierten die verschiedenen Modelle und Möglichkeiten in diversen Landesteilen nebeneinander. Einiges – so auch das Gesetz des Kaisers Kuang Yu – war bereits allgemein bekannt und anerkannt, anderes kam nur regional zur Anwendung.

Den Namen Feng-Shui erhielten die nun in ersten Regelwerken zusammengefassten Erkenntnisse über das rechte Leben und Bauen im Einklang mit der Natur erst viele Jahrhunderte später: und zwar in der Spätzeit dieser Lehre, ab dem 8. Jahrhundert – nach Christi Geburt. Und hier geht es dann nicht mehr um den Kern der Lehre, der multikulturell ist und daher seine tiefe Wahrheit für einen jeden von uns, sei er nun Asiat, Europäer oder Afrikaner, bereithält – sondern um regional entstandene Traditionen und Empfehlungen, die sich darumgebildet haben. Traditionen, die vielleicht noch für Chinesen selbst eine Bedeutung haben mögen, für uns Westler aber eher Zierrat sind. Denn wir haben andere kulturelle Wurzeln und Erinnerungen, die uns geprägt haben und deshalb für uns bestimmend sind.

Der Mann auf dem Pferd

Nur eins von sehr vielen Beispielen: In China sagt das Traditionelle Feng-Shui: »Richte Dein Haus keinesfalls nach Norden, ebenfalls lieber nicht nach Westen aus.« Der Grund: Im Norden Chinas lebten die Mongolen, die das Reich der Mitte immer wieder überfielen und es schließlich unterwarfen – im Westen finden wir die Wüste Gobi. Gut, keiner mag es, morgens aufzustehen und einen nackten Reiter vor sich zu haben, der mit einem Flitzbogen auf einen zielt. Ebenso wenig schätzt man Sand vor der Haustür. Empfehlungen dieser Art mögen also vielleicht in China einen gewissen Sinn haben, weil sie an die Urerinnerung der Einwohner anknüpfen – aber sie sind ohne jede Bedeutung für Menschen in Freiburg, London, Stockholm und Ottawa. Und da dies so ist, hat das so genannte Traditionelle Feng-Shui für uns nur eine sehr marginale Bedeutung.

Von Konfuzius bis Laotse

Lassen wir nun das Dunkel der Geschichte und den Beginn des Feng-Shui hinter uns. Kommen wir ins erste vorchristliche Jahrtausend. Es ist die Zeit, die Karl Jaspers als die »Achsenzeit« bezeichnet. Der Mensch, lange eher passiv in Natur- und Weltgeschehen eingebunden, wird aktiv, beginnt zu fragen, zu zweifeln. Es sind die Jahre, während der in Persien Zarathustra seine Lehre von Gut und Böse entwirft, Buddha in Indien lehrt, in Israel die Propheten auftreten, Sokrates seine Fragen stellt und Plato eine Antwort im Mythos Atlantis sucht.

Das Kind bekommt einen Namen

Auch in China gärt es. Um 771 v. Chr. wird eine altehrwürdige Dynastie – die der Zhou – gestürzt, es kommt nach und nach zu einem Chaos, in dem die politische Ordnung ebenso zerfällt wie die moralische. Die Betrachtung der Natur in China, ihr Werden und Vergehen, der Zyklus der Schöpfung, ist inzwischen in großen Regelwerken zusammengefasst worden. Und jetzt hat das Kind auch einen Namen: Es heißt Kan Yu, das die alte, die »Nur-Erdbetrachtung« ablöst. Das Wort ist zusammengesetzt aus Kan, und das ist das Dao des Himmels, und Yu, welches das Dao der Erde verkörpert. Das passt: Denn in dieser Zeit fühlt sich der Mensch nicht länger nur »erdgebunden«. War das Leben der Vorfahren vorrangig auf die Notwendigkeiten des Überlebens ausgerichtet, kommt nun noch etwas Bedeutsames hinzu. Man schaut hinauf in den Himmel und will dessen Einflüsse auf das eigene Leben erfassen, den tieferen Sinn des Lebens ergründen.

Das Weltbild des Konfuzius

Danach fragen in dieser Achsenzeit überall auf der Welt die Reichen und Gebildeten, also die, die Zugang haben zu geheimen Schriften und Aufzeichnungen, die für das einfache Volk und gar die Sklaven verboten sind. In China werden vier Lehren verbreitet, die Antworten geben. Da ist zuerst einmal die des

Meisters Konfuzius (551–479 v. Chr.). Durch ihn erhält das überwiegend magische Weltbild der Chinesen eine ethische Färbung. In dieser Zeit der Bürgerkriege wünscht sich der Politiker und Philosoph einen Staat, der funktioniert wie eine große, hierarchisch streng geordnete Familie. Eine Gesellschaft dürfe – so Konfuzius – nicht durch willkürliche Gesetze oder gar die Gewalt einer Militärkaste regiert werden, sondern müsse von gebildeten Beamten geleitet werden. Sie sollten über anerzogene, antrainierte Tugenden verfügen und das Volk führen wie ein Hirte seine Herde. Diese Lehren wurden über die Jahrhunderte hinweg von den Anhängern immer strenger ausgelegt. Und als sie endlich um 1000 n. Chr. zu einer Art Staatsreligion wurden, zerstörten sie von innen her nach und nach das Reich selbst.

Die Legalisten – Diktatur oder Chaos

Neben Konfuzius waren im 4. Jahrhundert v. Chr. noch die Legalisten von Bedeutung. Diese Bewegung wollte in jener Zeit der Wirren und der Kriege zurück zu einem starken, zentralistischen Staat, der von einem absoluten Herrscher regiert wird und mit Terror und Furcht die Menschen zu Ordnung und

Frieden zwingt. Der Tenor war: lieber eine Diktatur als Chaos. Auch diese Lehre hat die Chinesen bis heute geprägt und erklärt ihren unbedingten Obrigkeitsglauben.

Der Buddhismus in China

Ab dem 6. Jahrhundert n. Chr. kam aus Indien über die Berge noch die Lehre des Buddha, in der es nicht um Ordnung und Tugend um jeden Preis ging, sondern um die letzten Weisheiten, die Erkenntnisse über das Universum und seine Beziehung zu uns. Am Ende der Erkenntnis steht das Nirwana, das Verlöschen, an Stelle immer neuer, tausendfacher Wiedergeburten. Diese neue religiöse Wahrheit des Buddhismus, das so genannte Dharma, fand in China rasch Verbreitung.

Laotse und der Weg der Natur

Früher als sie alle, im 6. Jahrhundert v. Chr., wirkt der Mann, der für uns und die Geschichte des Feng-Shui – das damals noch den Namen Kan Yu trug – von größter Bedeutung ist: Wir meinen Laotse. Ihm wird das Buch *Dao de jing* zugeschrieben – übersetzt etwa »Die Kraft des Weges«. Die mythische Gestalt des Laotse verliert sich im Dunkel der Geschichte, umso heller aber strahlt bis heute seine Lehre. Im Gegensatz zu dem später wirkenden Konfuzius oder gar den Legalisten glaubte dieser Weise nicht, dass sich soziale Harmonie durch eine vernunftbetonte Ordnung der Gesellschaft herstellen lässt – sondern nur durch den Einzelnen, der in Harmonie mit sich, seiner Umwelt und der Natur lebt. Hier trifft er sich mit Buddha, doch bleibt Laotse »auf der Erde«, die wesentlichen Dinge geschehen für ihn hier!

Während weder Legalisten noch Konfuzianer ein großes Interesse an der Natur zeigten, ging es den Schülern des Laotse darum, das Dao – also den »Weg der Natur« oder auch den »Weg zur Natur« – zu verstehen! Um es in einem einfachen und griffigen Bild zu sagen: Legalisten und Konfuzianer sind diejenigen, die das Wasser bändigen, es dem menschlichen Willen unterwerfen wollen – der Daoist dagegen folgt dem Lauf des Wassers.

Kan Yu und der Daoismus

Es sind ganz folgerichtig die Daoisten, die in jenen Zeiten das Kan Yu mit ihrer Philosophie prägen! Ihr Einfluss und das »Lernen von der Natur« ist ganz deutlich in dieser mittleren Entwicklungsphase der Harmonielehre zu spüren. Wir sehen in den Städteplanungen jener Jahre sehr deutlich die Handschrift der Daoisten, welche die Siedlungen perfekt in die Natur einpassen. Ebenso finden sich eindeutige Spuren in der Gestaltung der Häuser, in denen Innen und Außen eine einmalige Verbindung eingehen. In jenen Jahren, lange vor Christi Geburt, waren es also die philosophischen Gedanken von Laotse, die der Entwicklung der Harmonielehre ihren Stempel aufdrückten.

Die philosophischen Konzepte des Feng-Shui entstehen

In jener Zeit der äußeren Wirrnis, der die Daoisten ihre persönliche Ungebundenheit und Individualität entgegensetzten, wurde die Schöpfungskraft der Natur als allumfassendes Chi-Prinzip beschrieben, weiterhin wurden die Yin-und-Yang-Lehre und die der Fünf Elemente systematisiert. Die Trigramme erhielten ihre Namen und Bedeutungen und entwickelten sich nun auch unabhängig von den Hexagrammen weiter in eine neue Richtung.

Dao und I Ging

Zur Geschichte des Feng-Shui gehört neben dem Dao, dem Weg in Harmonie, auch das uralte Weisheitsbuch *I Ging*. Ja, es steht zentral am Beginn seiner Entwicklung! Die Ursprünge dieses gewaltigen und einflussreichen Werkes sind noch im Altertum der chinesischen Geschichte zu finden. Damals, als die Anfänge der chinesischen Medizin und der Akupunkturtechnik entwickelt wurden. Und hier sprechen wir von der ersten quellenmäßig gesicherten Dynastie des Reiches der Mitte – der Shang-Dynastie (1650–1027 v. Chr.).

Das *I Ging* steht ganz am Beginn der Harmonielehre, Feng-Shui hat seine Wurzeln in diesem Werk. Denn das Weisheitsbuch versteht das Universum zunächst einmal als einen Ort, angefüllt mit Chi. Aus diesem Chi entwickeln sich Yin und Yang, daraus wiederum entstehen die Fünf Elemente, und dann entwickeln sich die acht Trigramme. Der Forscher Wai-pang Lee formuliert es so: »In der modernen Terminologie ist das *I Ging* in der Tat die 1 und die 0 der binären Theorie. Das *I Ging* gestaltet das Universum und Objekte einschließlich unfassbarer Entwürfe und physikalischer Dinge nach Yin und Yang …«

Nun wird klar, warum für uns schon früh das *I Ging* eine wichtige Quelle unseres Feng-Shui-Wissens wurde. Wir studierten es lange und intensiv – bevor wir den Weg des »TrI Ging« entwickelten, der sich in der Praxis dann so prächtig bewähren sollte, dass wir Ihnen diesen Weg nun vorstellen können!

Aber zurück zu unserer unbekannten Geschichte: In diese Blütezeit des Kan Yu fiel vor rund 2000 Jahren auch die Entdeckung des Kompasses. Mit ihm wurde damals nicht nur unter Tage gearbeitet, um sich besser zu orientieren – sondern damit wurden auch bereits die Gräber der Mächtigen und Reichen ausgerichtet. Daneben wurde das Kan Yu längst zur Auswahl von Bauplätzen für die Lebenden genutzt, und zwar seit mindestens 1000 Jahren, wie in der Schrift *Shang Shu Luo Gao* dokumentiert. Hier wird beschrieben, wie einst die Stadt Luo Yi am Fluss Luo mit der Methode des Xiangzhai Shu – einer Technik, mit deren Hilfe die frühen Meister die Häuser der Menschen mit der Umgebung in Einklang brachten – errichtet wurde.

Diese Zeit also, die Achsenzeit, ist die klassische Hochzeit des wahren Feng-Shui. Bis der Begriff selbst geprägt wird, vergehen noch einige Jahrhunderte. Heute vermutet die Geschichtswissenschaft, dass der Name Feng-Shui eine Abkürzung aus dem »Begräbnis-Buch« von Guo Po (276–324?) sein könnte. Denn hierin findet sich ein Satz, in dem die Harmonielehre übersetzt so beschrieben wird: »Chi wird vom Wind zerstreut und sammelt sich über den Wassern.« Und seit dieser Veröffentlichung ist auch der Begriff »Feng (Wind) und Shui(Wasser)« geboren.

Ab etwa dem 8. Jahrhundert n. Chr. wurde das Feng-Shui dann zu einem festen Begriff für ein Regelwerk zur Harmonisierung von Haus und Umgebung. Im 9. Jahrhundert systematisiert der Gelehrte Yang Yün-Sung (840–888 n. Chr.) die Formenschule, die einst von den Daoisten entwickelt wurde. Er gibt ihr den Namen »Hsing Shi«, was wir auch übersetzen könnten mit »Lehre der Gestaltung und Anordnung«. 100 Jahre nach ihm wies ein gewisser Wang Chi eine neue Richtung. Er war ein Anhänger der Kompass-Methode und nannte seine Lehre »Fang Wei«. Die sinngemäße Übersetzung lautet »Schule der Richtungen und Positionen«.

Spielführer und Spielball

Die Harmonielehre ist nun populär – doch längst haben die späten Anhänger des Konfuzius die Macht im Staat übernommen, Menschen, denen die Ordnung über alles geht. In dieser Zeit der Song-Dynastie herrscht der Kaiser und regieren die Beamten. Das streng hierarchisch ausgerichtete Staatssystem erstickt jede Kreativität und Individualität, das gewaltige Reich sucht keinen Kontakt mehr nach außen, es zieht sich selbstzufrieden in sich selbst zurück. Das größte und mächtigste Reich der Welt fühlt sich als Mittelpunkt der Erde – ohne nur einen Blick auf die übrigen Reiche der Welt zu werfen, die in stürmischer Vorwärtsentwicklung sind. Und das soll China zum Verhängnis werden. Wer sich nicht weiterentwickelt, bleibt stehen. Und wer stehen bleibt, wird schließlich von jenen, die einst weit hinter ihm lagen, überholt werden. So ergeht es auch China, das vom mächtigsten zum ohnmächtigsten Staat, vom Spielführer zum Spielball anderer Völker wird.

Das Reich ist also erstarrt. Und ebenso, wie der Kaiser und die Beamten niemals hinterfragt wurden, so wurde auch nichts, was der Feng-Shui-Meister, der so genannte Erd- und Himmelskundige sagte, von seiner Klientel oder gar den Schülern angezweifelt. Jeder große Meister hatte seine eigene Schule, welche die Schüler nach ihrem Bild formte, man war straff organisiert, vergleichbar mit einer Sekte. Die einst in ihrer Blütezeit von den Daoisten geprägte Harmonielehre, die lebendig und individuell Eintracht schaffte zwischen Mensch und Natur, wurde nun zusehends zu einem Potpourri von Patentrezepten und magischen Ritualen, die das ursprüngliche Kernwissen überdeckten. Von vielen aber weiß niemand mehr, wie, wann und warum (!) sie einst entstanden.

Die Entfernung vom Kern des Feng-Shui

Ging es ursprünglich um die spezifische Beobachtung der Lage und Ausrichtung von Berg- oder Flussformationen, aus denen man erkennen konnte, wie das Chi in einen Ort einströmt und sich verteilt, entstand daraus nun verstärkt das verallgemeinerte Formelwissen. Und so entwickelten sich Formeln zur Berechnung der Glück oder Unglück bringenden Eigenschaften des Chi, die allerdings immer den Nachteil haben, dass sie sich an starren, zuvor festgelegten Bezugspunkten orientieren müssen, um überhaupt Basis für eine Formel oder Berechnung sein zu können. Doch genau diese Starrheit negiert die schöpferische Lebendigkeit, auf der Feng-Shui beruht. In dieser Zeit ging deshalb das ursprüngliche Feng-Shui verloren. An seine Stelle traten jetzt nur noch die Methoden und Wege der Betrachtung. Und irgendwann hielt man die

Form, den Weg der Analyse (also die Formeln und Regeln), für den eigentlichen Inhalt der Harmonielehre. Dieser Irrtum ist auch heute noch zu spüren.

Das ist nun die Tradition, der auch heute noch sehr viele Lehrer und Berater folgen, die von sich selbst sagen, sie würden das Klassische Feng-Shui praktizieren. Und diese Richtung vertreten auch, ohne es zu wissen, Adepten des New-Age-Feng-Shui und des Drei-Türen-Bagua. Denn auch die Entwicklung dieser Methode fällt in die Zeit um 1000 n. Chr. Das Drei-Türen-Bagua ist keine neue Erfindung. Es war damals eine Antwort auf die Mehrfamilienhäuser in den chinesischen Metropolen. Da die Häuser dicht an dicht standen und die Wohnungen drinnen kaum eine Öffnung nach außen hatten, orientierte man sich an der Haus- oder Wohnungstür und dem inneren Energiefluss – und nicht an den Kompassrichtungen. Übernimmt das New-Age-Feng-Shui heute nun unreflektiert solche Entwicklungen für jede Art von Häusern, so beraubt es sich selbst der wesentlichen Basis der Wirksamkeit dieser Lehre: der Einbindung des Mikrokosmos des Hauses in den Makrokosmos der Umwelt. Und dass all diese Sichtweisen, Methoden und Formeln verbunden sind mit einer Zeit der allgemeinen Erstarrung und des Niedergangs, ahnen die so genannten Klassiker und New-Age-Fengshuiisten nicht.

Kan Yu in der Wissenschaft

Interessant für Historiker wie auch für interessierte Laien ist, dass ein Brief des späteren Literatur-Nobelpreisträgers Rudyard Kipling existiert, in dem er auch die so genannte chinesische Goemantie erwähnt. Damit meinte er – natürlich – das Feng-Shui. Auch in einer Geschichte von Charles Dickens, der ein überzeugter Nord-Süd-Schläfer war, taucht dieser Begriff auf.

Hier finden wir also die ersten Spuren der Harmonielehre in Europa, vor ziemlich genau 150 Jahren, und zwar in England.

Und nun wollen wir aus wissenschaftlicher Sicht die Entwicklungsgeschichte der Harmonielehre betrachten, die sich mit unseren Forschungsergebnissen durchaus deckt. In der chinesischen Literatur kennen wir drei verschiedene Bezeichnungen:

Da wäre – wie wir nun erfahren haben – als erster und ältester Begriff »Kan Yu«, der sich auf Himmel und Erde bezieht. Wörtlich übersetzt heißt kan ertragen (das himmlische Schicksal ertragen) und yu ein Wagen oder die Erde. Wir würden es frei übersetzen mit Himmel und Erde. Man kann also sagen, dass Kan die Lehre des Universums ist, während Yu die allen Irdischen ist. Sie beziehen sich – so Wai-pang Lee – auf die Lehre von Zeit und Ort in der chinesischen Geschichte. Das Prinzip von Kan Yu ist es aber letzten Endes, den genauen Ort des Chi-Flusses auf und unter der Erdoberfläche zu erkennen und darüber hinaus die Intensität des Chi in der Bedingung der Zeit zu errechnen. Hier also ist schon der Gedanke enthalten, dass nicht nur die Erde unser Entscheidungsplanet ist, sondern immer auch die himmlischen Einflüsse – und zwar nicht nur in Form von Wetterunbilden wie Sturm, lang anhaltender und zerstörerischer Regen sowie Eis und Schnee oder versengende Hitze – mit entscheidend sind.

Weiterhin weisen Forscher für die Zeit vor Christus noch den Ausdruck »Di-Li« nach. Dieses Wort umfasst die Beschaffenheit einer Landschaft, und wörtlich übertragen bedeutet hier di = Erde und li = Vernunft. Darin steckt denn doch eine sehr aktuelle Mahnung: vernünftig mit dieser Erde, die uns trägt und nährt, umzugehen. Das war für alle alten Kulturen ein Gebot der Vernunft. Uns daran wieder zu erinnern täte uns heute gut. Im *I Ging*, dem Buch der Wandlungen, heißt es »emporzuschauen, um sich ein Bild von der Astrologie zu machen, herabzuschauen, um Di Li zu verstehen«.

Als Drittes tritt dann – ab dem 3. Jahrhundert n. Chr. – das jetzt so bekannt gewordene »Feng-Shui« in die Welt. Und hier konstatieren die Wissenschaftler, dass es sich dabei um eine Abkürzung von »cang-feng-de-shui« handelt. Und gemeint ist dies: Verbergen des Windes, Erlangung des Wassers. Oder, um es einfacher und schlüssiger zu übersetzen: Man muss sich vor dem Wind schützen, damit das Chi nicht zerstreut wird, weil dieses für den geordneten Kreislauf des Wassers sorgt. Wie gesagt: Die meisten Forscher verweisen bei diesem Begriff auf Guo Pos »Begräbnis-Buch«, um ihn zu erklären. Allerdings weist der oben erwähnte Wai-pang Lee darauf hin, dass der Ausdruck aus einem anderen Buch namens *Qing Nag Jing* stammen könnte. Dieses Buch – so Wai-pang Lee – erklärt die Beschaffenheit des Universums. In seinem letzten Kapitel lesen wir: Chi kommt aus acht Richtungen, äußeres Chi zeigt sich in Form, inneres Chi wächst in Grenzen. Und: »Chi wird durch Wind zerstört und durch Wasser gebremst. Daher zeigt es sich in Gestalt von fünf Zeichen. Dann verwenden wir die acht Trigramme und folgen dem Sechziger-Zyklus.« Da haben wir nun die Grundlagen von Feng-Shui – und zwar sehr lange, bevor der Begriff zu einer Art Berufsbezeichnung wurde.

Start in der Zhou-Dynastie

Unabhängig von den Namen ist inzwischen der Ursprung der Harmonielehre unstrittig: nämlich lange vor Christi Geburt! Laut dem Forscher und Jesuiten E. J. Eitel sind die Gräber aus der Zeit der Zhou-Dynastie (1122–1255 v. Chr.) klare Belege von fengshuiistischer Praxis – unter welchem Namen die Arbeiten daran auch stattgefunden haben mögen. Hier stimmt ihm ein anderer Wissenschaftler, es ist der bekannte Autor J. J. M. de Groot, in seinem Werk *The religious system of China* zu. Andere europäische Forscher späterer Zeit dagegen legen die systematischen Grundlagen dieser Harmonielehre in die späte Zhou-Zeit, die der so genannten Streitenden Reiche (770–221 v. Chr.). Als Grundlage nennen sie die Tatsache, dass in eben jener Zeit Zou Yan (305–240 v. Chr.) die Yin-Yang-Lehre aufgriff und vollendete. In der Han-Zeit (206 v. Chr. bis 24 n. Chr.) wurden die fengshuiistischen (nun wohl besser: kanyuistischen) Systeme konstruiert – und während der Drei Reiche (220–280 n. Chr.) stabilisiert. So jedenfalls formulierte es der Wissenschaftler Joseph Needham in *Science and Civilization in China.* Durchaus möglich ist auch, dass die Praxis, Grabstellen (Yin-Chai, wörtlich »Haus für Yin«) der Harmonielehre entsprechend anzulegen, schon weitaus früher praktiziert wurde. Aber hier verlassen wir den Boden unzweifelhafter, wissenschaftlich belegter Tatsachen und begeben uns aufs Feld der Spekulationen.

Feng-Shui – mit der Welt in Harmonie

Kommen wir nun von der jahrtausendealten Geschichte einer faszinierenden Harmonielehre zurück in unsere Zeit. Und auf das, was uns das richtig verstandene, entstaubte und von urchinesischen Traditionen befreite Feng-Shui heute geben könnte. Das Geschenk, das es für uns bereithielt, hat uns für unsere Reisen, Nachforschungen und Nachtarbeiten reich belohnt. Wir fanden durch diese Lehre eine neue Dimension für unser Leben – und ein Zurück zur Natur. Ein wahres Wunder für zwei Großstadtkinder, die wir ja einst waren.

Wir lernten, mit Feng-Shui unserer näheren Umgebung, der Stadt und dem Dorf, und auch der weiteren, den Bergen und Tälern, Flüssen und Seen, Wäldern und Feldern auch in unserer hochtechnisierten Zeit wieder den Raum zu geben, die sie verdienen. Wir begriffen, wie sehr dies alles uns beeinflusst und uns führt. Und wir lernten ebenfalls, diese äußeren Kräfte für uns zu nutzen, um unser Leben neu, und zwar in unserem Sinne, zu lenken.

Wir erlebten am eigenen Leib, wie sich unser Leben positiv verändert, wenn wir es wieder verstehen, die Natur, die Umgebung und am Ende unser Haus, diesen Mikrokosmos im Makrokosmos, zum Verbündeten unserer Wünsche und Ziele zu machen. Aber, fragen Sie sich nun gewiss, wie ist das möglich? Beginnen wir mit einigen Wahrheiten, die uns weiterhelfen.

Denn nun müssen wir zunächst einmal den Betrachtungswinkel erweitern und den Menschen (wieder) einbeziehen in die organische Wandlung des Öko-Systems »Erde«.

Eine romantische Vorstellung?

Aus Sicht des Feng-Shui ist unsere Erde ein lebendiger und atmender Organismus, der über Lebensenergie verfügt, die ihn durchzieht und seine Funktionen und Reaktionen reguliert.

Immer noch lächeln einige »Realisten« über diese romantische Vorstellung der Chinesen. Dabei haben auch heutige Wissenschaftler längst entdeckt, dass dies Realität ist. Im Jahre 1974 traten die englischen Chemiker James Lovelock und die amerikanische Mikrobiologin Lynn Margulis mit ihrer »Gaia«-Theorie an die Öffentlichkeit. Grundlage ihrer These war – kurz gesagt –, dass unser Planet mit seinen verschiedenen Öko-Systemen auf aktive Weise reguliert wird und daher als lebendiger Organismus zu betrachten sei.

Was ist Leben?

Widerstand erfährt diese Hypothese immer noch durch die zentrale Begrifflichkeit des »lebendigen Organismus«, der mit »Lebewesen« gleichgesetzt wird. Es ist nicht unsere Absicht, uns in diese Diskussion einzumischen, wohl aber wollen wir unsere Sicht der Dinge darlegen, da wir – beeinflusst von der Philosophie der Chinesen – eine andere, weitere Definition für das Phänomen Leben haben.

Aus Sicht der chinesischen Philosophie ist alles auf der Welt von einer unsichtbaren Lebensenergie durchzogen, die Chi genannt wird. Und auch wenn »Chi« in unserer Kultur ein unbekannter Begriff ist, seine Auswirkungen sind uns allen bekannt. Er beschreibt die Energie, die den Blumen das Wachsen ermöglicht, die im Frühling das Gras sprießen und unser Blut durch die Adern fließen lässt, uns mit jedem Herzschlag am Leben erhält und erst mit dem letzten Atemzug unseren Körper verlässt.

Und Chi ist weit mehr: Lange war man der Meinung, dass Atome die kleinsten materiellen Teilchen wären. Bis man entdeckte, dass auch sie aus viel kleineren Teilen, den Protonen und den Elektronen, bestehen. Und diese noch viel kleineren Teile sind nicht etwa fest im Atom angeordnet, nein: Sie befinden sich frei im Raum und werden nur durch eine bestimmte energetische Spannung in ihrer Position gehalten. Wenn man nun bedenkt, dass allein die Verteilung der Elektronen bestimmt, mit welchem materiellen Element man es zu tun hat, dann wird deutlich, wie subtil und vergeistigt unsere scheinbar materielle Welt ist. Und vor diesem Hintergrund bekommt auch der Begriff Leben einen anderen, viel weiteren Bezug. Denn wenn wir Leben mit der pulsierenden Lebensenergie Chi gleichsetzen, ist alles, aber auch alles lebendig.

Und genau diese vitalistische Auffassung von der Welt ist Kern und Basis der Beobachtungswissenschaft Feng-Shui. Die Lebensenergie Chi entspricht hier dem vermittelnden Prinzip, dem unsichtbaren Band, das uns und die Welt vereint.

Das lebendige Zuhause

Vor diesem Hintergrund ist unser Zuhause kein zusammengewürfeltes Etwas aus verschiedenen Baumaterialien und Einrichtungsgegenständen, das uns »nur« Schutz und Behaglichkeit vermitteln soll. Nein – jeder Zentimeter unseres Heims, sei es nun die feste Masse wie Mauer, Dach oder Schrank oder das scheinbar Leere in den Räumen, ist mit permanent schwingenden Energiefeldern gefüllt. Und wir – die Menschen – sind mitten darin. So wie der Mensch über Körper, Seele und Geist verfügt, so besteht auch ein jedes Haus aus diesen drei, die eine Vielzahl sich überschneidender Energiefelder darstellen.

Der Körper des Hauses

Alles, was wir anfassen können, was also zur festen physischen Masse eines Hauses gehört, entspricht dem Hauskörper. Die Wände, das Dach, der Fußboden und die Fenster und Türen. Schon die Bezeichnungen der Eingangstür und der Fenster als Augen und Mund des Chi deuten darauf hin, wie direkt der Zusammenhang zwischen dem Menschen- und Hauskörper gesehen wird. Und ebenso wie wir über Knochen, Blutgefäße oder Nervenbahnen verfügen, so hat auch das Haus einen Versorgungskreislauf, der beispielsweise seiner Strom- und Wasserversorgung entspricht.

Die Seele des Hauses

Auch die festen Einrichtungsgegenstände gehören als materielle Einheiten genau genommen zum Hauskörper. Da sie – anders als das Gebäude selbst – aber doch mobil und nicht fest an das Haus gebunden sind, passt diese Zuordnung nicht wirklich. Sie nehmen eine Sonderstellung ein.

Wesentlich ist zu beachten, dass sie die Ausstrahlung und Eigenschaften von Häusern massiv verändern können, was die Raumwirkung, aber eben auch die feinstoffliche Energie eines Hauses betrifft. Denn jedes Möbelstück, ja jedes noch so kleine Accessoire, verfügt über eine Eigenschwingung. Es macht deshalb einen Unterschied, ob ein Möbel liebevoll in Handarbeit oder rein maschinell entstanden ist, da der Herstellungsprozess des Schöpfers selbst, seine Aufmerksamkeit und die Liebe zum Detail als energetischer Abdruck auf dem geschaffenen Objekt vorhanden sind.

Weiterhin hinterlässt jede weitere Station auf dem Lebensweg eines Objekts energetische Muster. Die Wissenschaft Psychometrie basiert auf diesem Wissen und geht davon aus, dass jedes Wesen einen Abdruck seiner Emotionen und Gedanken – ja, seiner spirituellen Natur – auf physischen Gegenständen hinterlässt. Und genau diese Energien – stammen sie nun vom eben erst gekauften Sofa, den alten Erbstücken der Großmutter oder aber dem Einbauschrank unserer Vorgänger – wirken in unserem Heim und geben ihm seine unverwechselbare Atmosphäre.

Räume sind Resonanzräume

Doch natürlich sind es nicht nur die materiellen Dinge, die unsere Häuser beeinflussen. Räume sind Resonanzräume für das, was in ihnen geschieht, denn es gibt eine Wechselwirkung zwischen Mensch und Raum. Jedes Gefühl, jeder Gedanke und jedes Ereignis sind Ausdrucksformen von Energien, die wir permanent aussenden, ob wir uns dessen bewusst sind oder nicht. Und sie verschwinden nicht einfach, nur weil wir sie nicht sehen können. Nein, Räume nehmen diese Schwingungen auf

Jedes Haus besteht aus der Dreiheit von Körper, Seele und Geist.

und werden damit zum Resonanzraum. Durch das Wissen um diese Prinzipien können wir nun ganz bewusst die Prägung und Art der Resonanz, die ein Haus ausstrahlt, beeinflussen.

Der Geist des Hauses

Jeder Ort verfügt über eine eigene Ausstrahlung, die durch seine Lage in der Umgebung, die Geschehnisse der Vergangenheit und das Heute geprägt wird. Wesentlich mit dem Ortsgeist verbunden ist auch die Zeitqualität, denn sie schafft den Rahmen, innerhalb dessen bestimmte Ereignisse ihren Ursprung fanden und sich entfalten konnten. Ort und Zeit vereinen sich in ihrer Ganzheit zur Atmosphäre des Orts, die eine Art Basisschwingung für alle dort Lebenden darstellt. Um die geistige Essenz, das, was Ihr Zuhause Tag für Tag aus der Außenwelt aufnimmt, zu beschreiben, dürfen wir auch die gesellschaftlichen Beziehungen zur engeren und weiteren Nachbarschaft nicht vergessen. Sie alle bilden ein unsichtbares Beziehungsgeflecht, das unser Haus nährt.

Ihre Chance mit Feng-Shui

Ihr Zuhause entwickelt sich so, wie Sie sich entwickeln. Und die liebevolle Aufmerksamkeit, die Sie ihm schenken, wird es zurückgeben. Es lohnt sich also in jedem Fall, sich ihm in Liebe zu widmen und es bewusst zum Resonanzraum für das zu machen, was Sie leben möchten. Lernen Sie die Werkzeuge des Feng-Shui kennen, mit denen Ihnen genau das gelingt.

Die Lage, Lage, Lage …

Kennen auch Sie den Ausspruch der Makler, dass der Wert eines Hauses in erster Linie von drei Kriterien abhängig ist? Diese sind: die Lage, die Lage und nochmals die Lage. Nun – auch im Feng-Shui wird der Lage eines Hauses eine erhebliche Bedeutung beigemessen. Aber auf eine andere Weise. Entscheidend sind hier nicht nur die Nähe zur nächsten Stadt, die Verkehrsanbindung, die Parkmöglichkeiten oder aber die gut erreichbaren Einkaufsmöglichkeiten. Und auch wenn diese Faktoren durchaus ins Gewicht fallen, die Betrachtung mit Feng-Shui-Augen geht eine Dimension tiefer.

Optimales Feng Shui: Auf dem gepflasterten Bereich vor der Tür kann sich das Chi sammeln.

Natürliches und umbautes Umfeld

Feng-Shui bewertet die Lage des natürlichen und umbauten Umfelds, die Position zu Sonne und Wind, die Form von Wasser- oder Straßenläufen, die Ausrichtung von Türen oder die Anlage von Aufgängen und Wegen in Bezug auf ein Haus. All diese physischen Faktoren wirken auf unser Zuhause ein, denn sie sind Verkörperungen von Energiemustern. Doch Feng-Shui erschließt nicht nur die offensichtlichen Faktoren. Nein, es betrachtet auch die Wirkungen, die davon ausgehen. Denn die Beobachtungswissenschaft weiß um die Gesetzmäßigkeiten, die in allem enthalten sind, und kann beispielsweise bereits von der Lage eines Hauses auf das Wohlergehen der Bewohner schließen. Das gelingt über die reine Betrachtungsdiagnose hinaus anhand von Analogien und Feng-Shui-Instrumenten, die uns in die Lage versetzen, das Umfeld und dessen Wirkung auf ein Objekt zu analysieren, um dann Aussagen über die Wirkungen zu treffen.

Was fast wie ein Wunder klingt, ist in Wirklichkeit ein Wissen, das in uns allen verborgen liegt. Denn jeder Mensch ist ein Teil der Welt und deshalb aufs Engste mit ihr verbunden. Wir müssen nur wieder hinhören, hinsehen – kurz: einfach unsere Sinne gebrauchen. Feng-Shui öffnet uns die Augen für die vielfältigen Energien in unserem Umfeld. Wir erfahren ganz unmittelbar, dass wir Teil eines großen Ganzen sind, eingebettet in die Zyklen der Natur. Sie sind immer vorhanden und wirken, ob wir uns ihrer bewusst sind oder nicht.

Wer sich also der Wechselwirkung zwischen der Umwelt und sich bewusst ist, dem bietet die Harmonielehre einen ganz konkreten Weg, sein Leben aktiv zum Positiven zu wenden. Durch Feng-Shui erkennen wir die auf unser Leben einwirkenden Energien und Prozesse, um sie dann bewusst für unser körperliches und geistiges Wohlbefinden zu nutzen.

Analyseinstrumente des Feng-Shui

Im nächsten Abschnitt soll es nun darum gehen, die Analyseinstrumente des Feng-Shui kennenzulernen und, über das Anfängerwissen hinaus, tiefere Zusammenhänge aufzuzeigen. Und gerade wenn Sie schon mit den Grundbegriffen des Feng-Shui, die wir in diesem Buch nur sehr verkürzt präsentieren können, vertraut sind, werden Sie aufbauend auf diesen erfahren, welche weiteren Energiezyklen und Gesetze existieren, die Sie sich erschließen können.

Bemerkung zum nächsten Kapitel

Wenn Sie, liebe Leserin, lieber Leser, ein erfahrener Lehrer, Berater oder eifriger Student der Harmonielehre Feng-Shui sind, wird Ihnen der Inhalt des nächsten Kapitels vertraut erscheinen. Denn hier geht es um die philosophischen Grundlagen dieser Beobachtungswissenschaft aus dem alten China. Wir verstehen also, wenn Sie nun diese Seiten – die natürlich für die Neueinsteiger unter unseren Lesern unumgänglich sind – erst einmal überblättern, um möglichst schnell das neue Thema, die Methode des TrI Ging, kennenzulernen. Denn diese hat zwar ihre Wurzeln in der chinesischen Klassik, wurde aber von uns wiederentdeckt und weiterentwickelt. Eine Sensation in der Geschichte einer Lehre, deren große Modelle vor rund 1000 Jahren als abgeschlossen galten! Hier etwas frischen Wind mit einer in der Praxis erfolgreichen und bewährten Methode hineinzubringen ist eine große Freude für uns. Aber, liebe Feng-Shui-Leser, wir sind davon überzeugt, dass es sich nach dem neugierig-schnellen Vorausblättern für Sie durchaus lohnen würde, wieder zurückzublättern. Denn wir haben auch in diesen Grundlagen der Harmonielehre Informationen aus zum Teil mehr als 3000 Jahre alten Werken verarbeitet, die bislang in den Lehrbüchern unserer Zeit noch nicht aufzufinden waren.

Die chinesische Philosophie

Lassen Sie uns nun auf die Basis des Feng-Shui kommen. Hier finden Sie die wichtigsten Grundlagen der Harmonielehre zusammengefasst und durch Praxisbeispiele illustriert.

Starten wir mit einem Bild, das wir auch in unseren Vorort- und Fernkursen für unsere Schüler skizzieren, damit sie gut ins Thema kommen. Stellen Sie sich einen großen Baum vor, mit tief greifendem Wurzelwerk, einem starken Stamm und kräftigen Ästen und Zweigen. Nun, dieser gewaltige Baum ist ein Sinnbild für die chinesische Philosophie. Seine Wurzeln haben ihren Urgrund in den Anfängen der chinesischen Kultur, sie greifen also viele Jahrtausende tief. Sein starker Stamm erwuchs aus den tiefgründigen Erkenntnissen von Generationen großer Denker über das, was Himmel und Erde zusammenhält. Einer der Äste oben im Baum entspricht der Traditionellen Chinesischen Medizin (TCM), ein anderer dem Feng-Shui.

Der starke Ast Feng-Shui

Wird die chinesische Philosophie auf das Lebensumfeld übertragen, heißt sie Feng-Shui, ihre Anwendung im Bereich Gesundheit heißt Traditionelle Chinesische Medizin (TCM). Und natürlich berühren sich beide Bereiche, sie sind sogar miteinander verbunden. Denn sie basieren auf den gleichen Modellen

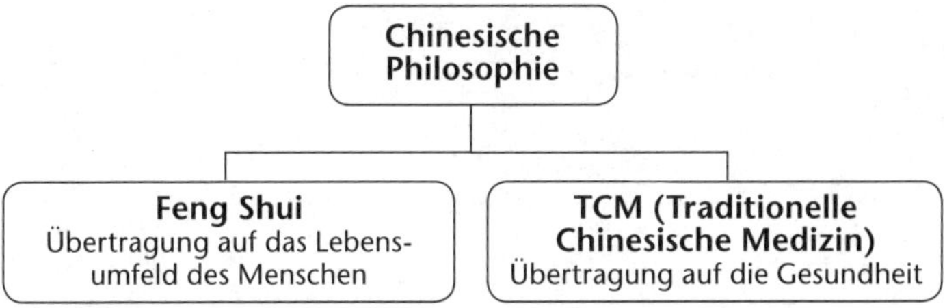

der chinesischen Philosophie: also der Lebensenergie Chi, der Lehre von Yin und Yang, den Fünf Elementen und den acht Trigrammen.

Gerade das macht Feng-Shui zu einer ganzheitlichen Lehre! Denn auf jeder Ebene der chinesischen Philosophie ergeben sich direkte Verbindungen zwischen Feng-Shui und der TCM und bewirken, dass wir die Wechselwirkungen zwischen Mensch und Raum erkennen und bewusst verändern können.

Die Ebenen des Feng-Shui

Der DFSI-Energiebaum, den wir für die Schüler des Deutschen Feng Shui Instituts entwickelt haben, zeigt die einzelnen Manifestationsebenen des Chi. Das sind im Einzelnen das Chi, die Yin-und-Yang-Lehre, die Theorie der Fünf Elemente und die acht Trigramme in der vorhimmlischen und nachhimmlischen Sequenz. Sie alle entstehen durch die Differenzierungen des Chi und werden im Feng-Shui sowohl waagerecht, also jede Ebene für sich, als auch senkrecht von einer Ebene zur nächsten vernetzt.

Feng-Shui strebt danach, diese Kräfte und ihre Einflüsse auf unser Leben zu verstehen. Zu diesem Zweck wurde die Natur, ihr ewiges Werden und Vergehen, beobachtet – immer mit dem Ziel, die hinter den Erscheinungen wirkenden Kräfte zu ent-

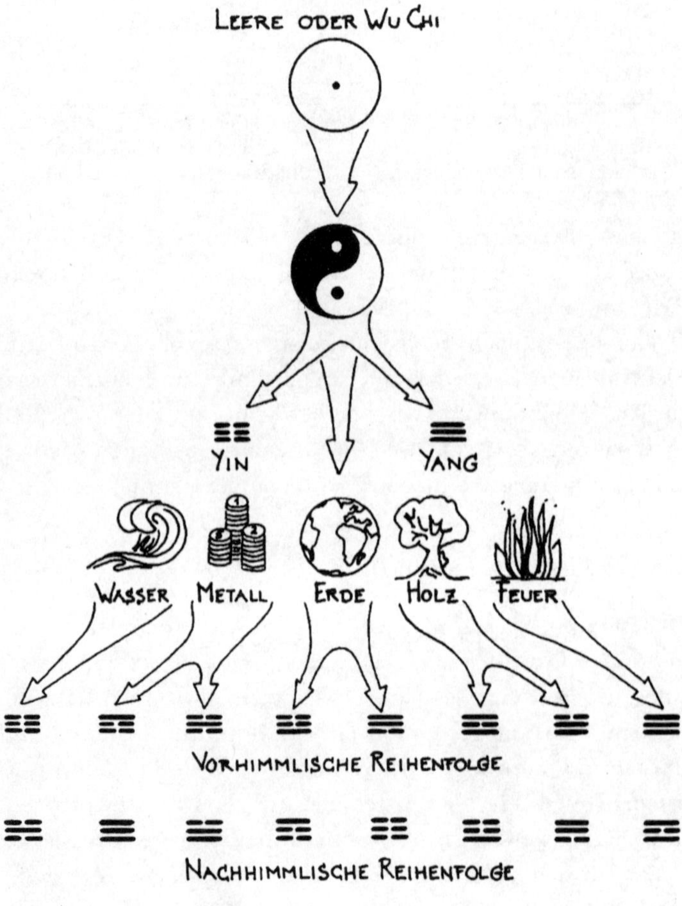

Die Übersicht zeigt die einzelnen Analyseebenen im Feng-Shui und die Hierarchie der Energien.

schlüsseln. Was Feng-Shui von allen anderen Philosophien unterscheidet ist die Tatsache, dass es uns konkrete Wege aufzeigt, mit denen es gelingt, unser Leben selbst zu gestalten.

Diese Werkzeuge finden wir in den Analyseebenen des Feng-Shui, die auf über jahrtausendealten philosophischen Gesetzen beruhen und durch Naturbeobachtungen entstanden sind. Darüber hinaus können wir durch ihre Entsprechungen dieses Wissen in die reale Welt übertragen.

Chi – die Energie des Lebens

Das Kernkonzept der chinesischen Philosophie und damit auch des Feng-Shui ist die Existenz der Lebensenergie Chi. Wir könnten diesen zentralen Begriff übersetzen mit der »Lebensenergie«, die alles durchfließt und belebt: Menschen, Tiere, Pflanzen, Mineralien – schlichtweg alles.

Interessanterweise ist diese Lebensenergie durchaus kein chinesisches Phänomen, sondern wir finden in allen alten Kulturen Hinweise auf die Existenz dieser Energie, nur – natürlich – unter anderen Namen. In Japan nennt man sie »Ki«, in Indien »Prana«, in Europa »Geist«. Der Physiker spricht in diesem Fall von »Nullpunktenergie«, der Psychologe Wilhelm Reich vom »Orgon«.

Die Lebensenergie Chi ist es, die letztlich die Wirkung dieser Harmonielehre erklären kann, denn im Feng-Shui geht man davon aus, dass alles um uns herum von Chi durchzogen wird. Es ist wie ein unsichtbares Band, das alles miteinander verbindet und entsprechende Wechselwirkungen erzeugt. Und deshalb ist es eben nicht gleich, an welchem Ort wir wohnen und wie wir eingerichtet sind.

Chi ist das belebende Element, das in allem enthalten ist.

Chi steht also für das immaterielle Prinzip unserer Welt, ist allgegenwärtig und unzerstörbar und deshalb immer lebendig. Denken Sie daran, Geist und Materie unterscheiden sich lediglich durch die Dichte der Energie! Dieser Gedanke ist auch in der modernen Physik durchaus präsent. Auch die Wissenschaftler gehen also davon aus, dass das Universum als pure Energie begann und sich später zur Materie verdichtete.

Zitieren wir an dieser Stelle einen Kenner der chinesischen Kultur und vor allem des Chi in all seinen Spielarten.

In dem Text des Forschers Chong-Sok Choe erkennen wir noch einmal die allumfassende Kraft, die dieser Schlüsselbegriff der Lehre in der Philosophie des Reichs der Mitte besitzt: »Chi …

bezeichnet hier (im Feng-Shui) eine aktive Kraft, welche durch die Formen fließt und für die Veränderungen dieser Formen verantwortlich ist. Diese Kraft ist für alle lebenden Dinge charakteristisch, auch für die Erde selbst. Nach der Lehre des Feng-Shui wirkt Chi auf jeder Ebene. Im menschlichen Organismus ist es die Energie, die entlang der Akupunkturmeridiane des Körpers fließt. Im Bereich des Ackerbaus ist es die Kraft, die fruchtbare Pflanzen hervorbringt, und auf der klimatischen Ebene ist es die Energie, die von Wind und Wasser getragen wird.«

Das Chi im Körper

Wenig bekannt ist die Tatsache, dass das Chi bereits im »dao de jing« (oder »Dao te King«), also lange vor Christi Geburt, seine Erwähnung findet. Dort lesen wir übersetzt etwa dies: »Kannst Du Deine Seele so stärken, dass sie das Eine zu halten versteht, ohne sich zu zerstreuen? Kannst Du Deine Kraft so sammeln und vereinheitlichen, dass Du Weichheit erreichst und wieder zum Kind wirst?«

Weiter schreibt Chong-Sok Choe: »Im Daoismus gilt die Sammlung von Chi, die Konzentration auf das Eine, als wichtige Methode zur Erhaltung und Stärkung der Lebenskraft: Man gewinnt so die Kraft eines neugeborenen Kindes!« – Und das heißt nun auch: Man wird wieder so jung und gesund wie ein Kind, das gerade erst seinen Lebensweg beginnt und noch von keinerlei körperlichen Plagen befallen ist. Choe weiter: »Dabei ist weniger die Ansammlung, gleichsam ›das Horten‹, von Lebensenergie (ebenso wie man Besitz ansammelt) gemeint, als vielmehr die Sammlung im Sinne einer Konzentration auf das Wesentliche, das Dao selbst, entgegen der menschlichen Tendenz zur Zerstreuung in der Vielfalt.«

Einige sehr wirkungsvolle Übungen sind aus dieser Zeit überliefert, mit denen es auf höchst effektive Weise gelingt, das Chi im Körper zu sammeln und zu vitalisieren. Und das hat sofort spürbare Auswirkungen auf Körper und Geist. Wir haben die bewährtesten ausgewählt und stellen sie Ihnen im Kapitel »Das Innere Feng-Shui« vor. Lassen Sie sich überraschen.

Die Fließgesetze der Lebensenergie Chi

Im Feng-Shui geht es – vereinfacht gesagt – darum, die Energien in unserem Umfeld bewusst zu lenken, um von ihrer Kraft zu profitieren. Damit wir das können, müssen wir wissen, auf welche Weise uns vitales Chi erreicht.

Chi-Merksätze:

1. Die schöpferische Energie Chi fließt sanft mäandernd, wie ein Bach in seinem natürlichen Bett. Die schöpferische Natur kennt keine geraden Linien.
2. Wird Chi in seiner natürlichen Bewegung behindert, entsteht Sha-Energie. Sha ist fehlgelenktes Chi.
3. Wenn Chi zu Sha wird, kann es sich in zwei Richtungen entwickeln: in Yin Sha und in Yang Sha.
   a. Yin Sha entsteht, wenn der Chi-Fluss sich verlangsamt oder gar stagniert.
   b. Yang Sha entsteht, wenn die Lebensenergie sich zu schnell und zu geradlinig bewegt.

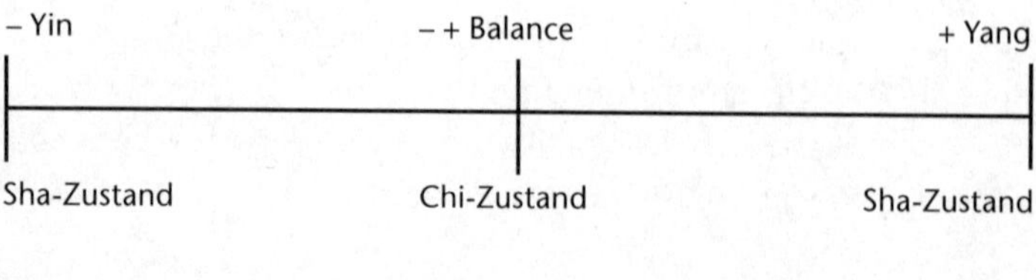

Quellen von Yang Sha

Yang Sha entsteht vorrangig dort, wo gerade Strukturen vorherrschen. Denn hier beschleunigt sich das Chi und kann sehr destruktiv werden. An Flüssen, die durch Flussbegradigungen ihrer Mäanderschleifen beraubt wurden, ist die Gefahr für Überschwemmungen um ein Vielfaches größer. Oder denken Sie an Tunnel. In ihnen entsteht durch den geradlinigen und räumlich begrenzten Raum ein starker Zug, der Kamineffekt. Kommt es hier beispielsweise zu Brandunfällen, gibt es kaum Überlebenschancen, da das Feuer sich durch den Sog extrem schnell ausbreiten kann.

Quellen von Yin Sha

Verlangsamt die Energie Chi ihren Fluss oder kommt ganz zum Stillstand, entsteht Yin Sha. Yin Sha finden wir in stehenden schmutzigen Gewässern, in unaufgeräumten und dunklen Ecken mit Gerümpel oder aber dort, wo die Energieflüsse blockiert werden.

Die Arten des Chi

Um die Lebensenergie, die wir in unserem Lebensumfeld anziehen möchten, besser zu verstehen, unterscheidet man die Arten des Chi. Dies aber ist nur eine Hilfe, um die vielfältigen Energieeinflüsse leichter zu erfassen. In Wahrheit vereinen sich alle Arten des Chi zu einem Ganzen und erschaffen die individuelle Atmosphäre eines Hauses.

Atmosphärisches Chi

Das atmosphärische Chi beschreibt den eigentlichen Energiefluss im Raum. Im Gebäude beginnt er an der Eingangstür, die im Feng-Shui auch Mundtor (ho men) genannt wird, und fließt weiter durch die Zimmertüren in die einzelnen Räume. Neben den Türen sind auch Fenster wesentlich für die Energiezirkulation in Räumen verantwortlich. Sie werden im Feng-Shui als Augen des Gebäudes bezeichnet und verbinden Innen- und Außenwelt.

Mobiles Chi

Wie der Name schon sagt, fällt hierunter alles sich Bewegende. Also die Autos auf den Straßen, das Wasser auf den Wasserstraßen, die Tiere sowie die Menschen selbst.

Thermisches Chi

Die Atmosphäre in Räumen wird auch wesentlich von der Temperatur bestimmt. Das Haus ist nach unserer Haut und der Kleidung unsere dritte Hülle und bietet uns Schutz vor der Außenwelt. Wie unser Körper muss auch ein Haus über einen funktionierenden Wärmekreislauf verfügen, der, falls notwendig, die Bewohner vor den Einflüssen der Außenwelt schützt.

Licht- und thermisches Chi

Das Licht-Chi und das thermische Chi werden oft zusammengefasst. Dies ist aber nur bedingt richtig. Auch wenn die Wärme in der Natur mit dem Sonnenlicht verknüpft ist, so müssen wir auch die modernen Aspekte unseres Lebens mit einbeziehen. Wir sind in dieser Hinsicht nicht mehr vom Sonnenlauf abhängig. Wir alle können heutzutage unsere Räume mit Licht erfüllen, wenn wir möchten, auch in der schwärzesten Nacht. Insofern spielt die Beleuchtung bei der Lenkung von Energie (Chi) eine wichtige Rolle.

Chi in der Praxis

Jedes Haus, jede Wohnung ist als Mikrokosmos eingebettet in den Makrokosmos der Umgebung. Dabei hat die Lage eine entscheidende Bedeutung für das Feng-Shui des Gebäudes, da die Standortfaktoren ein wesentliches Kriterium für den Fluss des Chi sind. Die Aufgabe von Feng-Shui ist, den harmonischen Energiefluss zu fördern und Abfluss-Situationen zu vermeiden.

Bahnhof mit Loch

Als in Freiburg der neue Bahnhof gebaut wurde, gab es massive Einwände der Bewohner des Stadtteils Stühlinger. Der Grund: Dieses Gebiet liegt direkt hinter dem Bahnhof, und durch die neu zu errichtenden hohen Gebäude befürchtete man, dass der sanfte Ostwind nun nicht mehr durch das Stadtgebiet wehen würde. Heute sieht man in der Fassade des Bahnhofs ein Loch,

das jeden Feng-Shui-Kenner sofort an das Drachenfenster in Hongkong erinnert. Auch dieses Loch in der Fassade kann den »Atem des Drachen« durchlassen.

Sha durch Hauskante

Das Hotel oben verfügt über eine besonders scharfe Hauskante, von der aggressives Sha Chi ausgeht und in die Umgebung abstrahlt. Auch die Kante der Garage oder des Nachbarhauses kann eine Quelle von Sha Chi sein. Man gleicht diese Konstellation aus, indem man etwas zwischen Haus und Sha-Quelle setzt, was die geradlinige Energiestrahlung abhält oder wieder in harmonisches Chi umwandelt.

Ein gerader Weg führt hinunter auf eine Straße

Diese zweiteilige Treppenanlage führt unmittelbar auf die Straße. Dabei wird die Geradlinigkeit noch durch die Handläufe und die Wände betont. Diese Situation verursacht einen beschleunigten Energiefluss, und die Folge ist, dass das Chi nun direkt vom Haus hinuntergespült wird. Besser wäre es gewesen, den Aufgang schlängelnd und von Podesten unterbrochen zu gestalten, damit die Energie sich immer wieder sammeln kann. Ist das nicht möglich, besteht eine erste Hilfe darin, zumindest die Begrenzung über der Garage mit immergrünen dichten Hecken zu bepflanzen und ein geschlossenes Tor vor den unteren, unmittelbar zur Straße gewandten Treppenaufgang zu platzieren.

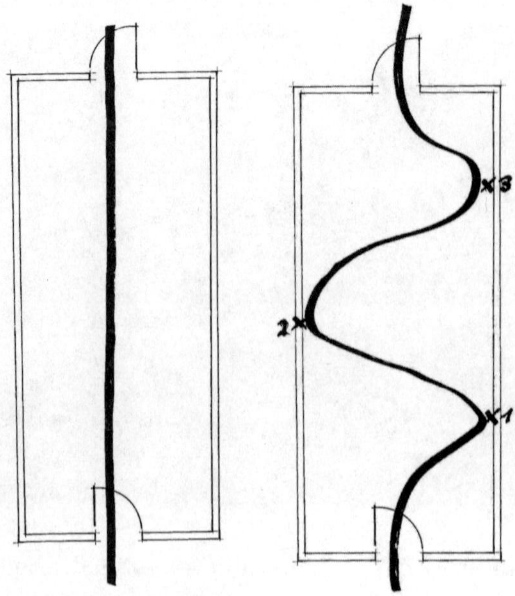

Chi-Fluss im Innenraum

Übertragen wir diese grundlegenden Prinzipien des Feng-Shui, wird deutlich: Auch in langen, schmalen Fluren beschleunigt sich das Chi. Wir bringen es wieder zum Fließen, indem wir bewusst Objekte platzieren, die den Chi-Fluss mäandern lassen (siehe oben).

Ein weiterer Aspekt des Yang Sha sind die so genannten Versteckten Pfeile (Seiten 65). Sie gehen von vorspringenden Ecken und Kanten aus und können durch ihre Geradlinigkeit und Beschleunigung Ansammlungen von vitalem Chi durchdringen.

In Zimmerecken, aber auch in zu vollen, unordentlichen Räumen verlangsamt sich der Energiefluss, und Yin Sha entsteht. Hier geht es dann darum, den Energiefluss wieder in Schwung zu bringen.

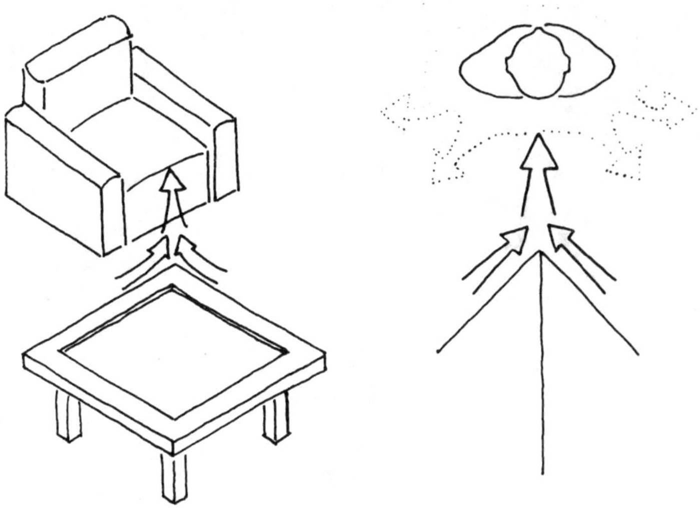

Öffnet sich die Zimmertür direkt auf eine Wand (Seite 66), so blockiert das den Energiefluss im Raum, da ein Teil des Chi gleich wieder aus dem Zimmer herausfließt. Für die Raumatmung ist auch die Öffnungsrichtung der Zimmertür maßgeblich. Sie sollte sich immer in den weitesten Teil des Raums öffnen.

Im Bereich zwischen Tür und Fenster, Tür und Tür oder Fenster und Fenster beschleunigt sich der Energiefluss, im Feng-Shui wird das auch Energieautobahn genannt. Die Harmonielehre empfiehlt in diesem Fall, die Fenster durch geeignete Objekte symbolisch zu schließen und durch die Raumgestaltung den Fluss des Chi wieder zum Schlängeln zu bringen.

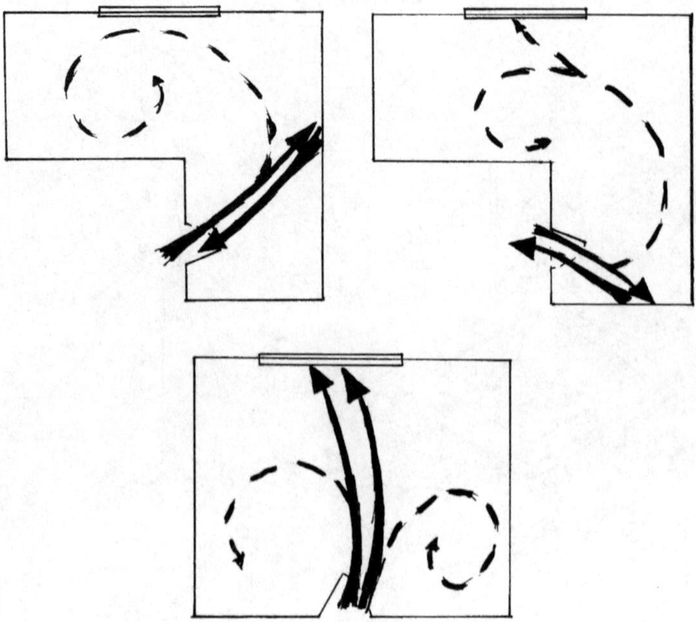

Das Prinzip von Yin und Yang

In dem Buch *Dao de jing,* das dem Philosophen Laotse zugeschrieben wird, finden wir eine Erwähnung des Chi, die bereits auch Andeutungen von Yin und Yang umfasst. Diese polaren Kräfte sind einst – so die chinesische Philosophie – aus der Urenergie, dem so genannten Wu Chi, entstanden. Dazu das *Dao de jing:* »Eins erzeugt die Zwei. Die Zwei erzeugt die Drei. Die Drei erzeugt alle Dinge. Alle Dinge haben das Dunkle im Rücken und streben nach dem Licht, und die strömende Kraft (hier: Chong-Chi) gibt ihnen Harmonie.«

Obwohl in diesem Beispiel nicht explizit die Begriffe »Yin«

und »Yang« genannt werden, wird direkt auf diese Polarität verwiesen: »Die Zwei« repräsentiert das Yin-Yang-Prinzip, wobei das Dunkle, Aufnehmende dem Yin-Prinzip entspricht, während das Licht und das Aktive dem Yang-Prinzip zugeordnet wird.

Zitieren wir hier wieder Choe: »In dem Begriff ›Chong Chi‹ sind die Zeichen für ›dynamisch› und ›Chi‹ miteinander verknüpft, was als ›strömende Kraft‹ übersetzt werden kann. Diese Eigenschaft des ›Chong-Chi‹ ermöglicht die Vereinigung der beiden polaren Kräfte Yin und Yang, das heißt: ›Chong Chi‹ hält das Gegensätzliche zusammen.«

Das Konzept von Yin und Yang gehört zu den bekanntesten der östlichen Philosophien, aber auch zu den am wenigsten verstandenen. Wörtlich übersetzt heißt Yin »bedecktes Wetter an einer Bergseite«, während Yang »Sonnenseite eines Berges« bedeutet. Das macht deutlich: Yin und Yang sind zwei Seiten einer Medaille, gegensätzlich und doch voneinander abhängig.

Auch Berge und Täler in der Natur werden mit dem Yin-und-Yang-Prinzip verbunden. Im Tal sammeln sich die Energien, weshalb es dem aufnehmenden Yin-Prinzip zugeordnet wird. Die starken, massiven Berge symbolisieren Yang.

Wie alle Konzepte der chinesischen Philosophie entstand auch dieses durch Naturbeobachtung. Dabei stellten die Weisen des alten China fest, dass die gesamte Welt aus zwei gegensätzlichen, aber voneinander abhängigen Zuständen besteht: Der Tag bedingt die Nacht, das Licht ist nur erfahrbar im Vergleich zur Dunkelheit, denn die Dunkelheit ist die Abwesenheit von Licht.

Der Wandel von Yin und Yang

Yin und Yang beschreiben den Wandel und die Dynamik, welche die Prozesse im gesamten Universum antreiben. Sie stehen immer für einen Übergangszustand, denn es ist nie etwas ausschließlich Yin oder Yang, immer ist beides vorhanden, wenn auch der jeweilige Anteil der Pole variiert.

In der Natur spiegelt sich dieses Prinzip zunächst einmal im Wechsel von Tag und Nacht. So entspricht der Mond dem Yin- und die Sonne mit ihrer aktiven, wärmenden Kraft dem Yang-Aspekt unserer Welt. Vergrößern wir den Betrachtungswinkel, so steht der Himmel als aktives, schöpferisches Prinzip für Yang und die Erde als aufnehmendes für Yin. Der Mensch hat nun die Aufgabe, durch seine Existenz das Yin-Yang-Gleichgewicht zu erfüllen und seinen Weg des Dao zu gehen. Dies gelingt ihm beispielsweise in seiner Umgebung, indem er Landschaften, Städte oder Häuser mit Feng-Shui plant, die im Einklang mit den Gesetzen von Himmel und Erde sind.

Die Zuordnungen von Yin- und Yang-Aspekten

In der folgenden Tabelle finden Yin und Yang Entsprechungen, die Ihnen einen Anhaltspunkt für das tiefere Verständnis dieser Lehre geben können. Es wird deutlich, dass die Vorstellung von Yin und Yang alle Erscheinungen der materiellen und geistigen Welt durchzieht, da es sich bei den polaren Energien um ein grundlegendes Prinzip handelt.

Yin	**Yang**
Das aufnehmende Prinzip	Das abgebende Prinzip
Erde	Himmel
Nacht	Tag
Mond	Sonne
Kälte	Hitze
Winter	Sommer
rund, oval	eckig, spitz
weiblich	männlich
innen	außen
Ruhe	Aktivität
Schatten	Licht
Intuition	Intellekt
emotional	rational
tief	hoch
unten	oben
weich	hart

Das Urprinzip ist der Bezugspunkt der Zuordnung

Immer wieder tauchen in unseren Basis-Kursen Missverständnisse bezüglich der Bestimmung und des Verständnisses der Begriffe von Yin und Yang auf. So sagte einmal eine Seminarteilnehmerin: »Och, das ist ja gemein. Die Männer sind positiv und wir negativ.« Oder jemand fragte: »Warum stehen denn die Frauen für die Nacht, den Mond und die Dunkelheit, und die Männer für den Tag, die Sonne und das Licht?«

Die Frage lässt sich sehr leicht beantworten und zeigt einmal mehr, wie wichtig es ist, die grundlegenden Prinzipien zu kennen, um den Inhalt von der Form zu unterscheiden.

Yin und Yang stehen jeweils für ein grundsätzliches Prinzip. So wird Yang mit den aktiven, nach außen wirkenden Energien verbunden. Yin dagegen steht für das nach innen gerichtete und Aufnehmende. Das sind die Urenergien, die mit den polaren Kräften Yin und Yang beschrieben werden. Und genau das ist das Grundsätzliche, der Inhalt, auf den sich die Lehre des Yin und Yang bezieht. Und erst jetzt, auf dieser Basis, werden die Begriffe zugeordnet, die diesen Prinzipien entsprechen.

Wenn Yin und Yang sich vereinigen

Chong-Suk Choe schreibt: »Gesichert ist, dass die fengshuiistische Theorie aus der Yin-Yang- und der Fünf-Elemente-Theorie entstand.« Der Forscher Andrew March führt ein Beispiel aus dem Feng-Shui-Buch *Di-li-da-cheng* an, das die sexuelle Symbolik der Yin- und Yang-Theorie in der fengshuiistischen Praxis verdeutlicht. Es schildert die Vitalität und Vielfalt in der Landschaft, die durch Kopplung weiblicher und männlicher Elemente entsteht. Der Blick auf das sexuelle

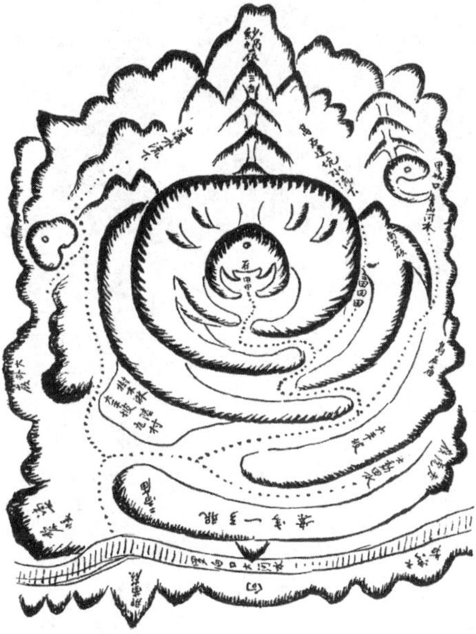

Ein geomantisches Diagramm. Die gesamte Landschaft wird über ihre Formensprache analysiert, denn hier wird der Fluss des Chi sichtbar.

Motiv ist eine grundlegende Interpretationsmethode im Feng-Shui. Wenn sich Weibliches und Männliches nicht begegnen würden – so die dahinter stehende Auffassung –, könnten sich Yin und Yang nicht paaren. An einem solchen Ort befände sich nur einseitig Yin oder Yang. Es fehle an diesem Ort das vitale Chi.

Sheng Chi – das ganz besondere Chi

An dem Ort, wo das vitale Chi sich befindet, kommen auch Yin und Yang harmonisch zusammen. Um noch einmal die Thesen von Andrew March zu zitieren: Er interpretiert dementsprechend das vitale Chi, auch »Sheng Chi« genannt, als Ausdruck der Liebe, der Fortpflanzung. An eben diesen Orten,

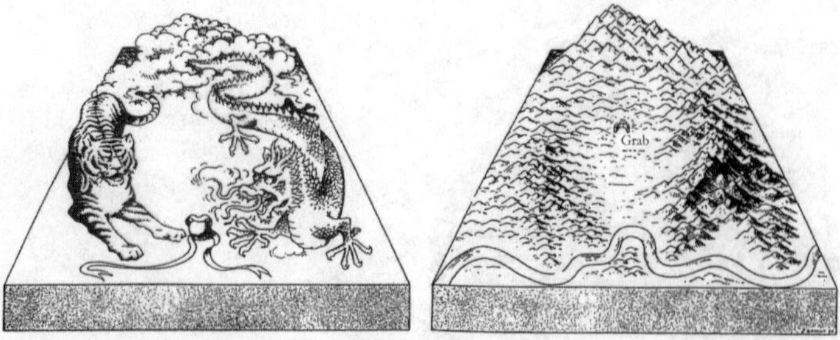

Das Lehnstuhlprinzip wird von den vier Tieren Schildkröte, Drache, Tiger und Phönix symbolisiert. Dabei stehen Tiger und Drache für die Vereinigung von Yin und Yang.

an welchen diese Bedingungen gegeben waren, wählten bereits mehr als 1000 Jahre v. Chr. die Chinesen die Begräbnisorte für ihre Verstorbenen aus. Denn durch das Begräbnis der Ahnen wie auch – und das ist ebenfalls eine sehr wahrscheinliche Annahme – den Hausbau an einem solchen Ort wird man zum »Kind der Natur«, die einen fortan fördert, wodurch Glück, Gesundheit und Erfolg unsere Begleiter sind.

Diese Begegnung von Yin und Yang wird im Feng-Shui auch über den Drachen und den Tiger beschrieben. Diese Tiere symbolisieren im Lehnstuhlprinzip (siehe Glossar S. 346 ff.) eine landschaftliche Formation, die für Schutz, Geborgenheit und – durch die Vereinigung von Tiger und Drache – auch für ausreichend vitales Chi steht.

Die beiden Abbildungen auf Seite 73 zeigen, dass die Gebäude wie in einer Schale in der Landschaft liegen. Durch diese so genannte Reisschalenformation kann viel Chi zu den Häusern gelangen und sich auch sammeln. Allerdings sollte der Blick nach vorne (er wird auch Phönix-Aspekt genannt) frei bleiben. Auf der rechten Abbildung wäre aus Feng-Shui-

Sicht gerade der vordere Phönix-Bereich etwas beengend und könnte auf die Menschen bedrückend wirken.

Yin und Yang in der Praxis

Anbei in aller Kürze ein paar Übertragungen des Yin-und-Yang-Prinzips in die Praxis des Feng-Shui. Wir haben für den Innen- und Außenbereich Themen herausgegriffen, die stellvertretend für andere stehen und illustrieren können, wie das Yin-und-Yang-Prinzip umgesetzt werden kann.

Im Innenbereich – Harmonisieren Sie Raumproportionen

Einen wesentlichen Punkt der Yin-und-Yang-Lehre stellt der Ausgleich von Raumproportionen dar. Niedrige Räume sollten mit hohen Formen gestaltet werden, sehr hohe erhalten mit horizontalen Elementen mehr Halt. So können Fenster- und Türformen entscheidend die Raumwirkung beeinflussen, ebenso aber auch Bildformate oder die Grundform von Vorhängen. Auch hier gilt: Lange Stores strecken den Raum und verleihen

Eleganz, kurze Gardinen mindern die Höhe optisch. Ähnliche Wirkungen lassen sich durch Licht schaffen. Strahlt Licht direkt nach oben, wird der Raum vertikal gestreckt und die Decke optisch angehoben.

Das Prinzip von Yin und Yang erkennen wir auch in der Art der Möblierung. Wird ein Raum vorrangig mit hohen Möbeln eingerichtet, so spiegelt er eher das Yang-Potential, niedrig möblierte Räume dagegen stehen für die Yin-Qualität. Während hohe Möbel ebenso wie Räume ihre Wirkung in der Vertikalen entfalten und uns zu kühnen Gedanken und Visionen animieren, liegt die Wirkungsrichtung bei niedrigen Räumen und Möbeln in der Horizontalen. Sie vermitteln mehr Schutz und Geborgenheit.

Im Außenbereich – am Hang

Abbildung oben: Ein Haus steht an einem Hang. Es verschafft den Bewohnern Überblick und lässt sie aktiv an der Umwelt

teilnehmen. Diese Yang-Situation muss aber durch geeignete Maßnahmen ausgeglichen werden. In einer solchen exponierten Lage sind sammelnde Yin-Aspekte besonders wichtig, damit sich die Energien rund ums Haus auch sammeln können. Mauern, Heckenbepflanzungen oder andere weiche Formen, welche die Energien vor dem Abfluss nach unten schützen, sind dringend notwendig.

Im Außenbereich – versteckter Eingang

Abbildung oben: Die Haustür des Hauses ist kaum zu sehen. Sie ist von der Proportion her zu klein, liegt versteckt hinter dem Tor im Dunklen und wird durch den darüberliegenden Balkon nochmals gedrückt. Da die Energie der Aufmerksamkeit folgt, erhalten die Bewohner dieses Hauses nur wenig Energiezufluss. Energetisch stark dagegen sind die Garagentore. Doch hieraus kann das Haus so keinen Nutzen ziehen. Um die Situation auszugleichen, müsste die Präsenz der Garage

minimiert und die Eingangstür aufgewertet werden. Folgendes wäre möglich:

Die Garagentore werden in der Farbe der Fassade, in Weiß, gestrichen.

Die Haustür wird vergrößert oder aber farblich eingerahmt.

Das Tor wird entfernt, stattdessen wird der Weg zur Eingangstür durch Lichter, Bepflanzung und ein anderes Verlegemuster im Boden betont.

Im Außenbereich – Licht und Schatten

Abbildung oben: Das Bistro liegt in einer Ladenpassage und verfügt deshalb über kein natürliches Sonnenlicht. Gerade hier ist es besonders wichtig, auf eine ausreichende Beleuchtung zu achten, um genügend Aufmerksamkeit (Chi) durch potentielle Besucher (mobiles Chi) anzuziehen.

Im Außenbereich – Friedhöfe sind Yin-Orte

Häuser in der Nähe von Friedhöfen gelten im Feng-Shui als ungünstig, da Friedhöfe Orte mit Yin-Eigenschaften sind, die nun ihre Energie auf die in der Nähe stehenden Häuser übertragen. Wohnhäuser aber sollten über viel Yang-Energie verfügen, damit sie nährend und aufbauend wirken können. Als Ausgleich sollte man in den Einflussbereich besondere Yang-Akzente setzen, um die stark yin-haltige Energie aufzuladen.

Die Fünf-Elemente-Lehre

Während wir bisher das Chi als Lebensenergie und die grundsätzliche Polarität von Yin und Yang behandelt haben, soll es jetzt um eine weitere Differenzierung des Chi gehen. Aus der Zweiteilung von Yin und Yang entstehen die fünf Wandlungsphasen. In China werden sie »wu xing« genannt, was wörtlich übersetzt »Gehweisen« bedeutet.

Die Lebensenergie Chi bewegt sich entweder nach oben oder unten, nach innen oder außen oder aber horizontal rotierend. Als Symbol für die Wandlungen in der Natur wählte man nun die Erscheinungen aus, die den verborgenen Prinzipien des Chi entsprachen. Und so wurden die Fünf Elemente Holz, Feuer, Erde, Metall und Wasser zum Sinnbild dieser Lehre. Die Fünf-Elemente-Lehre ist damit ein Klassifikationssystem, das auf das gesamte Universum übertragen werden kann. Jedes Element ist mit Entsprechungen verbunden, die sich als Form, Farbe, Material, Symbol oder aber über bestimmte Eigenschaften in der Wirklichkeit manifestieren. Idealerweise sollte ein Gleichgewicht zwischen den Elementen bestehen, damit wir in unserem Umfeld über ausgewogene Energien verfügen.

Der Beginn

Die Fünf-Elemente-Lehre wurde zuerst vor allem dafür eingesetzt, die Form der (Drachen-)Berge zu interpretieren. Ein ideal beschaffener Ort sollte klar die Fünf Elemente widerspiegeln – und das Drachennest, Xue, wo alle Elementar-Energien einfließen, hatte sich deutlich von der umgebenden Landschaft abzuheben.

Die zyklische Beziehung der Elemente

Da auf der Welt alles miteinander verbunden ist, stehen auch die Fünf Elemente in Beziehung zueinander. Diese Wechselwirkungen können über zwei Zyklen, den Schöpfungs- und den Kontrollzyklus, genau beschrieben werden. Auf der Abbildung auf Seite 79 sehen Sie den Schöpfungszyklus durch die äußeren, einen Kreis bildenden Pfeile dargestellt, den Kontrollzyklus durch die inneren.

Der Schöpfungszyklus

Befinden sich alle Elemente im Gleichgewicht, so nährt ein Element das andere und jedes kann sich harmonisch entwickeln. Dieser Energiefluss entspricht dem Schöpfungszyklus. Im Schöpfungszyklus geht jeder Energie eine andere voraus, die sie nährt und deshalb als Mutter bezeichnet wird. So ist das Holz die Mutter des Feuers, weil Holz (durch Verbrennen) das Feuer nährt. Die aufsteigende und wärmende Energie des Feuers wiederum nährt als Mutter die Erdenergie, weil das Feuer durch seine Asche die Erde nährt. In der Erde ist der Ort, wo ihr Kind, das Metall, durch Verdichtung entstehen kann. Aus dieser sich

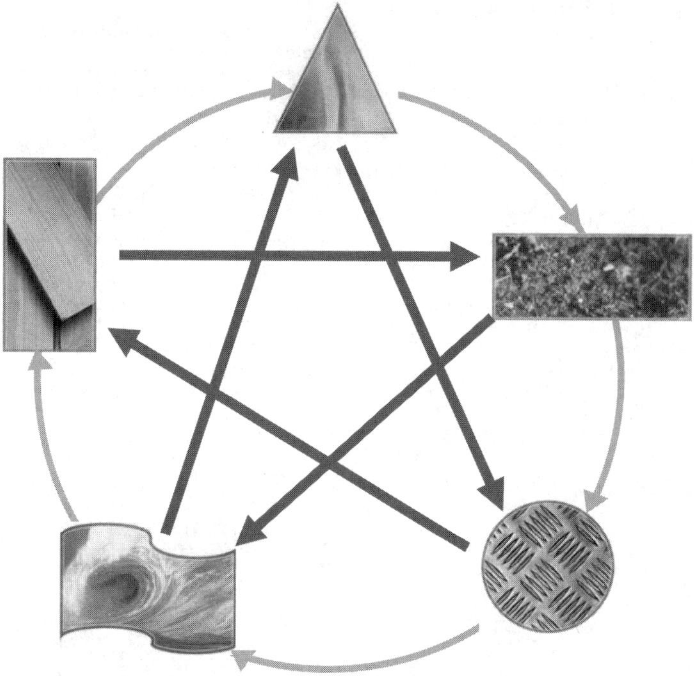

zusammenziehenden Energie des Metalls kondensiert das Wasser, das natürlicherweise nach unten fließt und deshalb auch diese Energiebewegung symbolisiert.

Im Schöpfungszyklus nährt das Holz das Feuer (durch Verbrennen), das Feuer die Erde (durch Asche), die Erde das Metall (durch Verfestigung in der Erde), das Metall das Wasser (durch Verdichtung und Kondensation), und das Wasser ist eine Nahrungsquelle für das Holz.

Die Analogien der Fünf Elemente

Elemente	Holz	Feuer	Erde	Metall	Wasser
Qualität	Expansion, Kreativität, Ausdehnung	Verschmelzen, Leichtigkeit, Mitreißen	Stabilität, Beständigkeit	Verdichtung, Zusammenziehen, Zentrieren	Aufnehmen, in die Tiefe gehen, Kommunikation
Jahreszeit	Frühling	Sommer	Spätsommer	Herbst	Winter
Tageszeit	Morgen	Mittag	Frühnachmittag	Nachmittag	Abend
Himmelsrichtung	Osten	Süden	Mitte	Westen	Norden
Energiebewegung	nach oben/ außen	nach oben schießend	horizontal um die Achse	nach innen	nach unten
Form	hoch, aufrecht, zylindrisch, stehende Rechtecke	spitz, dreieckig	flach, quadratisch, liegende Rechtecke	rund und oval, halbrund, kuppelförmig	unregelmäßig, wellenförmig
Farbe	Grüntöne, Blaugrün	Rottöne	Gelbtöne, Braun, Beige	Weiß, Silber, Grau, Gold	Blau, Schwarz
Materialien	Holz, Korbwaren, Bambus, Kork	Kunstleder, Plastik	Terrakotta, Keramik, Porzellan	Gold, Silber, Kupfer, Messing, Eisen	Glas
Umgebung	Wälder, hohe Berge	spitze Berggipfel	Plateaus, flache Hügel	hügelige Landschaften	Meer, Seen, Bäche, Kanal

Der Kontrollzyklus

Wird nun aber die Energie eines Elements stärker als die anderen, ist das Gleichgewicht des Schöpfungszyklus gestört und der Kontrollzyklus setzt ein. Die wachsende Energie des Mutter-Elements kann nicht mehr vollständig von dem nachfolgenden, ihrem Kind, aufgenommen werden. Wohin mit der überschüssigen Energie? Das »übergewichtige« Element sucht nun den Ausgleich, es gibt seine Energie an das übernächste Element ab, das nun von diesem kontrolliert und dadurch in seiner Entfaltung geschwächt wird.

Im Kontrollzyklus löscht Wasser das Feuer, Feuer schmilzt das Metall, das Metall zersägt das Holz, das Holz laugt die Erde aus, und die Erde verschmutzt das Wasser.

Leitfaden zur Bewertung der Elementezugehörigkeit

Um Gebäude, Pflanzen oder andere Objekte einem Element zuzuordnen, benötigen Sie eine Prioritätenliste, die Ihnen dabei hilft, den grundlegenden Einfluss der Elemente zu bestimmen. Dabei geht die Form vor Farbe und Material.

Die Formebene

Bei dieser ersten Priorität geht es um die grundlegende Form, also die Kontur. Welcher Grundform entspricht sie am ehesten? Diese Regel gilt für alle Bereiche, also für die Analyse von Häusern, Landschaften, Möbeln, Pflanzen und allen anderen Gestaltungselementen. Näheres dazu finden Sie im Abschnitt »Die Fünf Elemente in der Praxis« ab Seite 83.

In vielen Fällen findet man an Häusern, Möbeln oder anderen Objekten auch noch Muster und Designs, die einem

anderen Element entsprechen als dem der Gesamtkontur. So würde ein flaches Erdhaus mit Rundbogenfenstern immer dem Element Erde zugeordnet werden. Aber natürlich bringen die Rundbogenfenster auch noch einen Metall-Aspekt mit hinein. Die Elementarenergie wäre also: Erdhaus mit Metall-Aspekten.

Auch Dekore und Muster können nach ihrer Grundeigenschaft dem entsprechenden Element zugeordnet werden. So stehen horizontale Streifen für das Element Erde, Punkte für Metall, Wellenlinien für Wasser und Dreiecke für Feuer. Doch all diese inneren Formen sind der Gesamtform untergeordnet.

Die Ebene der Farben

Zur Bestimmung der Farben wird diejenige zur Analyse herangezogen, die für das Objekt bestimmend ist. Dabei wird sie der verwandten Hauptfarbe zugeordnet. So würde die grüntürkise Fassade eines Hauses für das Element Holz stehen. Eine blautürkise würde eher dem Wasserelement zugeordnet. Welche Farben mit welchen Elementen in Verbindung stehen, können Sie in der Tabelle »Die Analogien der Fünf Elemente« auf Seite 80 nachlesen.

Die Ebene des Materials

Eigentlich könnte man meinen, dass das Material in der Prioritätenliste ganz oben stehen müsste, doch die Wirkung auf die Umgebung wird tatsächlich zunächst von der Form bestimmt, dann von der Farbe. Das Material ist in diesem Zusammenhang die innere Struktur, das Innere einer Form und damit der Form untergeordnet

Die Fünf Elemente in der Praxis

Hier finden Sie die wesentlichen Merkmale und Eigenschaften der Elemente auf verschiedene Bereiche unseres Lebens übertragen. Wir bewegen uns dabei vom Abstrakten zum Konkreten.

Das Element Holz

Holz steht für alles Hohe und Aufrechte, denn charakteristisch für dieses Element ist die nach oben strebende Energierichtung. Analog dazu gehört das stehende Rechteck, ebenso wie Säulenformen, diesem Element an (siehe Seite 84 oben).

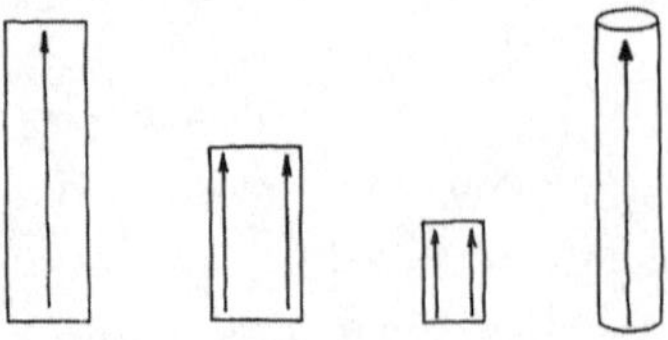

Das Element Feuer

Die Energie des Feuerelements ist aufstrebend und findet als Höhepunkt der Kraft zusammen. Keine Elementarenergie ist so mitreißend und dynamisch. Weiß man diese Qualität rich-

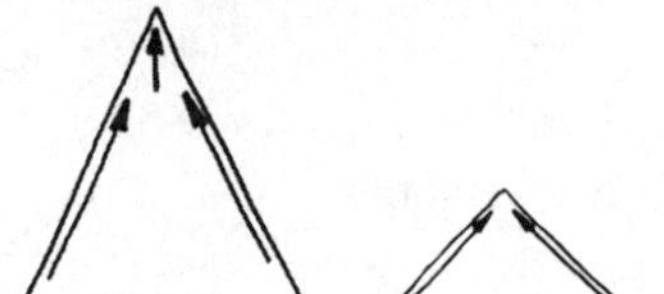

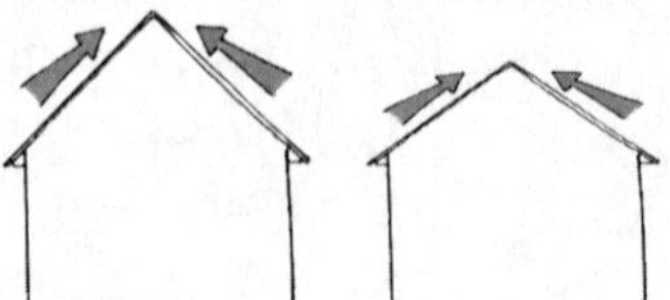

tig zu nutzen, so bringt sie Leichtigkeit ins Leben. Denn ihre Eigendynamik kann Dinge in Bewegung bringen. Die Form, die mit dem Feuer in Verbindung steht, ist das Dreieck. Auch in der Formensprache kommt die stark nach oben oben strebende Energie zum Ausdruck.

Das Element Erde

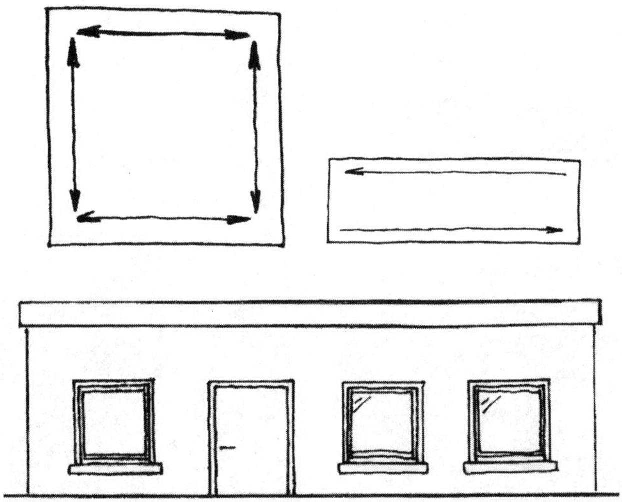

Formen, die wir der horizontalen Energie der Erde zuordnen, sind das liegende Rechteck und das Quadrat. Das Quadrat gilt im Feng-Shui als die perfekte Form, denn sowohl die zwei waagerechten als auch die beiden senkrechten Linien sind gleich lang und damit in perfekter Harmonie. Das Quadrat symbolisiert die Erde als Element der Mitte. Das erklärt auch, warum der quadratische Grundriss im Feng-Shui als Ideal gilt.

Das Element Metall

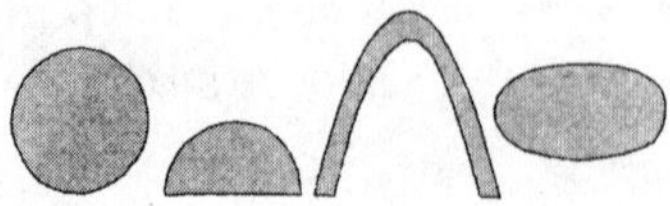

Metall entsteht in der Erde durch Verfestigung. Jede Festigung ist mit einer Verdichtung verbunden, die durch nach innen strebende Energien entsteht. Deshalb stehen alle Kreis-, Halbkreis und Bogenformen mit dem Element Metall in Verbindung.

Die Kugelform der Buchsbaumpflanzen wirken sammelnd auf die Energie und verhindern den vorschnellen Chi-Abfluss über die Treppe.

Das Element Wasser

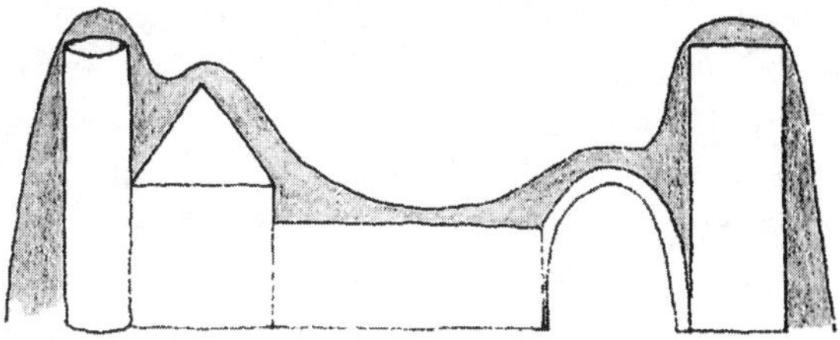

Im Feng-Shui entspricht dem Wasserelement jenes Gebäude, das Merkmale eines jeden Elements in sich trägt. Manche wirken willkürlich zusammengesetzt, haben oft nachträglich Anbauten erhalten. Sie sind verwinkelt, und als äußeres Merkmal fehlt ihnen die Struktur.

Die Konturen des oben abgebildeten Hauses ergeben eine

Wellenlinie und entsprechen damit dem Element Wasser. Die vielen kleinen Dächer des rechten Hauses stehen in ihrer Gesamtheit ebenfalls für das Wasserelement.

Die acht Trigramme – Landkarte des Kosmos

Alle Erscheinungen der sichtbaren und unsichtbaren Welt bewegen sich zwischen den Polen Yin und Yang und lassen sich deshalb auch auf diese beiden Polaritäten zurückführen.

Folgen wir diesem Gedanken, so lässt sich das gesamte Universum in verschiedenen Wandlungsphasen von Yin und Yang darstellen. Das ist auch das Grundthema des *I Ging,* das die Veränderungen der Welt anhand der sich ewig wandelnden Energie zwischen den Polen beschreibt. Ausdruck findet das in der bildhaften Darstellung der Hexagramme, die sich aus je zwei Trigrammen zusammensetzen.

Jedes Trigramm besteht aus einer 3er-Kombination von offenen Yin- und geschlossenen Yang-Linien. Dabei steht eine geschlossene Linie für Yang und eine offene Linie für Yin.

Betrachten wir die Kombinationsmöglichkeiten der Yin- und Yang-Linien, so ergeben sich insgesamt acht Trigramme.

Die Analogien der Trigramme

Da jedes Trigramm eine Wandlungsphase der Energie innerhalb von Yin und Yang beschreibt, wurde es – ähnlich den Fünf Elementen – auch mit Entsprechungen verknüpft, die dem jeweiligen Energiemuster des Trigramms entsprechen.

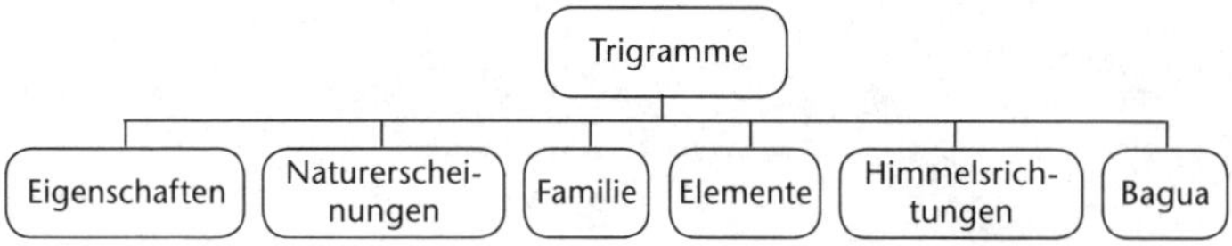

Die Ebene der Familie

Am einfachsten lässt sich die Logik der acht Trigramme über die Symbolebene der Familie beschreiben. Da es acht Trigramme gibt, wurde als Entsprechungsebene eine achtköpfige Familie gewählt. Sie besteht aus dem Vater, der Mutter und jeweils drei Söhnen und drei Töchtern. Dabei wird dem Vater das stärkste Yang-Zeichen, das durch drei Yang-Linien dargestellt wird, der Mutter analog dazu das Trigramm mit den drei Yin-Linien, zugeordnet.

Ch'ien – Vater | *Ken – jüngster Sohn* | *K'an – mittlerer Sohn* | *Chen – ältester Sohn*

K'un – Mutter | *Tui – jüngste Tochter* | *Li – mittlere Tochter* | *Sun – älteste Tochter*

Die Ebene der Himmelsrichtungen

Jedes Trigramm wird, als nächste Bezugsebene, mit einer Himmelsrichtung verknüpft. Das geschieht nicht zufällig, sondern basiert auf einem klaren Prinzip. Normalerweise ist im Feng-Shui nur die späthimmlische Sequenz von größerer Wichtigkeit, bei der Methode des TrI Ging geht es um die vorhimmlische.

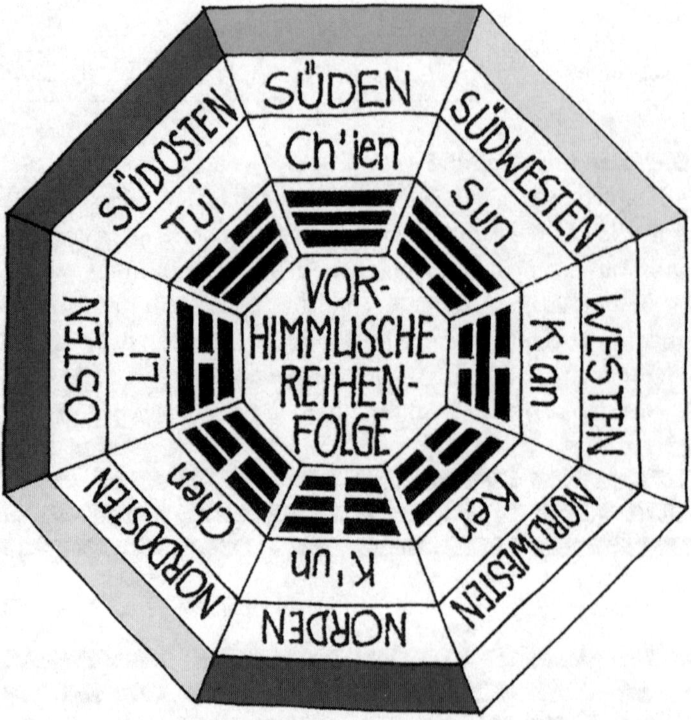

Die vorhimmlische Sequenz
Die vorhimmlische Sequenz beschreibt die Trigramme in ihrer ausgeglichenen, polaren Ordnung. Hier stehen sich die jeweils ausgleichenden Kräfte direkt gegenüber. Diese Anordnung ist ausgewogen und ohne Spannung. Sie steht für das ideale Universum und damit für den Himmel.

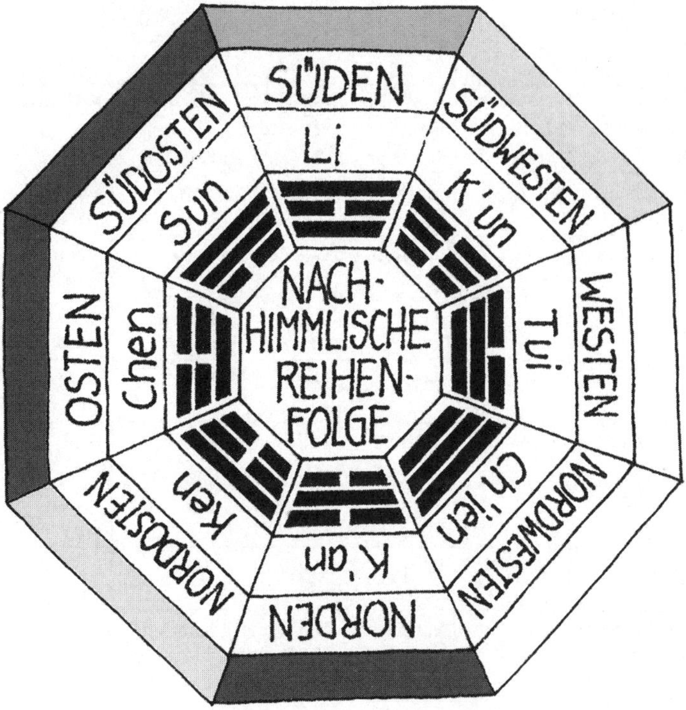

Die nachhimmlische Sequenz

In der nachhimmlischen Sequenz erscheinen die Trigramme in der Reihenfolge ihrer periodischen Wiederkehr, also so, wie sie auf der Erde, in unser aller Leben, in Erscheinung treten.

Die Tabelle zeigt die Zuordnungen der Trigramme der nachhimmlischen Sequenz.

Trigramme	Himmelsrichtungen	Familienmitglied	Eigenschaften	Naturerscheinungen	Elemente
K'an	N	mittlerer Sohn	Das Abgründige	Wasser	Wasser
Ken	NO	jüngster Sohn	Das Beständige	Berg	kleine Erde
Chen	O	ältester Sohn	Das Erregende	Donner	großes Holz
Sun	SO	älteste Tochter	Das Sanfte	Wind	kleines Holz
Li	S	mittlere Tochter	Das Haftende	Feuer	Feuer
K'un	SW	Mutter	Das Empfangende	Erde	große Erde
Tui	W	jüngste Tochter	Das Heitere	See	kleines Metall
Ch'ien	NW	Vater	Das Schöpferische	Himmel	großes Metall

Die Trigramme als Abbild der Schöpfungsgesetze in der Natur

Die Verknüpfung der Trigramme mit den Himmelsrichtungen bildet die Brücke, welche die unmittelbare Verbindung zu den Schöpfungsgesetzen der Natur herstellt. Waren die Aussagen zu den Trigrammen zunächst eher theoretisch-philosophisch, erreichen wir nun eine Ebene, die direkt unserer Wahrnehmung entspricht und deshalb einen leichteren Zugang zu den Vernetzungen des Feng-Shui ermöglicht. Denn über die Himmelsrichtungen entstehen weitere Verbindungen und Analogien, die für das Feng-Shui von Bedeutung sind. So ist der Zusammenhang zwischen Himmelsrichtung, Sonnenstand und Jahreszeit einleuchtend.

Betrachten wir nun die vier Himmelsrichtungen und ihre wichtigsten Analogien auf der Ebene der Tages- und Jahreszeit.

Der Osten

Im Osten geht die Sonne auf, und die mit dieser Himmelsrichtung verbundene Zeitphase ist der Frühling. Beziehen wir diese Analogie auf den Tag, so steht der Morgen für seinen Beginn, und es wird deutlich: Alle drei vereint eines – die Qualität der aufsteigenden Energie. Sie lässt die Morgensonne im Osten am Himmel emporsteigen und steht auch für die Kraft, welche die Pflanzen im Frühjahr kraftvoll durch die Erde sprießen lässt.

Der Süden

Im Süden und am Mittag erreicht die Sonne den Höhepunkt ihrer Bahn, ebenso wie der Sommer den Wendepunkt der expansiven Yang-Energie darstellt. Alle drei Analogien entsprechen der maximalen Entfaltung der Energie, deshalb ist in ihnen auch der Wendepunkt, der beginnende Abstieg und Rückzug der Kräfte, angelegt.

Der Westen

Diese Himmelsrichtung wird mit dem dritten Zeitzyklus, dem Herbst, verbunden. Ihre Entsprechung findet sie auf der Ebene des Tages in den Abendstunden, in denen sich die Sonne auf ihren Untergang zubewegt. Im größeren Maßstab steht der

Herbst für den Abend des Jahres, bevor sich die Energien in der Winterzeit vollkommen in sich zurückziehen. Nach der Zeit des Aufstiegs und der Entfaltung der Kräfte, die durch den Osten und Süden dargestellt werden, geht es nun wieder um die Zentrierung der Energien im Inneren und um deren allmählichen Abstieg.

Der Norden

Dem Norden entspricht die Zeitphase des Winters, die für den Rückzug der Kräfte steht. Die Analogie ist deutlich, entspricht der Norden doch jener Himmelsrichtung, in der die Sonne auf der Nordhalbkugel nie erscheint. Weiterhin steht der Norden mit der Nacht in Verbindung, und auch in der im Winter flacher werdenden Bahn der Sonne wird das Prinzip des Rückzugs deutlich.

Was bedeutet das für unser Leben?

Je nach Sonnenstand im Jahreslauf erleben wir unsere Welt also auf eine andere Weise: Die Vegetation ändert sich, das Wetter, die Temperatur und damit auch unser Befinden. Denn der Stand der Sonne zur Erde ist maßgeblich für die Jahreszeit, die wir erleben. Im Sommer steht sie am höchsten, und diese Position ermöglicht ihr, uns mehr Wärme und Licht zu senden. Im Winter verkürzt sich ihre Reise auf der Nordhalbkugel, weshalb es dann wieder zunehmend kälter und auch die Tage immer kürzer werden.

Die Schöpfungsgesetze als Vorbild

Diese Naturzyklen haben also einen starken Einfluss auf unser Leben, doch ihr Wirken geht weit über das hinaus, was wir im

Alltag so offensichtlich spüren. Und hier kommt dann Feng-Shui ins Spiel, das diese tiefere Dimension miteinbezieht.

Denn über die Bezugsebene der Himmelsrichtungen gelingt uns nun auch die direkte Verbindung zwischen Haus und Umgebung und damit zwischen Mikro- und Makrokosmos.

Jeder weiß, dass es sich in einem eher kühlen und dunklen Nordzimmer ganz anders wohnt als in einem Südzimmer, durch dessen Fenster die Sonne ihre wärmenden Strahlen schickt. Denn der Norden steht ganz allgemein mit dem Rückzug der Kräfte in Verbindung, und diese Energie ist in jedem Raum, der unter dem Einfluss des Nordens steht, potentiell vorhanden. Auf einer tieferen Ebene handelt es sich um jene Qualität, die uns dazu bringt, in uns zu gehen und zu schauen, wohin uns unsere Lebensreise führen soll.

Feng-Shui funktioniert also, weil es Ebenen der Wirklichkeit verbindet, die den gleichen energetischen Prinzipien entsprechen. Es entstehen Analogien, und genau diese Wahrnehmung der Welt ist das Kennzeichen ganzheitlicher Lehren. Ein Beispiel für die eben besprochene Analogie wäre: Norden, Winter, Dunkelheit, Rückzug, K'an, Lebensreise.

Der COS als Abbild der Schöpfungsgesetze

Wir werden nun alle philosophischen Systeme, die Sie bereits kennengelernt haben, zusammenfassen. Damit die Zusammenhänge und Wechselwirkungen deutlich werden, haben wir sie auf unserer Analysescheibe, dem Circle of Success (COS), vereint.

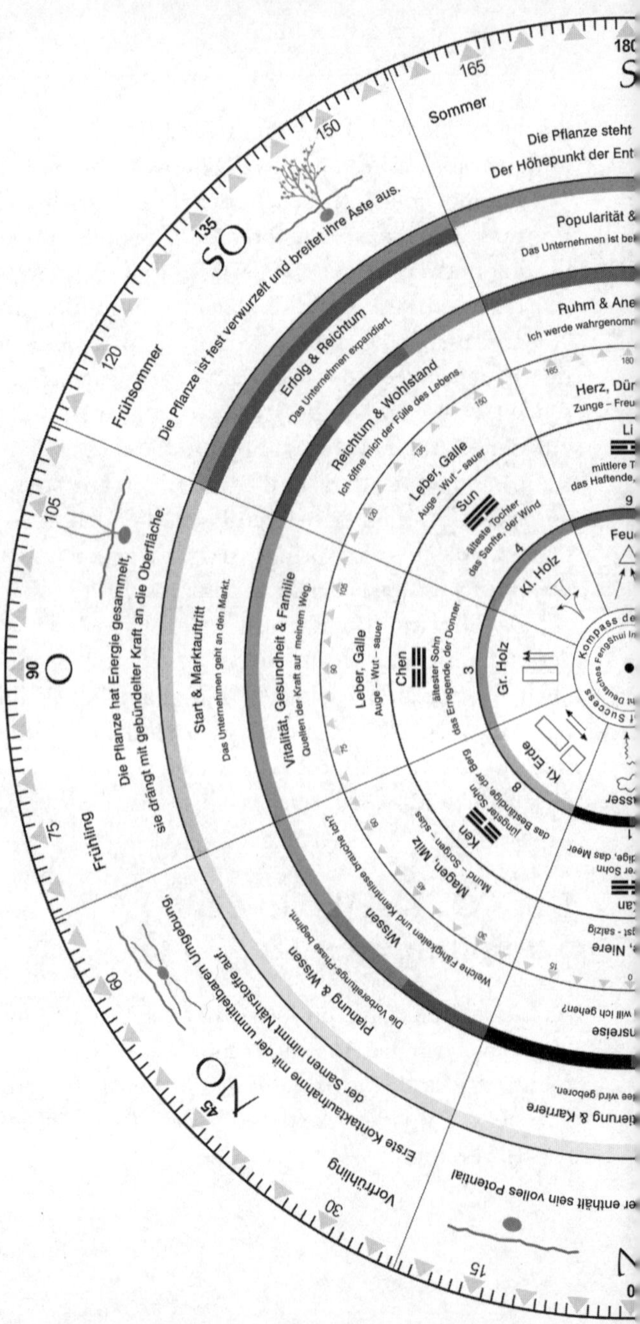

SO
O
NO
Sommer
Frühsommer
Frühling
Vorfrühling
Die Pflanze ist fest verwurzelt und breitet ihre Äste aus.
Die Pflanze hat Energie gesammelt,
sie drängt mit gebündelter Kraft an die Oberfläche.
Erfolg & Reichtum
Das Unternehmen expandiert.
Start & Markteintritt
Das Unternehmen geht an den Markt.
Reichtum & Wohlstand
Ich öffne mich der Fülle des Lebens.
Vitalität, Gesundheit & Familie
Quellen der Kraft auf meinem Weg.
Leber, Galle
Auge – Wut – sauer
Sun
älteste Tochter
das Sanfte, der Wind
Chen
ältester Sohn
das Erregende, der Donner
Kl. Holz
Gr. Holz

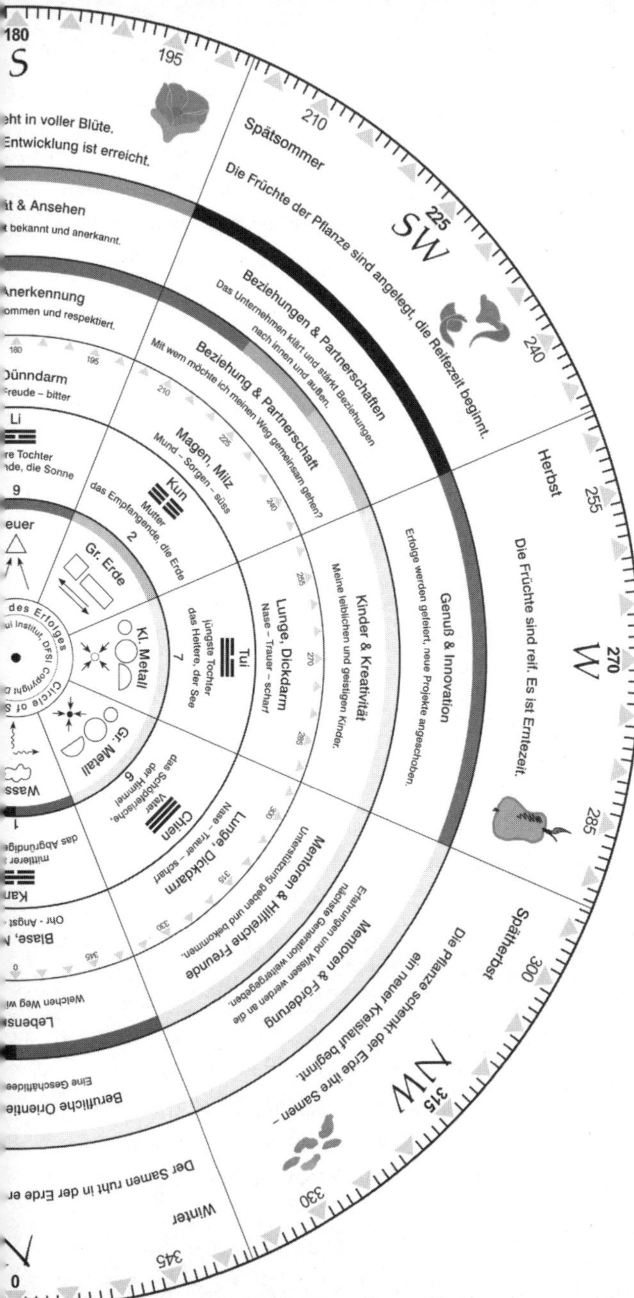
180
S
195
210
Spätsommer
Die Früchte der Pflanze sind angelegt, die Reifezeit beginnt.
225
SW
240
Herbst
255
Die Früchte sind reif. Es ist Erntezeit.
270
W
285
Spätherbst
300
Die Pflanze schenkt der Erde ihre Samen –
ein neuer Kreislauf beginnt.
315
NW
330
Winter
345
0
Beziehungen & Partnerschaften
Das Unternehmen klärt und stärkt Beziehungen
nach innen und außen.
Genuß & Innovation
Erfolge werden gefeiert, neue Projekte angeschoben.
Mentoren & Förderung
Erfahrungen und Wissen werden an die
nächste Generation weitergegeben.
Beziehung & Partnerschaft
Mit wem möchte ich meinen Weg gemeinsam gehen?
Kinder & Kreativität
Meine leiblichen und geistigen Kinder.
Mentoren & Hilfreiche Freunde
Unterstützung geben und bekommen.
Magen, Milz
Mund – Sorgen – süss
Kun
Mutter
das Empfangende, die Erde
2
Lunge, Dickdarm
Nase – Trauer – scharf
Tui
jüngste Tochter
das Heitere, der See
7
Lunge, Dickdarm
Nase – Trauer – scharf
Chien
Vater
das Schöpferische,
der Himmel
6
Gr. Erde
Kl. Metall
Gr. Metall

Die Analyseebenen des COS

Wenn Sie sich nun die Abbildung des COS anschauen, so erkennen Sie von innen nach außen verschiedene Ringe. Sie alle stehen für eine Analyse- und Betrachtungsebene im Feng-Shui.

Von innen nach außen sind es:

1. Ring: Die Fünf Elemente mit den dazugehörigen Energieflüssen und ihren Formentsprechungen.
2. Ring: Die Farben der Fünf Elemente.
3. Ring: Die Trigramme der nachhimmlischen Sequenz, ihre Namen, Bezeichnungen und Naturerscheinungen.
4. Ring: Die Organentsprechungen der Fünf-Elemente-Theorie mit den dazugehörigen Organsystemen, Sinnesorganen, Geschmacksrichtungen und Emotionen.
5. Ring: Die Lebenswünsche des Bagua für den privaten Bereich.
6. Ring: Die Farbentsprechungen des Drei-Türen-Bagua.
7. Ring: Die Trigrammenergien, übertragen auf das Bagua des Berufslebens.
8. Ring: Die Trigrammfarben.
9. Ring: Der Naturzyklus mit den Wachstumsphasen einer Pflanze, die Jahreszeiten und die dazugehörigen Himmelsrichtungen.
10. Ring: Die Kompass-Gradeinteilung.

Der COS ist eine Art europäischer Lo Pan. Als wir ihn schufen, kam es uns darauf an, ihn sowohl als Erklärungsgrundlage für die Klienten-Beratung als auch als ganz praktisches Arbeitsmittel einsetzen zu können. Der COS ist so konstruiert, dass es mit ihm ganz einfach gelingt, die Bagua-Bereiche auf alle möglichen Grundrisse zu übertragen. Dieser praktische Ansatz war uns wichtig, und aus diesem Grund findet sich in seiner Mitte auch kein Kompass, sondern ein kleines Loch, mit dem er auf den Plänen fixiert werden kann, um die Bagua-Segmente einzuzeichnen.

Die Energieflüsse im COS

Der Begriff COS sollte an dieser Stelle kurz erklärt werden: COS heißt zunächst einmal ausgeschrieben »Circle of Success«, was so viel bedeutet wie »Kreislauf des Erfolgs«. Diese Bezeichnung beschreibt zum einen, dass alle Bagua-Energien zyklisch miteinander verbunden sind, und verdeutlicht auf der anderen Seite, dass wir in jeden Bereich Energie investieren müssen, wenn wir erfolgreich – gleich auf welcher Ebene – sein wollen. Schon durch die Zyklen der Fünf Elemente werden die Wandlungen von einem Element in das nächste offensichtlich. Der COS überträgt diese schlichte Wahrheit auch auf die Bereiche des Bagua. Und da die Bagua-Energien ja mit den Trigrammen verbunden sind, die aus den Schöpfungsgesetzen der Natur abgeleitet werden, kann jeder nachvollziehen, dass wir die Inhalte des COS auf jeden Bereich des Lebens übertragen können. Das ist besonders faszinierend, wenn man feststellt, wie effektiv wir nun etwa Unternehmensprozesse ganzheitlich betrachten können – und letztlich mit dem COS auch die Energielöcher in jedem Unternehmen aufspüren: sei es nun auf der Raumebene, der Mensch- oder der Prozessebene.

Näheres dazu finden Sie im Kapitel »Das Innere Feng-Shui« ab Seite 272, in dem wir auf die Zyklen der individuellen Entwicklung eingehen.

Der COS – Unterstützung der Erkenntnis in allen Bereichen

Der COS ermöglicht also tiefere Einblicke in verborgene Gesetze der Wandlung. Da seine Aussagen allgemein zyklische Wandlungen spiegeln, kann er als Erkenntnissystem für alle Bereiche des Lebens angewandt werden. Ideal ist er geeignet als:

1. **Bagua-Analysescheibe,** da er durch einfaches Auflegen die Übertragung der Kompassrichtungen ermöglicht und auf diese Weise die Resonanzräume für unsere Lebenswünsche zeigt.
2. **Erkenntnissystem für individuelle Entwicklungen:** Der COS zeigt die Schöpfungsgesetze in der Natur auf. Auf ihm wird deutlich, welche Entwicklungen, Fähigkeiten und Möglichkeiten in welcher Form zusammenhängen. Auf diese persönliche Ebene kommen wir später noch ausführlich zu sprechen.
3. **Analyseinstrument auf der Prozessebene:** Alle Entwicklungs- und Entstehungsprozesse unterliegen bestimmten Gesetzen, welche die Voraussetzung für deren Erfolg sind. In der Konsequenz betrifft das die Entwicklung von Produkten sowie deren Markteinführung, Unternehmensberatungen auf Raum- und/oder Prozessebene bis hin zum Coaching von Einzelpersonen.

Lassen Sie uns nun auf das Bagua kommen, mit dem wir die Energien der Trigramme auf Raumebene übertragen können.

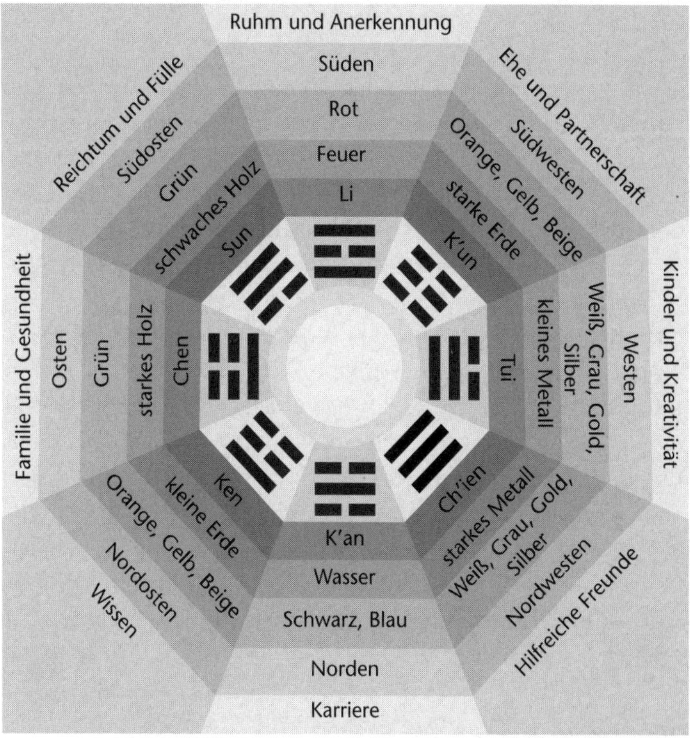

Das Bagua mit den acht Lebenswünschen und deren Entsprechungen.

Das Bagua – Akupunkturkarte des Raumes

Mit dem Bagua gelingt es uns, die Resonanzbereiche unserer Lebenswünsche auf Gebäude, Räume oder andere Planeinheiten wie beispielsweise Gärten, Siedlungen oder Städte zu übertragen. Denn es leitet seine Wirkung direkt von der Existenz der acht Trigramme ab. Wörtlich übersetzt bedeutet Bagua (oder Ba Gua) »Acht Trigramme«. Dabei bildet das Bagua die Sequenz des späten Himmels ab, die – wie Sie wissen – dem In-Erscheinung-Treten der Naturphänomene auf der Erde entspricht und ein Symbol für die Schöpfungsgesetze der Welt ist. Dieser Zusammenhang ist deshalb so bedeutsam, weil er die eigentliche Quelle dieser Lehre erklärt und die Zusammenhänge der Wirkung beleuchtet.

In unseren Seminaren erstaunt uns immer wieder, wie verblüfft nun ihrerseits wiederum die Kursteilnehmer sind, wenn sie erfahren, dass die Bagua-Energien sich vor dem Hintergrund der Naturgesetze erklären lassen. Und dass es sich dabei nicht um ein rein spirituell orientiertes System handelt, an das man einfach glauben muss. Vielmehr geht es bei diesem ursprünglichen Ansatz im wahrsten Sinn des Wortes um ein Weltwissen, das in jeder Kultur seine Relevanz besitzt. Ganz einfach deshalb, weil jede Kultur ein Teil der Schöpfung ist und damit den gleichen Naturgesetzen unterliegt.

Die Bagua-Bereiche

Jetzt soll es aber um die Bagua-Energien gehen, die wir Ihnen vorstellen möchten:

Lebensreise & Beruf
Himmelsrichtung: Norden
Element: Wasser
Trigramm: K'an

Dieser Bereich wird im Feng-Shui auch mit dem Begriff »Lebensreise« beschrieben. Er steht für Möglichkeiten und Talente, die in uns liegen, und die Freiheit, das uns Entsprechende auch zu tun. Da die tägliche Arbeit unseren Lebensweg entscheidend bestimmt, wird dieser Bereich auch dem Beruf zugeordnet. Die Energie dieses Sektors unterstützt uns dabei, unseren Platz in der Gesellschaft zu finden und den wichtigen Schritt vom Beruf zur Berufung zu gehen.

Wissen & Fähigkeiten

Himmelsrichtung: Nordosten
Element: Kleine Erde
Trigramm: Ken

Die Energie dieses Sektors ist vom Streben nach Wissen gekennzeichnet und bezieht sich nicht nur auf das äußere Wissen, sondern auch auf die innere Weisheit. Die Energie, die in diesem Bereich wirksam wird, begünstigt das Aufnehmen und Verinnerlichen von Informationen jeglicher Art. In diesem Sinn ist sie die Voraussetzung für das Nach-außen-Treten in die Welt und steht für die notwendige Vorbereitungsphase. Der Bereich Wissen unterstützt Lernende und Prüflinge ebenso wie Menschen, die in stiller Kontemplation zu mehr Selbsterkenntnis gelangen wollen.

Familie & Gesundheit

Himmelsrichtung: Osten
Element: Großes Holz
Trigramm: Chen

Die vom Bereich »Familie & Gesundheit« symbolisierte Energie ist zielgerichtet und aktiv. Traditionell war es die Aufgabe des ältesten Sohnes, für die Familie zu sorgen – und aus diesem Blickwinkel steht er für ihre Zukunft. Alle familiären Belange, das Zusammenwirken und Wachsen der Familie, können hier gezielt gefördert werden. Die Energie dieses Bereichs wird mit neuer Vitalität und dem Willen zum Neubeginn assoziiert. Damit kann der geschäftliche Neubeginn ebenso gemeint sein wie das Wiedererwachen und Kräftesammeln nach Zeiten der Dunkelheit und Krankheit. Die östliche Energie steht für zukunftsorientiertes Denken und Handeln.

Fülle & Reichtum
Himmelsrichtung: Südosten
Element: Kleines Holz
Trigramm: Sun
In diesem Teil des Hauses herrscht eine geschäftige Energie, die wir mit Beharrlichkeit und großer Kraft verbinden. Unsere Aktivitäten beginnen, Früchte zu tragen, das Wachstum setzt sich fort, Fülle entsteht. Alles, was wir begonnen haben, entwickelt sich harmonisch und wohlgeordnet. Die Energie des Aufstiegs ist deshalb auch besonders förderlich für Arbeitswechsel oder – wie auch die des Ostens – den Schritt in die berufliche Selbstständigkeit.

Ruhm & Anerkennung
Himmelsrichtung: Süden
Element: Feuer
Trigramm: Li
Dieser Bereich steht mit dem Feuer in Verbindung. Wie eine Kerze in der Nacht das Dunkel erhellt, so kann diese Energie Anerkennung und Ruhm bringen. Talente, die vorher noch im Dunkel lagen, kommen nun ans Licht. Deshalb unterstützt dieser Sektor gute Kontakte und ist von gesellschaftlicher Anerkennung gekennzeichnet. Nach Zeiten des Aufbaus ist nun der Höhepunkt erreicht, wir kommen in den Genuss des Erfolgs.

Beziehung & Partnerschaft

Himmelsrichtung: Südwesten
Element: Große Erde
Trigramm: K'un

Hier reifen Beziehungen, es herrscht eine harmonische und fürsorgliche Atmosphäre. Es ist die Energie der Bindung, des Austausches und des liebevollen Miteinander-Teilens, die diesen Sektor des Hauses für die Partnerschaft so Glück bringend macht. Aber auch andere Beziehungen werden gestärkt, so die zu Arbeitskollegen, Freunden oder Nachbarn.

Kinder & Kreativität

Himmelsrichtung: Westen
Element: Kleines Metall
Trigramm: Tui

Dies ist der Ort der Manifestation, der Ernte. Nachdem die Früchte über das Jahr gereift sind, wird nun geerntet. Gleichzeitig steht die Metall-Energie für Konzentration und Verdichtung. Alles, was wir in die Welt bringen und was in die Zukunft reicht, wird von der hier wirkenden Energiequalität gefördert. Deshalb ist dieser Bereich für unsere leiblichen und geistigen Kinder, die ja auch Früchte unseres Tuns sind, besonders bedeutsam.

Hilfreiche Freunde & Mentoren

Himmelsrichtung: Nordwesten
Element: Großes Metall
Trigramm: Ch'ien

Die Energie dieses Sektors wird mit Führung, Organisation und vorausschauender Planung in Verbindung gebracht. Das Trigramm symbolisiert den Vater, der seine Weisheit und Würde nach außen trägt. Die Hilfreichen Freunde stehen für

Noch ein Hinweis
Dieses Buch hat das Ziel, weiterführende Feng-Shui-Methoden vorzustellen, die Ihnen dabei helfen, Ihr Leben aktiv mit Feng-Shui zu gestalten. Damit dies gelingt, können wir Grundlagenthemen nur kurz behandeln. Auch das Auflegen des Bagua fällt darunter. Wenn Sie also mehr über das Bagua, die Grundrissharmonisierung oder das Ermitteln von Fehlbereichen oder Erweiterungen erfahren wollen, dann empfehlen wir Ihnen unser Buch *Feng-Shui heute,* in dem Fragen rund um Feng-Shui umfassend beantwortet werden.

Unterstützung in allen Lebenslagen, und unter dem Einfluss des Trigramms Ch'ien scheint sich alles von allein zum Besten zu entwickeln. Die Unterstützung zeigt sich in Form von Lehrern, Mentoren, Freunden oder einfach in der Situation, dass wir zum richtigen Zeitpunkt am richtigen Ort sind.

Tai Chi – die Mitte

Element: Erde

Dieser Mittelpunkt des Hauses oder des Raumes birgt die größte Kraft in sich. Er steht als Zentrum für die Vielfalt der Möglichkeiten, da alles aus ihm entstehen kann. Hier ist der Ort, in dem Chi sich sammelt und regeneriert. In der Praxis sollte dieser Bereich möglichst frei, zumindest aber nicht vollständig zugestellt sein. Günstig für die Stärkung der Mitte sind immer sammelnde, zentrierende Objekte an Decke oder Boden, die zum Beispiel über die Boden- (Verlegeart oder Teppich …) oder Lichtführung (Lampen) eingebracht werden können. Bei Häusern oder Wohnungen über mehrere Etagen wird das Zentrum jeder Ebene betont. Ideal (aber nicht notwendig!) ist es, wenn dies mit den gleichen Objekten geschieht. Denn: Zwischen solchen Gestaltungsobjekten besteht eine unsichtbare Verbindung, die wir jetzt bewusst nutzen können, um das Haus in der Mitte zu verbinden und zu zentrieren.

Übertragung auf den Grundriss

Nachdem Sie nun die einzelnen Bereiche des Bagua kennengelernt haben, möchten wir Ihnen nun in aller Kürze zeigen, wie Sie das Bagua auf den Grundriss übertragen können.

Praxis: Die Schritte zum Grundriss-Bagua

Die Harmonisierung des Grundrisses

Grundrisse mit Einbuchtungen und unregelmäßigen Konturen müssen vor der Analyse harmonisiert werden. Stellen Sie zuvor fest, wodurch die Unregelmäßigkeiten verursacht werden, denn nicht jeder Bereich eines Hauses wird in die Analyse miteinbezogen.

Aus jeder Grundriss-Unregelmäßigkeit ergibt sich entweder eine Erweiterung oder ein Fehlbereich. Ob Ihr Grundriss nun über Erweiterungen oder Fehlbereiche verfügt, hängt von den Größenverhältnissen ab.

Erweiterungen

Ist die Grundrissunregelmäßigkeit kleiner als 50 Prozent des Bereichs, aus dem sie hervorgeht, so handelt es sich um eine Erweiterung (siehe Abbildung Seite 108). In diesem Fall steht Ihnen für dieses Lebensziel mehr Energie als gewöhnlich zur Verfügung.

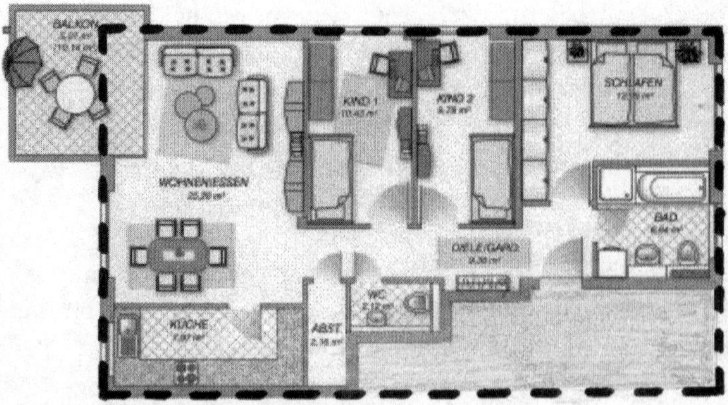

Dieser Grundriss verfügt über einen Fehlbereich und eine kleine räumliche Erweiterung auf dem Balkon.

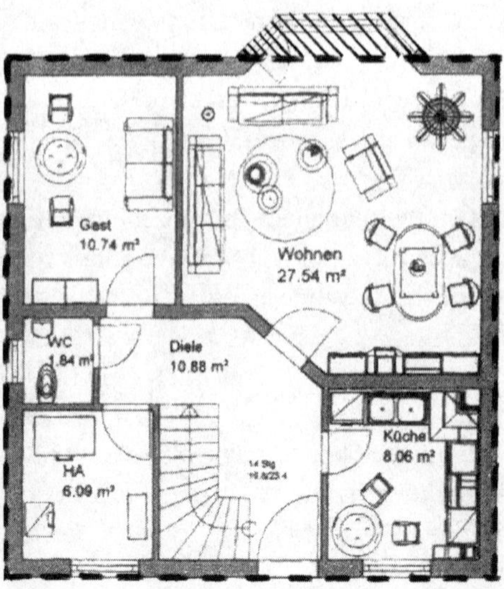

Dieser Grundriss verfügt über eine kleine Erweiterung im Erker, die außerhalb der Bagua-Linien liegt.

Ist die Unregelmäßigkeit größer als 50 Prozent des Bereichs, aus dem sie hervorgeht, so handelt es sich um einen Fehlbereich. Hier steht dem Menschen nicht die volle Energie zur Verfügung, was sich in Schwierigkeiten im entsprechenden Lebensbereich äußern kann. Ein Fehlbereich ist eine Energieleere und befindet sich deshalb immer innerhalb des Bagua.

Auch der nachfolgende Grundriss verfügt über eine Unregelmäßigkeit, in der Bad und Toilette liegen. Da dieser Bereich kleiner als 50 Prozent des Bereiches ist, aus dem er hervorgeht, wird er zur Erweiterung.

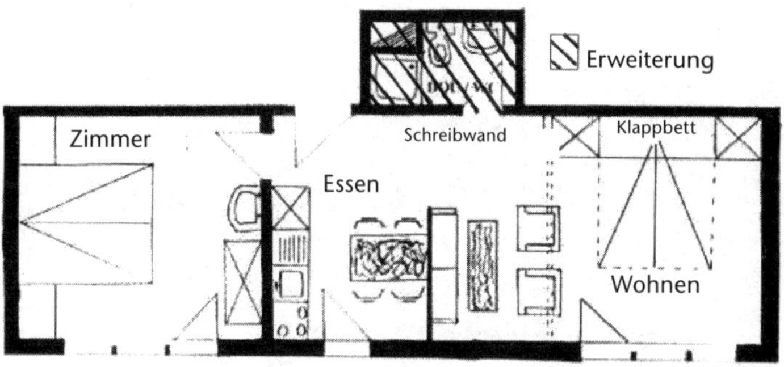

Der nächste Fall ist eine Besonderheit: Normalerweise würde die Grundrissunregelmäßigkeit aufgrund der Größenverhältnisse einer Erweiterung zugeordnet werden. Da hier aber der Eingang liegt, entstehen doch Fehlbereiche. Der Grund: Ein Eingang darf nie außerhalb des Bagua liegen (Abb. S. 110 oben).

Auf der unteren Abbildung sind zwei Wohnungen zu sehen, die durch ein gemeinsames Treppenhaus erreichbar sind. Jede Wohnung erhält nun ein eigenes Bagua, das gemeinsame Treppenhaus wird nicht hinzugerechnet. Durch den Gemeinschaftsflur entsteht für die linke Wohnung ein Fehlbereich und durch den Einschnitt in der Außenfassade für die rechte ebenfalls.

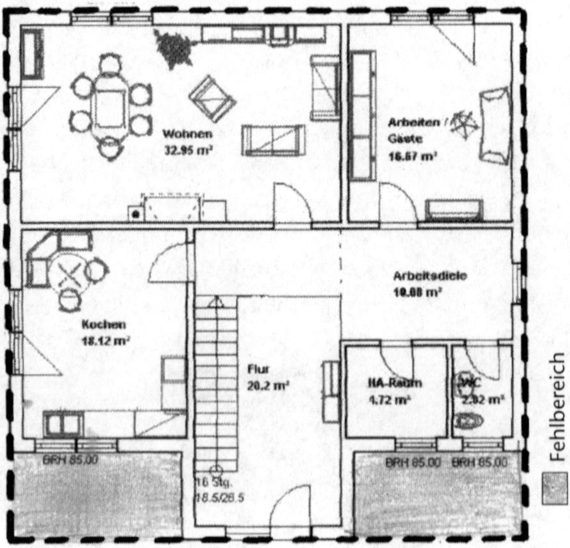
Wohnen
32.95 m²
Arbeiten /
Gäste
16.67 m²
Arbeitsdiele
10.88 m²
Kochen
18.12 m²
Flur
20.2 m²
HA-Raum
4.72 m²
WC
2.92 m²
BRH 85.00
BRH 85.00
BRH 85.00
16 Stg.
18.5/26.5
Fehlbereich

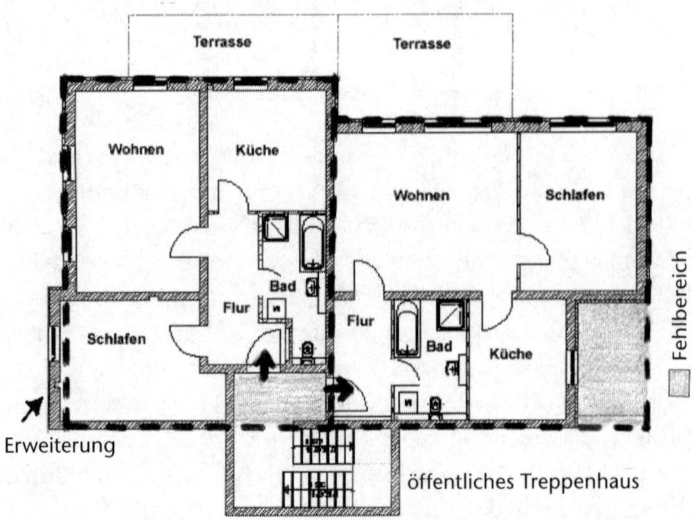
Terrasse
Terrasse
Wohnen
Küche
Wohnen
Schlafen
Bad
Flur
Flur
Bad
Schlafen
Küche
Fehlbereich
Erweiterung
öffentliches Treppenhaus

Die Kompass-Messung zur Bestimmung des Bagua

Um die Bagua-Sektoren dem Grundriss zuordnen zu können, brauchen wir das Bezugssystem der Himmelsrichtungen. Messen Sie nun deshalb die Ausrichtung der Eingangstür. In einem Haus ist es die Haustür, in einem Mehrfamilienhaus die Wohnungstür. Stellen Sie sich dabei in die geöffnete Haupteingangstür und zwar so, dass Sie von innen nach außen schauen. Achten Sie darauf, dass Sie parallel zur Tür stehen, damit Sie auch genau die Richtung ermitteln können, die ins Haus fließt. Als

Bezugslinie eignen sich die Türschwelle oder Bodenplatten, sofern diese parallel zur Haustür verlaufen. Messen Sie die Richtung, in die Sie jetzt schauen.

Himmelsrichtungen und Kompassgrade

Es folgen die Gradzahlen der Bereiche, die mit den Lebenswünschen des Bagua in Resonanz stehen. Da der Kompass 360 Grad umspannt, erhält jeder der acht Bagua-Bereiche ein 45-Grad-Segment.

Bagua-Bereiche	Kompassbereich
Norden, Lebensreise & Beruf	337,5 –22,5°
Nordosten, Wissen & Fähigkeiten	22,5 –67,5°
Osten, Familie & Gesundheit	67,5–112,5°
Südosten, Fülle & Reichtum	112,5–157,5°
Süden, Ruhm & Anerkennung	157,5–202,5°
Südwesten, Beziehung & Partnerschaft	202,5–247,5°
Westen, Kinder & Kreativität	247,5–292,5°
Nordwesten, Hilfreiche Freunde & Mentoren	292,5–337,5 °

Die Übertragung der Bagua-Bereiche auf den Grundriss

Suchen Sie auf dem Grundriss die Tür, an der Sie die Kompassmessung vorgenommen haben, und tragen Sie dort in der gemessenen Richtung die Gradzahl ein.

Finden Sie den Mittelpunkt des Grundrisses, indem Sie die Diagonalen ziehen. Nehmen Sie als Ausgangsbasis den Rahmen, der sich durch die Grundrissharmonisierung mit dem Bagua ergeben hat.

Legen Sie nun den Mittelpunkt der COS-Scheibe auf den

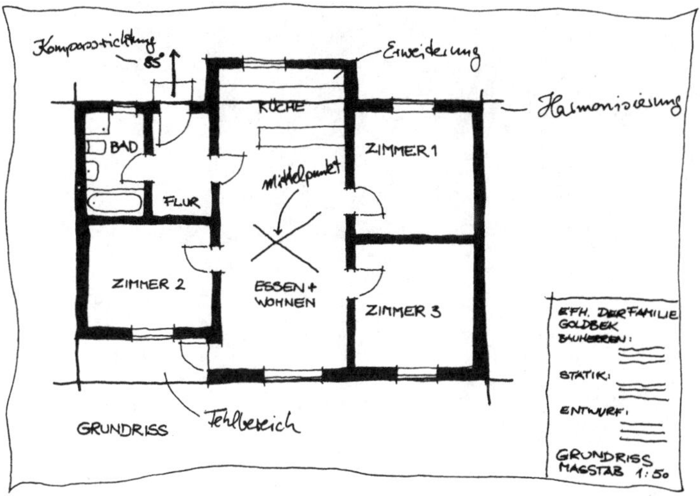

Mittelpunkt des Grundrisses. Drehen Sie den COS so lange, bis die Gradzahl auf dem COS mit der gemessenen Gradzahl auf dem Grundriss übereinstimmt.

Bitte beachten Sie diesen Zusatzschritt

Sollte – wie in unserem Beispiel auch – die Achse mit der gemessenen Richtung nicht durch den Mittelpunkt des Grundrisses verlaufen, so muss diese so lange parallel verschoben werden, bis sie durch den Grundrissmittelpunkt verläuft. Jetzt kann der COS auf den Mittelpunkt des Grundrisses gelegt werden, um die Bagua-Bereiche zu übertragen.

Übertragen Sie nun die einzelnen Bereiche des COS auf den Grundriss, indem Sie die auf der COS-Folie sichtbaren Trennungslinien auf dem Grundriss verlängern und verbinden. Sollten Sie über einen Original-COS verfügen, sind hier die Bagua-Linien schon ausgestanzt.

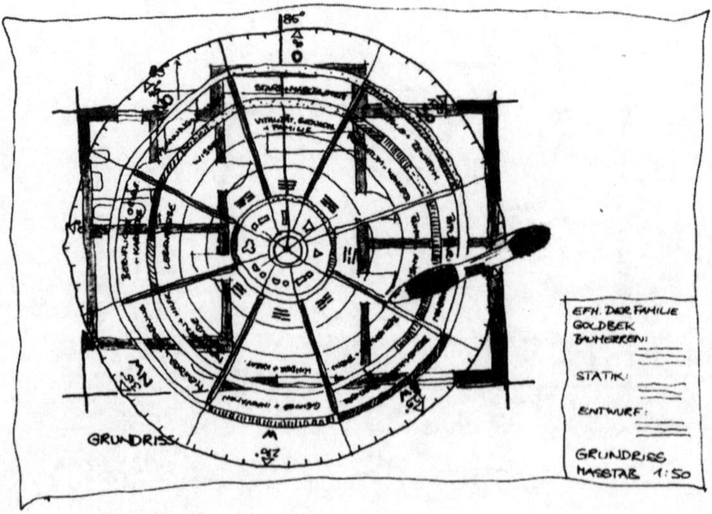
GRUNDRISS
EFH. DER FAMILIE
GOLDBEK
BAUHERREN:
STATIK:
ENTWURF:
GRUNDRISS
MASSTAB 1:50

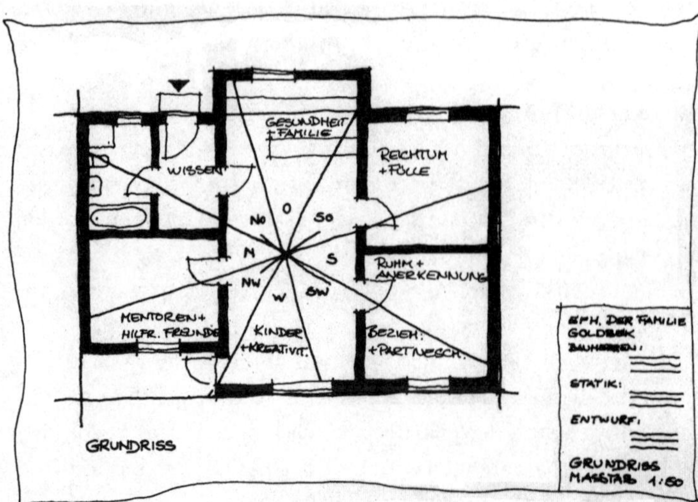
GESUNDHEIT
+ FAMILIE
REICHTUM
+ FÜLLE
WISSEN
NO
O
SO
N
S
NW
W
SW
RUHM +
ANERKENNUNG
MENTOREN +
HILFR. FREUNDE
KINDER
+ KREATIVIT.
BEZIEH.
+ PARTNESCH.
GRUNDRISS
EFH. DER FAMILIE
GOLDBEK
BAUHERREN:
STATIK:
ENTWURF:
GRUNDRISS
MASSTAB 1:50

Geschafft! Nun sind die acht Sektoren des Bagua auf Ihrem Grundriss sichtbar. Beschriften Sie die einzelnen Segmente, damit Sie die Lebensbereiche direkt ablesen können.

Nun verfügen Sie über die wichtigsten Basisinformationen. Jetzt ist es an der Zeit, sich zunächst einmal mit dem *I Ging* und dann mit der Methode, die direkt aus ihm hervorging, dem »TrI Ging«, zu beschäftigen.

Feng-Shui, I Ging und das TrI Ging

In diesem Abschnitt möchten wir Ihnen nun die von uns entwickelte Methode, das TrI Ging, vorstellen, die uns immer wieder durch ihre Präzision und Wahrhaftigkeit überrascht. Sie basiert direkt auf dem ältesten Weisheitsbuch der Welt: dem *I Ging*.

Entstanden ist die Methode des TrI Ging in den vielen Jahren unserer Praxis- und Lehrtätigkeit. Schon immer wurden

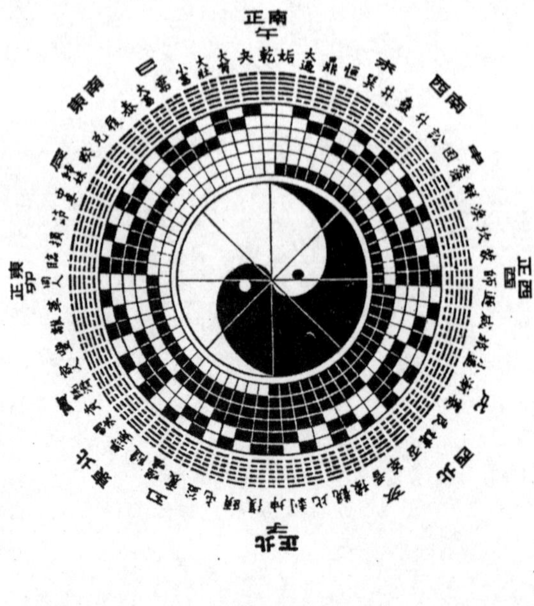

auf der Basis des *I Ging* Aussagen rund um die Harmonielehre Feng-Shui getroffen, gleichgültig, ob es sich um die beste Zeit für den Um- oder Neubau, die Anlage des Gartens oder aber die Verheiratung der Tochter handelte.

Auch uns hat das *I Ging* in den vielen Jahren unserer Praxis begleitet, und unsere Beziehung zu ihm war stets von Faszination geprägt. Besonders berührt hat uns immer wieder die grundlegende Einfachheit des Prinzips, das mit zwei einfachen Strichen auskommt, um die unzähligen Wandlungen der Welt zu beschreiben. Und erstaunt hat uns, wie sicher sich mit ihm verborgene Strukturen offenbarten, die uns in wichtigen Situationen stets den entscheidenden Hinweis gaben. Unsere Beratungen wurden einfach um eine Dimension tiefer und reicher. Denn das TrI Ging beschreibt einen Weg, mit dem es gelingt, über die Hexagramme des *I Ging* die in einem Haus manifesten Energien sowie deren Wandlungstendenzen erfahrbar zu machen. Je nach Lage eines Hauses manifestieren sich in ihm bestimmte Energien, die als Potential den Bewohnern zur Verfügung stehen. Die Beschreibungen dieser Qualitäten finden sich in den Haustypen des TrI Ging, die als »Akademie«, »Tempel«, »Wasserschloss«, »Atelier«, »Kanzleramt«, »Schule«, »Amtshaus« und »Hochhaus« bezeichnet werden.

Im Unterschied zu anderen Analysemöglichkeiten im Feng-Shui zeichnet sich die Methode des TrI Ging durch ihren spirituell analytischen Ansatz aus, denn neben den Haustypen, die sich aus dem jeweiligen Standort der Häuser ergeben, wird auch die zeitliche Ebene als Momentaufnahme über das *I Ging* hinzugezogen. Dies eröffnet Einsichten in tiefere Zusammenhänge und hilft dem Fragenden vor allem dabei, frühzeitig Wandlungstendenzen zu erkennen, die ihn zum aktiven Schöpfer seines Lebens machen.

Chancen und Möglichkeiten mit dem TrI Ging

Warum ist nun der Weg des TrI Ging besonders sinnvoll und wirksam? Und zwar gerade in unserer modernen Zeit des sich selbst bewussten Individuums? Die Antwort ist einfach: Auch wenn wir mit Feng-Shui ganz grundsätzlich die Einflüsse der Umwelt analysieren konnten, so fehlte uns immer der direkte Bezug zu den Menschen. Und auch wenn wir stets den individuellen Feng-Shui-Status auf der Basis der Geburtselemente und – noch wichtiger – auf der Grundlage des individuellen Befindens über die TCM definiert hatten, so suchten wir noch immer nach einer Möglichkeit, die Individualität und Eigenverantwortung des Menschen zu integrieren.

Das pure Formelrechnen von Glücks- und Unglücksrichtungen behagte uns nicht, zum einen, weil es uns zu starr erschien, vor allem aber auch, weil wir wissen, was Aussagen wie etwa die der »Todesrichtung« anrichten. Betrachtet man das Ganze einmal von einer höheren Warte aus, dann legen wir mit solchen Worten bereits einen Samen der Erfüllung. Umso mehr, weil in unserer Kultur ja alles, was mit dem Tod im Zusammenhang steht, erhebliche Ängste auslöst. Angst ist ein sehr starkes Gefühl, und wir wissen, dass alles, was emotional aufgeladen ist, umso stärker nach Verwirklichung drängt. Kurz und gut: Wir konnten solche Aussagen einfach nicht verantworten und haben deshalb einen anderen Weg, einen, der die Menschen zum Schöpfer ihres Lebens macht, gesucht. Und ihn dann im bewährten *I Ging* gefunden.

Leider ist es in diesem Buch nicht möglich, den Weg des TrI Ging in seiner umfassenden Komplexität darzustellen, denn er ist verknüpft mit den 64 Hexagrammen des *I Ging*, die auf unterschiedliche Weise miteinander kombiniert und interpretiert werden. Letztlich werden pro Betrachtung drei Hexagramme in Beziehung zueinander gesetzt, und genau aus diesem Grund heißt diese Methode auch TrI Ging.

Aber den ersten Schritt, die Basis dieser Methode, werden wir Ihnen nun vorstellen. Wir wissen, dass gerade dieser erste Schritt sehr erfolgreich ist, wenn es darum geht, verborgene Energiemuster sichtbar zu machen und das Wirken dieses Analysewegs in Ihrem Haus oder Ihrer Wohnung nachzuempfinden. Um die tieferen Dimensionen dieses Wegs zu erfahren, braucht es dann auch einer persönlichen Anleitung. In diesem Sinn möchten wir Sie einladen, die ersten Schritte auf dem TrI-Ging-Weg gemeinsam mit uns im Rahmen dieses Buches zu gehen. Mögen diejenigen sich angesprochen fühlen, die bereit sind, neben dem äußeren auch den inneren Weg beständig weiterzuentwickeln. Ihnen wird diese Methode von unschätzbarem Wert sein.

Die Botschaft des I Ging

Das *I Ging,* das Buch der Wandlungen, zählt zu den ältesten und einflussreichsten Weisheitsbüchern der Welt. Dabei nimmt es aufgrund seiner Weltsicht eine Sonderstellung ein. Vergleicht man Aufzeichnungen alter Schriften aus dieser Zeit, so fällt der Unterschied sofort auf. Das *I Ging* basiert nicht auf einem Dogma, auf Offenbarungen, religiösen Stammesgesetzen oder Bräuchen, sondern auf der Beobachtung der Natur und des menschlichen Lebens – und in der Folge auf den Wechselwirkungen zwischen den universellen Gesetzen der Welt und dem individuellen Verhalten Einzelner. Damit ist das *I Ging* das einzige Buch, das den ewigen Wandel in den Mittelpunkt seiner Betrachtung stellt und der Zeit einen messbaren Einfluss auf den Aufbau und die Entwicklung in allen Bereichen der Existenz zugesteht.

Eine Beobachtungs-Essenz

Das *I Ging* ist nicht das Werk eines Einzelnen, sondern eine Art Beobachtungs-Essenz, die sich über viele Generationen hinweg entwickelte und seit über 3000 Jahren bewährt und akzeptiert ist. Es beruht auf dem Wissen, dass sich Wandlungen nicht zufällig vollziehen können, sondern einen Prozess verdeutlichen, der letztlich nur etwas sichtbar macht, was als »Idee« schon in der Natur beschlossen ist.

Die Gesetze des Lebens

Greifen wir ein Beispiel aus der Natur heraus. Da ist zunächst einmal der winzige Samen einer Buche. Er entwickelt sich vom Keimling über die Jungpflanze bis hin zum »erwachsenen« Baum. Und hier wird klar: Bereits in dem kleinen, unscheinbaren Samen ist die Idee der großen Buche enthalten! Und so, wie sich die Wandlung eines Buche-Samens über mehrere Stationen hin zum voll ausgereiften Baum vollzieht, wird er sich doch innerhalb der geistigen Essenz, nämlich als Buche, entwickeln. Etwas anderes ist in ihm nicht angelegt, und deshalb kann er auch keine Birke, keine Eiche oder gar eine Sonnenblume werden. In gleicher Weise macht das *I Ging* Entwicklungen offensichtlich, die zuvor als Keim auf einer anderen Ebene schon existent sind. Oder, um es anders zu sagen: In jeder nur denkbaren Situation, in der sich ein Mensch befinden kann, ist bereits der Keim einer noch nicht spürbaren Veränderung vorhanden.

Ein ganz wesentlicher Aspekt des *I Ging* ist auch die zeitliche Komponente, die zeigt, dass sich Wandlung stets in periodischen Zyklen vollzieht. Für uns wird das im Wechsel von Tag und Nacht, den Jahreszeiten, den Wachstumsperioden von Pflanzen, den Entwicklungsabschnitten unseres Lebens oder aber – um ein größeres Bezugssystem zu wählen – in den zyklischen Bewegungen der Himmelskörper deutlich.

Meister seines Schicksals

Die Gesamtheit dieser Einflüsse wird im *I Ging* Kosmos genannt. Und der Weg, im Einklang mit den Gesetzen, durch diesen sich immer wandelnden Kosmos, ist das Dao. Das *I Ging* geht davon aus, dass diejenigen Menschen Meister ihres Schicksals werden, die in der Lage sind, das noch verborgene Potential schon früh zu erkennen, um es im Einklang mit den Gesetzen des Lebens zu entfalten. Das aber ist nur möglich, wenn wir die Gesetze des Wandels verstehen und sie zu unseren Verbündeten machen. Dabei ist es wichtig zu wissen, dass im *I Ging* der Begriff »Wandel« als Synonym für das Leben verwendet wird, eben vor dem Hintergrund, dass der Wandel das Gesetz des Lebens ist.

Hat ein Mensch nun die Möglichkeit zu erkennen, welches Potential zu einem bestimmten Zeitpunkt im Zusammenhang mit einer Situation unsichtbar vorhanden ist, kann er es selbst unter Berücksichtigung der Lebensgesetze entfalten und seine persönliche Entwicklung mit den universellen Gesetzen in Einklang bringen. Das *I Ging* hat nichts mit einem Orakel und mit Wahrsagerei zu tun, auch wenn es in der Frühzeit auf diese Weise verwendet wurde. Nein, es ist weit mehr. Es fordert uns auf, in Bewusstheit das Richtige zu tun. Dabei bringt es ein symbolisches Abbild der noch unverwirklichten Wirklichkeit in unser Bewusstsein. Und wir haben nun die Aufgabe, seine Antworten in Bezug auf unsere Situation zu verstehen und folgerichtig zu handeln. Dabei zeigt das *I Ging* eine Wandlungstendenz auf, die sich in Abhängigkeit von unseren Handlungen entwickeln wird. Und genau darin liegt die Chance: Die Gesetze des Lebens werden zu einem Instrument unseres bewussten Handelns. Das *I Ging* beleuchtet also die Situation und zeigt verborgene Potentiale und Entwicklungen auf, die wir nutzen können oder aber auch nicht. Nutzen wir sie, handeln wir im Einklang mit den Gesetzen des Lebens, denn unser Tun verschmilzt mit dem Werden der Welt. Tun wir es nicht, folgen wir unserem individuellen Willen und können an den schöpferischen Impulsen der Welt nicht in vollem Umfang teilhaben.

Das I Ging verstehen

Das *I Ging* beschreibt Grundstrukturen universeller Wandlungsprozesse und entstand – wie schon erwähnt – durch die eingehende Beobachtung von Naturereignissen, Menschen, Tieren oder Pflanzen. Dabei wurden auch wiederkehrende Beziehungsmuster in der Natur, Familie und Erziehung, Gesellschaft und Politik oder Handel und Landwirtschaft offensichtlich. Sie alle unterscheiden sich lediglich in der Form, denn ihnen allen liegen die gleichen energetischen Muster der Entwicklung zugrunde. Vor diesem Hintergrund wird auch die Tatsache verständlich, dass das *I Ging* den Erkenntnisschlüssel zu allen Lebensbereichen in sich trägt.

Große Geister haben sich mit diesem Orakel- und Weisheitsbuch beschäftigt. Doch sei der »Neueinsteiger« gewarnt: Einfach ist die Lektüre nicht! Es braucht viel Zeit und ein waches Verständnis für die Geschichte und die Kultur Chinas, um seine Hinweise richtig einordnen zu können. Wir wissen es aus unseren Schulungen: Die klassischen Texte des *I Ging* sind für einen Europäer der heutigen Zeit nur schwer zu verstehen, da in ihnen zahlreiche Sprachbilder und Symbole enthalten sind, die selbst für erfahrene China-Kenner eine große Verständnishürde darstellen.

Sprache entwickelt sich immer innerhalb einer Zeit und vor einem historischen und gesellschaftlichen Hintergrund. Aus unseren Kursen wissen wir, dass auch diejenigen unter unseren Schülern, die schon lange die Harmonielehre studieren, große Schwierigkeiten haben, die Bedeutung der Kernaussagen des *I Ging* aufzunehmen. Damit seine Texte und Aussagen aber Zugang zu unserem Bewusstsein finden, ist es wichtig, dass die Sprache und die Aussagen zur ganzheitlichen Erfassung »in uns fließen können«. Und aus eben diesem Grund haben wir die Bedeutung der Wortbilder auf ihre ursprüngliche Kernaussage zurückgeführt und über Eigenschaften von Häusern geschrieben. Unser Anliegen war es, einen leichteren Zugang zu den Grundtendenzen der Hexagramme des *I Ging* aufzuzeigen, und wir sind sicher, dass dieser Ansatz auch Ihnen einen verständlichen und zeitgemäßen Einstieg ermöglichen wird.

Die Methode des TrI Ging

Das TrI Ging steht also für einen bestimmten Weg, mit dem *I Ging* zu arbeiten. Dabei gelingt es, die in unserem Umfeld manifesten Energien und deren Entwicklungstendenzen aus einer anderen Perspektive und in ihrer Gesamtheit zu erkennen. Zwei Hexagramme spielen eine entscheidende Rolle im TrI Ging, die wir Ihnen nun vorstellen wollen. Es handelt sich dabei um das Basis- und das Herz-Hexagramm, und was es damit auf sich hat, werden Sie nun erfahren.

Das Basis-Hexagramm: Das fixierte Hauspotential

Jedes Haus ist ein Mikrokosmos im Makrokosmos der Umgebung und wird von verschiedenen Faktoren beeinflusst. Feng-Shui beschäftigt sich damit, diese Einflüsse zu deuten. Bei der Methode des TrI Ging geht es um das Basis-Hexagramm, das den grundlegenden Status quo des Hauses darstellt. Vereinfacht könnte man sagen, zwei Einflüsse sind maßgeblich für jedes Gebäude: Zum einen die Erde, auf dessen Boden es steht und mit der es fest verankert ist, und auf der anderen Seite der Himmel, in den sich das Haupt des Hauses erstreckt.

Zum Zeitpunkt des Baus haben sich im Gebäude bestimmte energetische Strukturen manifestiert, die als eine Art Basisschwingung bezeichnet werden können und ein fixiertes Raumpotential darstellen. Vergleichbar ist das mit den Fähigkeiten und Talenten eines Menschen, die sich je nach Persönlichkeit mehr oder weniger entfalten.

Der TrI-Ging-Haustyp

Je nachdem, wie die Frontseite des Hauses orientiert ist, haben wir es mit einem von acht Haustypen zu tun, die aus der Interaktion der Trigramme der vorhimmlischen und der nachhimmlischen Sequenz entstehen. In jedem Basis-Hexagramm finden wir unten die Erdbasis, die sich aus dem Trigramm der nachhimmlischen Sequenz ergibt. Darüber befindet sich der Himmelspalast, der durch das Trigramm der vorhimmlischen Sequenz symbolisiert wird. Die Beschreibungen dieser Qualitäten finden sich in den acht Haustypen des TrI Ging.

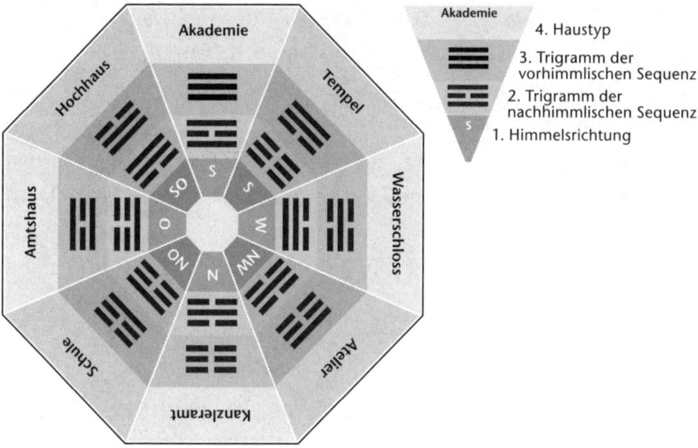

Über die Bestimmung des Haustyps haben wir die Möglichkeit, die verborgenen Potentiale des Gebäudes kennenzulernen und diese im Sinne der Harmonielehre Feng-Shui für die Aktivierung von Lebenswünschen einzusetzen.

Das Herz-Hexagramm: Das flexible Raumpotential

Natürlich verändert sich der energetische Status eines jeden Gebäudes im Lauf der Zeit, schon allein durch die jeweiligen Bewohner, die es beleben. Weitere wichtige und veränderliche Einflüsse sind auch die Zeitqualität und die spezifische Energie eines Orts. All diese Faktoren sind im Unsichtbaren auf einzigartige Weise miteinander verwoben – und sie ergeben ein Muster. Aber unser Verstand kann die darin verborgenen Strukturen nicht erfassen. Und hier kommt nun die intuitiv spirituelle Seite des TrI Ging ins Spiel:

Über das *I Ging* gelingt der direkte und unmittelbare Zugang zur Bewusstwerdung der Potentiale. Um ein ganzheitliches Abbild der energetischen Situation zu erhalten, wird also das zweite Hexagramm durch den Münzenwurf des *I Ging* ermittelt. Da es immer in Bezug auf das verborgene Entwicklungspotential des Hauses ermittelt wird, nennen wir es Herz-Hexagramm. In ihm vereinen sich alle wirksamen Einflüsse, also die des Menschen und die der Umgebung, zu einem symbolischen Abbild der Wirklichkeit.

Sind das Basis- und das Herz-Hexagramm ermittelt, geht es um die Beziehung beider zueinander. Dazu werden die Linien des Herz-Hexagramms auf die des Basis-Hexagramms zurückgeführt, wodurch die Wandlungstendenzen sichtbar werden und in konkrete Empfehlungen münden. Das heißt: Derjenige, der die TrI-Ging-Methode anwendet, erfährt, wie er an diesem Ort und innerhalb einer bestimmten Zeit in Einklang mit den Gesetzen des Lebens handeln kann und was er aus Feng-Shui-Sicht tun kann, um die Potentiale in vollem Umfang zu entfalten.

Die TrI-Ging-Praxis

Nach den notwendigen Vorbemerkungen soll es nun um die praktische Umsetzung dieser Methode gehen.
Die TrI-Ging-Methode gliedert sich in folgende Schritte:

1. Bestimmung und Messung der Frontseite eines Gebäudes.
2. Die Bestimmung des Basis-Hexagramms und des TrI-Ging-Haustyps.
3. Befragung des *I Ging* zur Ermittlung des Herz-Hexagramms über den Münzwurf.

4. Einblick in die Wandlungstendenz, die sich aus der Verbindung und Rückführung des Herz- mit dem Basis-Hexagramm ergibt.
5. Die Interpretation der Ergebnisse und deren Bezug zueinander.
6. Die Manifestation im Sinne des Feng-Shui.

Die Bestimmung und Messung der Frontseite eines Gebäudes

Der erste Schritt bei der Ermittlung des Basis-Hexagramms ist die Messung der Himmelsrichtung, in die die Frontseite eines Hauses zeigt. Denn jedes Basis-Hexagramm besteht ja aus zwei Trigrammen. Welche der jeweils acht Trigramme nun im Basis-Hexagramm Ihres Hauses kombiniert werden, hängt von dem Kompass-Bereich ab, in den die Frontseite ausgerichtet ist.

So ermitteln Sie die Frontseite Ihres Hauses

Im Feng-Shui gehen wir davon aus, dass zum Zeitpunkt des Baus über die Vorderfront die meiste und damit auch die bestimmende Energie in das Haus einfloss und sich hier als Energiequalität manifestierte. Um die Art dieser Energie sowie die daraus resultierenden Potentiale zu bestimmen, ermitteln wir das Basis-Hexagramm, aus dem sich widerum der TrI-Ging-Haustyp ergibt.

Grundsätzlich entspricht die Vorderfront eines Hauses der Seite, die man als bestimmend wahrnimmt. Sie ist sehr präsent und zeigt das Gesicht des Hauses. Charakteristisch ist, dass sie am meisten Energie empfängt, da sie unsere spontane Aufmerksamkeit anzieht.

Die Vorderfront dieses Hauses ist eindeutig zu erkennen, und hier – ganz ideal – befindet sich auch die Haustür.

Die Haustür liegt nicht in der Vorderfront des Hauses

Auch bei den beiden nachfolgenden Abbildungen unten ist die Vorderfront klar erkennbar. Sie ist die der Straße und dem Gehweg zugewandte. Im Gegensatz zum vorherigen Beispiel liegt hier aber nicht die Haustür. Sie ist jeweils seitlich angeordnet. Diese Tatsache ist aber für die Ermittlung des Basis-Hexagramms nicht entscheidend. Die Vorderfront ist und bleibt das entscheidende Kriterium. Es ist wichtig, dass man ganz klar zwischen der Vorderfront und der Lage der Haustür unterscheidet. Letztere ist für die Bestimmung des Bagua der Bezugspunkt

und zeigt die durch den Mund des Hauses, also die Haustür, einfließenden Energien.

In Mehrfamilienhäusern gilt ebenfalls die Frontseite des gesamten Hauses als bestimmender Faktor. Das heißt: Alle Bewohner von Mehrfamilienhäusern unterliegen dem gleichen Einfluss des Basis-Hexagramms, da das Gebäude über eine Frontseite verfügt.

So messen Sie die Ausrichtung der Vorderfront

Nun geht es darum, die genaue Ausrichtung der Frontseite des Hauses mit dem Kompass festzustellen. Stellen Sie sich dazu mit dem Rücken an die Frontseite des Hauses. Achten Sie darauf, dass Sie parallel zur Wand stehen, damit Sie auch genau die Richtung ermitteln können, die auf die Vorderfront rifft. Als Bezugslinie eignet sich die Wand selbst. Die Richtung, die nun direkt vor Ihnen liegt, entspricht der Ausrichtung der Frontseite. Notieren Sie sich die entsprechende Gradzahl, sie ist wichtig für die weitere Analyse.

Vergewissern Sie sich, dass keine Metallrahmen in unmittelbarer Nähe sind, da sie die Genauigkeit der Kompassmessung beeinflussen. Machen Sie deshalb mehrere Kontrollmessungen, indem Sie sich immer weiter vom Haus entfernen.

Die Ermittlung des Basis-Hexagramms

Um das Basis-Hexagramm und damit den TrI-Ging-Haustyp herauszufinden, brauchen Sie die Zuordnung der Trigramme zu den Himmelsrichtungen. In der nachfolgenden Tabelle haben wir diese zusammengefasst.

Ausrichtung der Frontseite	Kompass-bereich	Trigramm nachhimmlische Sequenz	Trigramm vorhimmlische Sequenz
Norden	337,5 –22,5	K'an	K'un
Nordosten	22,5 –67,5	Ken	Chen
Osten	67,5–112,5	Chen	Li
Südosten	112,5–157,5	Sun	Tui
Süden	157,5–202,5	Li	Ch'ien
Südwesten	202,5–247,5	K'un	Sun
Westen	247,5–292,5	Tui	K'an
Nordwesten	292,5–337,5	Ch'ein	Ken

Und nun möchten wir das Ganze einmal anhand eines Beispiels umsetzen.

Praxisbeispiel

Nehmen wir einmal an, jemand wohnt in einem Haus, bei dem die Frontseite genau nach Süden, also in Richtung 180 Grad weist. Schauen Sie nun im nächsten Schritt in der Tabelle oben nach, welches Trigramm der nachhimmlischen Sequenz mit diesem Bereich verbunden ist. Es ist Li und bildet als Erdbasis den unteren Teil des Hexagramms. Die hinzukommenden himmlischen Einflüsse werden durch das Trigramm Ch'ien der vorhimmlischen Sequenz repräsentiert, das nun über Li angeordnet wird.

Das Basis-Hexagramm des Beispielhauses sähe also so aus und entspräche dem Haustyp »Akademie«.

Lassen Sie uns nun gleich zum zweiten Hexagramm, dem Herz-Hexagramm, kommen, um den Ablauf des TrI-Ging-Wegs zu verdeutlichen.

Die Ermittlung des Herz-Hexagramms

Um das *I Ging* nach verborgenen Strukturen und Mustern befragen und das Hexagramm der Wandlung ermitteln zu können, brauchen Sie drei Münzen. Grundsätzlich eignet sich jede Münze. Wir verwenden gerne die »echten« I-Ging-Münzen. Doch welche Münzen Sie auch nehmen, beim nächsten Schritt müssen Sie zwischen den zwei Seiten unterscheiden, da eine jede anders bewertet wird.

Dabei steht:

- Die Yang-Seite für das Bildsymbol
- Die Yin-Seite der Münze für den Zahlenwert

Für die Ermittlung des Herz-Hexagramms müssen Sie noch wissen, dass eine Yang-Seite jeweils drei Punkte zählt, die Yin-Seite jeweils zwei Punkte. Sie können nun also bei jedem Wurf einen Wert von mindestens sechs Punkten (drei Yin-Seiten) bis zu maximal neun Punkten (drei Yang-Seiten) erhalten. Jeder Wurf steht dabei für eine Linie des Hexagramms, Sie müssen also sechsmal werfen.

Ein Beispiel zur Verdeutlichung: Stellen Sie sich vor, Sie hätten dieses Münzen-

Ursprünglich wurde das *I Ging* in einem sehr komplizierten Verfahren mit Schafgarbenstängeln befragt. Erst viel später, man vermutet zur Song-Zeit um 960–1279 n. Chr., entwickelte sich die Technik der Münzbefragung.

bild geworfen. Sie sehen darauf zwei Yang- und eine Yin-Seite. Das ergäbe also insgesamt einen Wert von acht:

Da es beim *I Ging* ja darum geht, die verborgenen Muster der Veränderungen zu erkennen, müssen Sie nun noch wissen, wie diese Wandlung vor sich geht. Und hier liefern die Zahlenwerte, die Sie beim Werfen der Münzen erhalten, die Grundlage.

Alles auf unserer Welt wandelt sich zwischen den Polen Yin und Yang. Yin geht in das Yang über und umgekehrt. Deutlich wird das auch in der bekannten Abbildung der Monade, in der in jedem der beiden Pole stets der andere enthalten ist. Das bedeutet, dass es ein anwachsendes Yang gibt, das an seinem Höhepunkt der Entwicklung wieder langsam ins Yin übergeht und deshalb »altes Yang« genannt wird. Im *I Ging* bewertet man genau diese Phasen des Umschwungs, und sie machen den Prozess der Wandlung deutlich.

In der Praxis des *I Ging* entsprechen bestimmte Zahlen diesen Wandlungsphasen mit dem Ergebnis, dass wir durch die Zahlenwerte erkennen können, wo sich in unserem Hexagramm eine Wandlungslinie ergibt.

Wurfzahl 6	Wurfzahl 7	Wurfzahl 8	Wurfzahl 9
altes Yin	junges Yang	junges Yin	altes Yang

Die Bezeichnung »alt« steht für den fortgeschrittenen Zustand von Yin beziehungsweise Yang, der sich jetzt wandeln will.

Die Linien des Herz-Hexagramms

Da jedes Hexagramm aus sechs Linien besteht, müssen Sie – um das Herz-Hexagramm zu erhalten – sechsmal alle drei Münzen zusammen werfen. Jeder Wurf ergibt eine Linie des Hexagramms, die von der Basis, also von unten nach oben aufsteigend, aufgebaut werden. Das heißt: Der erste Wurf stellt die unterste Linie dar, der zweite die darüberliegende und so weiter. Der zuletzt geworfene Zahlenwert ergäbe dann die oberste Linie.

Auch hier wieder ein Beispiel. Stellen Sie sich vor, Sie hätten nun insgesamt sechsmal die Münzen geworfen und das Ergebnis entspräche dem in der Tabelle zusammengefassten.

1. Wurf	2. Wurf	3. Wurf	4. Wurf	5. Wurf	6. Wurf
2 x Yin 1 x Yang	3 x Yang	3 x Yin	2 x Yang 1 x Yin	3 x Yang	2 x Yin 1 x Yang
7	9	6	8	9	7
junges Yang	altes Yang	altes Yin	junges Yin	altes Yang	junges Yang

Aus diesem Beispiel ergäbe sich dann jenes Hexagramm, das unten aus Tui und oben aus Sun besteht.

Die Geisteshaltung während des TrI-Ging-Wegs

Es ist ganz entscheidend, dass Sie sich, während Sie die Münzen werfen, ganz auf die Frage konzentrieren. Je besser Ihnen das gelingt, je genauer wird auch die Antwort sein können. Um sich zu konzentrieren, können Sie beispielsweise die Augen schließen oder sich die Situation, um die es geht, bildlich vor Augen führen. Auch das laute oder innere Wiederholen der jeweiligen Frage hilft bei der Ausrichtung der Energien.

Achten Sie darauf, dass Sie während der Befragung des *I Ging* in einem positiv-offenen Zustand sind. Das *I Ging* zeigt eine Art Momentaufnahme der verborgenen Situation aus Sicht des Hier und Jetzt. Da Sie als Sender Ihrer Frage die grundsätzliche Schwingung erzeugen, wird diese auch als Resonanz in der Antwort enthalten sein. Indem Sie sich positiv-offen stimmen, ermöglichen Sie die Sichtbarmachung des bestmöglichen Potentials.

Auch die Zeitqualität spielt eine entscheidende Rolle. Denn in dem Augenblick, wenn Sie das *I Ging* befragen, erhalten Sie eine Antwort genau auf der Basis des Hier und Jetzt als symbolisches Abbild der Wandlungstendenzen. Der Fragende begibt sich – um es einfach zu sagen – aus der linearen Wahrnehmung in die analoge, indem er tief in das Wesen der Zeit an einem bestimmten Ort eintaucht.

Die momentane Wandlungstendenz

Sie haben jetzt zwei Hexagramme, das Basis-Hexagramm, das dem TrI-Ging-Haustyp entspricht, und das soeben geworfene Herz-Hexagramm. Beide stehen unten nebeneinander.

Basis-Hexagramm

Herz-Hexagramm

Das Potential Ihrer Umgebung

Das Basis-Hexagramm, also der Haustyp des TrI Ging, steht für das Potential Ihrer Umgebung, mit der Sie in Resonanz sind. Das Herz-Hexagramm beschreibt die Möglichkeiten und Richtungen der Veränderungen, die jetzt im Einklang mit Naturgesetzen möglich und sinnvoll sind.

Ebenso wie es nicht Erfolg versprechend ist, vor dem großen Sturm Gras zu säen, weil die Samen gleich wieder verweht würden, zeigt das *I Ging* verborgene Tendenzen und Potentiale auf, die uns anleiten können, im Einklang mit der Welt zu agieren. Das über den Münzwurf ermittelte Herz-Hexagramm nimmt insofern eine zentrale Stellung ein, da sich in seiner Bildersprache die verschiedenen Ebenen der Wirklichkeit (Ort, Zeit, Raum und Mensch) offenbaren und zu einer symbolischen Aussage zusammenfließen. Es ermöglicht eine ganzheitliche Wahrnehmung, in der alle Ebenen im Einklang mit den Schöpfungsgesetzen zu einem einmaligen Geflecht verschmelzen, dessen unsichtbare Struktur wir über die Bildaussagen erfassen können. Das, was das Herz-Hexagramm aussagt, entspricht dem, was jetzt im Unsichtbaren vorhanden ist und deshalb von den Naturgesetzen gefördert wird.

Um nun festzustellen, welches Potential im Einklang mit dem Hier und Jetzt entfaltet werden sollte, schauen Sie im Abschnitt über die acht Haustypen des TrI Ging unter Wandlungslinien nach. Lesen Sie dazu die Empfehlungen jener Wandlungslinien, die sich im Basis-Hexagramm zeigen.

Um die »Wandlungslinien« im Basis-Hexagramm festzustellen, müssen wir uns die folgenden Fragen stellen:

1. Worin unterscheidet sich das Basis- vom Herz-Hexagramm?
2. Welche Linien des Basis-Hexagramms haben sich durch das Herz-Hexagramm verändert?
3. Bestimmen Sie die Wandlungslinien, also das alte Yin und das alte Yang, und markieren Sie die entsprechenden Linien im Basis-Hexagramm.

Für unser Beispiel hieße das:

Basis-Hexagramm

Herz-Hexagramm

Schauen wir uns also beide Hexagramme an und betrachten die Veränderung, die sich vom Basis- zum Herz-Hexagramm vollzogen hat.

Dabei erkennen wir: Die 2., die 3. und die 4. Linie haben sich im Basis-Hexagramm verändert, damit das Herz-Hexagramm entstehen kann. Wenn wir also das Basis-Hexagramm des Hauses mit den Wandlungslinien darstellen, sähe es so aus:

Die Botschaft der Wandlung

Was bedeutet das, und welche Botschaft steckt in der Wandlung des Basis-Hexagramms zum Herz-Hexagramm?

Das Basis-Hexagramm wird ja über die Ausrichtung des Gebäudes bestimmt. Wir erhalten auf diesem Weg »nur« die puren Trigrammlinien, also die Anordnung als Yin- oder Yang-Linien. Was beim Basis-Hexagramm zunächst fehlt, ist die Spezifizierung der Wandlungslinien, also ob eine Yin- oder Yang-Linie noch jung oder schon alt ist und sich wandeln will. Diese spezifischen Aussagen sind nur über die Befragung des *I Ging* direkt möglich, da hier die entsprechenden Zahlenwerte ermittelt werden, die mit den Phasen des Yin oder Yang verknüpft sind.

Aus Sicht des TrI Ging liegt aber gerade hier, in der rückläufigen Bestimmung der Hexagrammlinien vom Herz- zum Basis-Hexagramm, der Weg verborgen, der uns einen tieferen Blick in die Wandlung und damit in das Entwicklungspotential von Hauskörper, Hausseele und dem Geist des Hauses ermöglicht. Denn gerade dort spezifiziert sich die Individualität und Unverwechselbarkeit von Haus und Mensch zu einer Einheit.

Wenn Sie das Herz-Hexagramm ermittelt haben, ergeben sich im Vergleich zum Basis-Hexagramm die sich verändernden Linien. Das sind die Wandlungslinien des Basis-Hexagramms. In jedem Abschnitt zu den acht Haustypen finden Sie auch die konkreten Empfehlungen, die mit den jeweiligen Wandlungslinien verbunden sind. Sie zeigen weitere Schritte, wie Sie das Feng-Shui Ihrer Wohnung im Einklang mit den Naturgesetzen optimieren und die Potentiale entfalten können.

Gleichzeitig erhalten wir darüber hinaus Hinweise, welche Harmonisierungsebenen des Feng-Shui besonders sinnvoll sind, um gewünschte Veränderungsprozesse einzuleiten. Denn eine jede Linie steht für eine Ebene im Feng-Shui und kann entsprechend nachvollzogen werden.

Die einzelnen Bedeutungen der Wandlungslinien für die entsprechenden Basis-Hexagramme finden Sie unter den Beschreibungen der acht Haustypen.

Die acht TrI-Ging-Haustypen

Betrachten wir die Hausenergien, die sich aus der Kombination von Erd- und Himmelstrigramm ergeben, als Potentiale, Chancen und Möglichkeiten, die sich aus dieser energetischen Basis heraus entfalten können.

Um die Wirkung auch bildhaft beschreiben zu können, haben wir Gebäude aus dem gesellschaftlichen Umfeld gewählt, welche die darin vorhandenen Strukturen sichtbar und spürbar machen. Ob und wie diese Tendenzen sich in der Wirklichkeit manifestieren, hängt von sehr vielen Faktoren ab. Von der Nutzung in der Geschichte, von Ort und Zeit des Baus, von der Seele des Hauses, also jener Energie, die es belebt, und natürlich auch vom Raumkörper: von der Aufteilung der Räume, der Nutzung und/oder deren Einrichtung. Ein harmonischer Grundriss ist grundsätzlich energetisch stabiler als einer, der unregelmäßig ist, über viele Fehlbereiche verfügt oder unaufgeräumt ist.

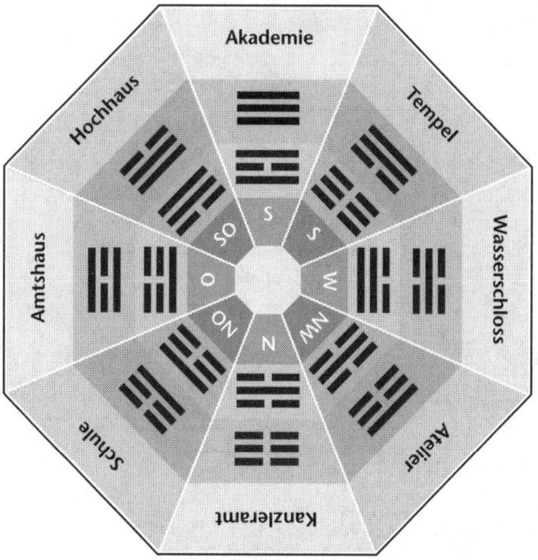

Die Wandlungslinien der acht TrI-Ging-Haustypen

Da ein jedes Hexagramm grundsätzlich die Wandlungen zwischen Himmel und Erde beschreibt, spiegelt sich diese Tatsache auch in der Zuordnung der Hexagrammlinien der einzelnen Haustypen.

5. und 6. Linie: Der Hauskörper

Die beiden unteren Linien stehen für den Hauskörper, also für die physischen Merkmale und Eigenschaften des Hauses. Empfehlungen, die sich auf die 6. und 5. Wandlungslinie beziehen, zielen also immer auf die Harmonisierung und Klärung der physischen Ebene des Hauses ab.

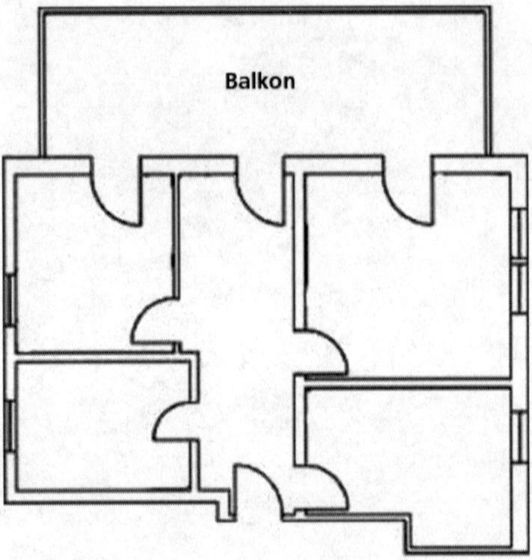

3. und 4. Linie: Die Hausseele

Die mittleren Linien stehen für die Hausseele und damit für die inneren Einflüsse, die emotionale Ebene des Hauses. Damit ist die Prägung gemeint, die das Haus während seiner gesamten Biografie erlebt hat, vom Bau bis zu den einzelnen Bewohnern in der Vergangenheit und Gegenwart. Damit entspricht die Hausseele – auf die Ebene des Menschen übertragen – den Erfahrungen, die wir im Lauf unseres Lebens gemacht und die sich in unserem Körper verankert haben.

1. und 2. Linie: Der Hausgeist

Die oberen zwei Linien sind mit dem Hausgeist verbunden und entsprechen den äußeren Einflüssen, die auf ein Gebäude einwirken. Diese kommen in Form von feinstofflichen Schwingungen mit dem Haus in Kontakt. Der Begriff Hausgeist bezieht sich auf das geistige Prinzip, also jene Energie, die das Haus »atmet«. Dabei umfasst dieser atmosphärische Einfluss die Beziehungen zur Nachbarschaft ebenso wie die spezifische Energie des Ortes oder der Zeit.

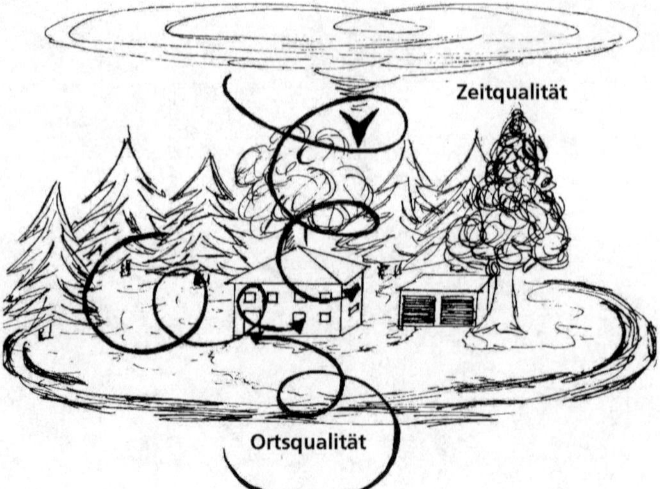

Die Akademie
Frontseite: Süden

Das Bild:
Das Bild der Akademie wird unten durch das Trigramm Li und oben durch Ch'ien begrenzt. Damit steht das Schöpferische, der Himmel – dargestellt durch drei geschlossene Yang-Linien –, direkt als Möglichkeit über der Erde. Die irdische Ebene wird durch Li, das Licht, gebildet, in dessen Mitte sich eine aufnehmende Yin-Linie befindet. Sie stellt die offene Pforte zur Aufnahme des Schöpferischen dar und vitalisiert auf diese Weise das Gesamte. Übertragen bedeutet diese Situation, dass die Fähigkeit des Einzelnen in das Wohl des Ganzen einfließen muss, um langfristig erfolgreich zu sein. Gleichzeitig eröffnet sich vor diesem Hintergrund die Versuchung, selbst im Licht glänzen zu wollen.

Chancen und Herausforderungen
Das Bild der Akademie bezeichnet einen arbeitsintensiven Zustand, in dem jeder als Mitglied des Ganzen Teilaufgaben eigenverantwortlich bearbeitet. Diese Teilaufgaben münden in das gemeinsame Ziel aller Mitglieder. Die Gefahr des durch die Aka-

demie beschriebenen Energiepotentials liegt darin, dass sich Teile der Akademie durch Eigeninteressen von der Gesamtheit absentieren und eigene Wege gehen. Dadurch ist das Gesamte gefährdet, ja: dem Untergang geweiht.

Für unser Thema bedeutet das: Dieses Haus unterstützt Menschen, die beispielsweise in einem Familienverband nicht nur nach höherer Bildung, sondern auch nach Herzensbildung streben.

Das Haus unterstützt Menschen in ihrer Energie, die nach Höherem streben, die aber verstanden haben, dass zwar jeder für sich seinen Weg der »Erforschung des Lebens« gehen muss, man hier aber nur »zum Licht« kommt, wenn man in der Lage ist, sein Wissen und seine Erfahrungen mit anderen zu teilen.

Das Zitat

In der *I-Ging*-Ausgabe von John Blohfeld finden wir dieses Zitat: »Dieses Hexagramm zeigt an, dass ein Schwacher Einfluss gewinnt, im Zentrum des Geschehens steht und für die Macht des Schöpferischen empfänglich ist … der Text schildert das Wirken des schöpferischen Prinzips.«

Haustyp und Feng-Shui

Dieser Haustyp gleicht einem Puzzle, dessen Einzelteile danach streben, ein großes Ganzes zu werden. Deshalb ist es wichtig, in der Gestaltung ein Gesamtkonzept zu entwickeln, damit die einzelnen Teile Synergien bilden können. Verwenden Sie am besten von Zimmer zu Zimmer stimmige Farbkombinationen, und vermeiden Sie große Stilbrüche in der Einrichtung. Im Sinne der Energie der Akademie ist es besonders förderlich, zusammenhängende Energieflüsse etwa über Bilderzyklen zu schaffen.

Das Aktivierungspotential des Haustyps Akademie

Wenn Sie das Potential des Haustyps Akademie aktivieren möchten, so empfehlen wir Ihnen Folgendes:

- Hängen Sie im südlichen oder nordwestlichen Bagua-Bereich Ihres Hauses ein Bild mit dem Thema Himmel auf, und stellen Sie darunter eine Kerze. Zünden Sie diese tagsüber so oft Sie können an. Dieses Arrangement etabliert in Ihren Räumen die Energien, die maßgeblich für den Haustyp Akademie stehen und sind deshalb auf Raumebene die Initialzündung für die Entfaltung der Potentiale. Verwenden Sie zur Bestimmung der Bagua-Sektoren das Gesamtbagua, das heißt jenes, das sich auf den Gesamtgrundriss bezieht.
- Ganz besonders eignen sich auch die folgenden Pflanzen für die Akademie: Hortensien, Flieder, Blauregen oder Pelargonien, also all jene, deren Gesamtblüte aus vielen einzelnen besteht.

Die Wandlungslinien der Akademie

6. **Wandlungslinie:** Planen Sie in Ihrem Umfeld ein Fest, um das Zusammensein zu stärken.
5. **Wandlungslinie:** Verlieren Sie nicht gleich den Mut, wenn sich Hindernisse auftun. Sehen Sie diese als Herausforderungen, die Sie gemeinsam meistern.
4. **Wandlungslinie:** Prüfen Sie, ob Sie sich wirklich intensiv genug um die Interessen der Gemeinschaft bemüht haben.
3. **Wandlungslinie:** Das gemeinsame Wirken muss auf das Gesamte bezogen sein, nicht auf den Einzelnen.
2. **Wandlungslinie:** Zentrieren Sie Ihren Grundriss. Wenn Sie auf mehreren Ebenen wohnen, auch über diese hinweg.
1. **Wandlungslinie:** Achten Sie auf eine energetische Verbindung zwischen den einzelnen Räumen, damit diese Synergien bilden können. Aktivieren Sie das Tai Chi.

Der Tempel

Frontseite: Südwesten

Das Bild

K'un (die Erde) bildet hier unten die Basis, während Sun (der Wind) Bewegung in zuvor festgefügte Strukturen bringt. Dabei steht der Wind für das Wahrnehmen im Verborgenen. Es handelt sich aber nicht um ein unangenehmes oder gar ungewolltes Bewegen, sondern es besteht grundsätzlich eine wohlwollende Atmosphäre der Empfänglichkeit für Veränderungen. K'un, das weibliche Prinzip, wird mit drei offenen Yin-Linien dargestellt – Sun, die älteste Tochter im Familienverband der Trigramme, hat unten eine offene Linie, darüber zwei geschlossene. Das aufnehmende Prinzip ist hier außerordentlich ausgeprägt und gelangt direkt ins Innere des Wesens.

Chancen und Herausforderungen

Ist das Potential des Haustyps Tempel geweckt, gelingt es uns leicht, von einer höheren Warte aus auf das zu blicken, was uns betrifft. Die Energie dieses Hauses bringt uns mit den Potentialen intuitiver Reflexion in Verbindung. Wir gelangen zu der Fähigkeit, Entwicklungen sorgsam zu beobachten und – falls es zu Fehlentwicklungen kommt – frühzeitig umzulenken. Aus dieser Fähigkeit heraus können wir schnell und leicht neue Strukturen etablieren, die dann auch erfolgreich umgesetzt werden können.

Durch die Betrachtung der Situation haben wir das Potential, von den Gesetzen des Lebens wie selbstverständlich geführt zu werden und sie für uns bewusst zu nutzen. Vor diesem Hintergrund entwickeln sich Beziehungen harmonisch und ohne Reibung, denn durch die Betrachtung der Situation erlangt man die Fähigkeit, angemessen zu reagieren, so dass es nie zu einem Stau von Emotionen kommt.

Das Zitat

In der Übersetzung des *I Ging* von Richard Wilhelm finden wir dieses Zitat: »... Sie waren in Wirklichkeit umgesetzt in den Einrichtungen der Könige des Altertums, die einerseits durch regelmäßiges Reisen sich den Anblick ihres Volkes verschafften, so dass ihnen nichts, was als Sitte im Volk lebte, entgehen konnte, und die dabei andererseits ihren Einfluss geltend machten, durch den solche Sitten, die nicht stimmten, geändert wurden.«

Haustyp und Feng-Shui

Achten Sie bei diesem Haustyp auf regelmäßige Clearings, denn der Wind der Erkenntnis weht durch dieses Haus und deckt auch Untergründiges auf. Dieses könnte sich dann auf die Atmosphäre des Hauses legen und Sie unnötig belasten. Achten Sie darüber hinaus auf ausgeglichene Erdbereiche, und aktivieren Sie alle drei Monate einmal die Ausgleichsachse (Diagonalachse K'un – Ken). Das gilt besonders dann, wenn Ihr Haus über einen sehr unregelmäßigen Grundriss verfügt.

Das Aktivierungspotential des Haustyps Tempel

Wollen Sie das Potential des Tempels aktivieren, so empfehlen wir das Folgende:

- Stellen Sie in den südöstlichen oder südwestlichen Bagua-Bereiches Ihres Hauses eine baumähnliche Pflanze. Wichtig ist, dass sie über einen Stamm und eine Blätter- oder Blütenkrone verfügt. In der nächsten Vollmondnacht – am allerbesten eignen sich die Monate Juni und September – gießen Sie diesen Baum nun mit Wein, der mit der gleichen Menge Regenwasser vermischt wurde. Besprühen Sie auch die Blätter Ihres Tempelbaumes, und stellen Sie ihn in dieser Nacht so auf, dass er die Energie des Vollmondes in sich aufnehmen kann. Wenn Sie die Möglichkeit haben, können Sie ihn später auch in den Garten pflanzen oder aber auf die Terrasse stellen, bevorzugt auch hier wieder in den südöstlichen oder südwestlichen Bagua-Bereich. Durch dieses Ritual vereinen Sie die Energien von Kun, der Erde, und Sun, dem Wind, in Ihrem Tempelbaum. Dabei steht der Baum selbst für Sun, der Wein für die Früchte der Mutter Erde, die als weibliche Trigramme vom Mond beschienen werden.
- Da Sie Ihren Tempelbaum nun als Glückssymbol geweiht haben, sollten Sie darauf achten, dass es ihm immer gut geht.

Die Wandlungslinien des Tempels

6. **Wandlungslinie:** Erkennen Sie, das Ihr Umfeld ein Spiegel Ihres Selbst ist. Erweitern Sie Ihre Wahrnehmung auf die Umgebung. Wo stehen Sie jetzt in Ihrem Leben, und was bedeutet das für Sie?
5. **Wandlungslinie:** Geheimnisse können nun gelüftet werden. Freuen Sie sich auf neue, freie Energien.

4. **Wandlungslinie:** Sie verfügen über Weitsicht und sind in der Lage, auch zukünftige Herausforderungen zu meistern.
3. **Wandlungslinie:** Reflektieren Sie die Ursachen dessen, was Sie als Wirkung im Raum vorfinden.
2. **Wandlungslinie:** Öffnen Sie sich der Welt, um die Einflüsse und Möglichkeiten aufzunehmen. Etablieren Sie diese Öffnung auf Raumebene, indem Sie Ihre Räumlichkeiten über das Prinzip der Horizontalen Verbindung mit der Außenwelt in Einklang bringen.
1. **Wandlungslinie:** Erkennen Sie die Chancen in Ihrem Lebensraum.

Das Wasserschloss

Frontseite: Westen

Das Bild

Die Energien in diesem Haus werden in der Basis durch das Trigramm Tui, der See, und oben durch K'an, das Wasser (oder das Meer) beschrieben. Das Wesen dieses Hexagramms ist durch ein Übermaß an Wasser gekennzeichnet. Das Bild ist sehr klar: Beim See handelt es sich um ein umschlossenes Gebilde, bei dem anderen, K'an, um das große mächtige Meer. Treffen beide aufeinander, haben wir auf der einen Seite die unendliche Fülle des Meeres, deren Aufnahme aber durch die Möglichkeiten des Sees begrenzt ist.

Chancen und Herausforderungen

Grundsätzlich steht Wasser im Chinesischen, wie auch in allen alten Kulturen, für Reichtum, fließende Einnahmen. Die andere Seite der Medaille ist: Die Energie der Fülle kann durch unbedachten, unkoordinierten Umgang weggeschwemmt werden. Wenn wir das Geschenk der Natur, das Wasser, effektiv einsetzen wollen, so müssen wir lernen, es zu lenken, damit es nicht ziellos in alle Richtungen fließt.

Das Bild des Wasserschlosses steht hier für ein stabiles Bauwerk, umgeben von Wasser, das es beschützt und fördert. Ist dieser Zustand stabil, begrenzt sich das Schloss auf kluge Weise in seinem Wesen. In dem Moment aber, wo ein Überfluss an Energien über es hereinbricht, können die Begrenzungen weggeschwemmt und damit der ehemals stabile Zustand zerstört werden.

Das Zitat

R. L. Wing schreibt in seinem *Arbeitsbuch zum I Ging:* »Ohne Beschränkung treiben Sie in einem Meer von Möglichkeiten und bewegen sich von einer Sache zur nächsten. Ohne jemals zu einem echten Engagement fähig zu sein.«

Haustyp und Feng-Shui

Ganz wichtig in diesem Haus ist es daher, auf Energieverlustzonen zu achten, welche die materiell sichtbare Manifestation dieser Energie darstellen. Gleichgültig, um welches Thema, welchen Bereich es auch gehen mag: Achten Sie besonders darauf, dass Sie Ihre materiellen und emotionalen Möglichkeiten nicht überschätzen oder gar verschwenden. Für die familiären Beziehungen heißt das, dass Sie sich und Ihren Wünschen an andere Grenzen setzen und sie so zu akzeptieren lernen, wie sie sind. Viele Menschen unter dem Einfluss dieser Energie lassen sich zu extremen Handlungen hinreißen. Das Wasserschloss fördert die kluge Herangehensweise an langfristige Aufgaben und zeigt uns durch seine Energie, dass es nicht sinnvoll ist, sich von großen, in der Ferne liegenden Zielen blenden zu lassen. Stattdessen ist die Strategie der kleinen Schritte angemessen.

Das Aktivierungspotential des Haustyps Wasserschloss

- Um einen tieferen Zugang zu dem Element, dass die Energie des Wasserschlosses maßgeblich bestimmt, zu erlangen, wird das Sammeln und Potenzieren von »magischem Wasser« empfohlen: Sammeln Sie dazu Regenwasser in einer Metallschale. Ganz besonders günstig ist eine Klangschale mit Jupiter- oder Sonnenton. Da auch die Zeitqualität eine entscheidende Rolle spielt, sind für die Sammlung des magischen Wassers ganz besonders folgende Tage geeignet: 15. Juli, 21. Juni, Johannistag, Allerheiligen, Weihnachten und Neujahr, sowie die Tage, an denen jeweils die neue Jahreszeit beginnt. Stellen Sie die Schale an einem der Tage in den Regen, und fangen Sie das Wasser auf. Wenn Sie eine Klangschale verwendet haben, dann schlagen Sie diese an, damit sie die Schallwellen der Klangfrequenzen auf das Wasser übertragen können. Geben Sie dann das Wasser in eine Braunglasflasche und versprühen Sie es im West- und Nordsektor des Hauses.

Die Wandlungslinien des Wasserschlosses

6. **Wandlungslinie:** Erkunden Sie die Geschichte Ihres Umfelds, und ziehen Sie daraus die notwendigen Schlüsse.
5. **Wandlungslinie:** Achten Sie auf eine starke Pforte zwischen innen und außen, und gestalten Sie Ihren Eingangsbereich Energie gebend. Versiegeln Sie ihn, um das Haus auch feinstofflich zu schützen.
4. **Wandlungslinie:** Lernen Sie, sich selbst zu akzeptieren, ebenso wie das Haus, in dem Sie wohnen.
3. **Wandlungslinie:** Akzeptieren Sie Ihre eigenen Grenzen. Nicht alle Chancen, die sich auftun, sind für Sie die richtigen.

2. **Wandlungslinie:** Nutzen Sie die Chancen, die Ihnen Ihre Räume bieten. Achten Sie besonders auf stabile Erdbereiche.
1. **Wandlungslinie:** Sammeln Sie Ihre Kräfte, und vermeiden Sie alles, was Ihnen Energie entzieht. Gehen Sie achtsam durchs Haus, und klären Sie den Energiefluss in Ihren Räumen.

Das Atelier

Frontseite: Nordwesten

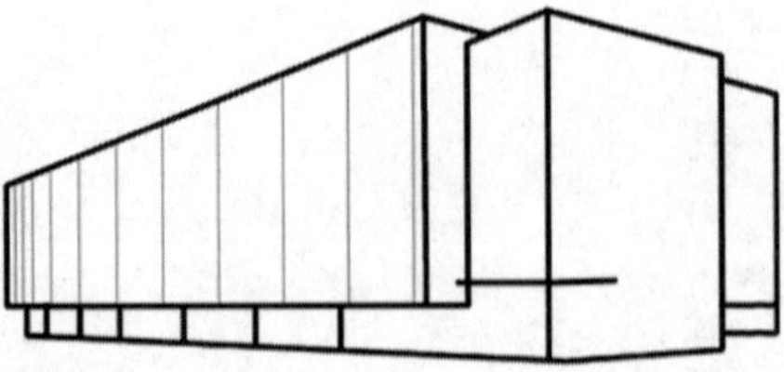

Das Bild

Die Energie dieses Hauses ist unten gekennzeichnet durch die schöpferische Energie von Ch'ien, dem Himmel, und oben von Ken, dem Trigramm, das Stabilität und reflektierte Begrenzung symbolisiert. Steht der Himmel unter einem Berg, so ist die Entfaltung der schöpferischen Energien begrenzt. Unten und oben ist das Bild von Yang-Linien eingegrenzt. Die Aufnahme von Energien, die durch die offenen Linien an Platz 4 und 5 verkörpert werden, ist nicht frei. Dafür aber verrät das Gesamtbild eine große innere Kraft.

Chancen und Herausforderungen

Das Atelier steht für ein Haus, das große Visionen und starke Zukunftsvorstellungen fördert. Doch wie immer lauert bei großen Ideen die Gefahr, dass sie nicht gesammelt und konzentriert, sondern in alle Himmelsrichtungen zerstreut werden.

In diesem Haus gehen die schöpferische Kraft des Himmels und die bewahrende, strukturierte Kraft der Erde eine ideale Verbindung ein. Man könnte dieses beschreibende Bild benutzen: Über die großen, himmelstürmenden Visionen wird eine Art Käseglocke (der Berg) gesetzt, um seine Kraft zu zentrieren und zu bewahren. Gerade hier ist es wichtig, das Maß für den richtigen Augenblick zu finden, um nicht vorschnell etwas, das zur Größe hätte reifen können, unbedacht und unzeitgemäß schon im Ansatz zu zerstören.

Das Zitat

Richard Wilhelm in seiner Übersetzung des *I Ging*: »Der Himmel inmitten des Berges deutet auf verborgene Schätze. So liegt in den Worten und Taten der Vergangenheit ein Schatz verborgen, der zur Festigung und Steigerung des eigenen Charakters verwendet werden kann.«

Haustyp und Feng-Shui

Die Bewohner dieses Hauses sollten ihre Kräfte unablässig kontrollieren, zurückhalten und speichern, denn genau das wird Ihnen den großen Erfolg – gleich auf welcher Ebene – bringen. Achten Sie auf der Grundrissebene besonders auf einen harmonischen Nordwesten, denn der steht für das Glück, zur richtigen Zeit das Richtige zu tun. Weiterhin ist es wichtig, Struktur in die Handlungen zu bringen, weshalb Sie besonders auf geordnete Handlungsabläufe bei der Arbeit achten sollten.

Das Aktivierungspotential des Haustyps Atelier

- Aktivieren Sie den Nordosten, jenen Bereich der mit dem Berg in Verbindung steht, etwas luftig Leichtes wie ein Mobile, eine Spirale oder ein kleines Klangspiel. Damit bringen Sie den Berg (Entsprechung des Bagua-Bereiches) und den Himmel (das Schöpferische) spielerisch zusammen.

- Einer alten Überlieferung nach kann besonders auch dieses Ritual dabei helfen, die Energiepotentiale des Haustyps Atelier zu aktivieren. Dazu stellt man zwei Uhren auf: eine in den Bereich des Nordwestens und eine in den Nordosten. Wichtig ist nun, dass beide Uhren richtig gestellt sind und die korrekte Uhrzeit zeigen. Auf diese Weise verbinden und entwickeln sich die Energien des Nordostens (Ken, der Berg, das Beständige) mit dem Nordwesten (Ch'ien, der Himmel, das Schöpferische) im Gleichklang, was laut der Aufzeichnungen Glück, Erfolg und Wohlstand bringen wird.

Wandlungslinien des Ateliers

6. **Wandlungslinie:** Der Durchbruch naht. Wenn Sie im Sinne höherer Ziele agieren, wird sich alles zum Besten fügen.
5. **Wandlungslinie:** Horchen Sie auf Impulse von außen, um Ihre Kräfte wirkungsvoll einsetzen zu können.
4. **Wandlungslinie:** Verschwenden Sie Ihre Kräfte nicht, sondern bündeln Sie diese vor dem großen Wurf. Achten Sie auf das Tai Chi.
3. **Wandlungslinie:** Seien Sie bereit, Hilfe von außen anzunehmen, und überdenken Sie Ihre festen Vorstellungen.
2. **Wandlungslinie:** Immer nur Vorwärtsdrängen führt nicht ans Ziel. Holen Sie Atem, und stärken Sie die schützenden und bewahrenden Aspekte Ihres Heims.
1. **Wandlungslinie:** Alle Dinge haben ihre Zeit. Lassen Sie diese noch weiter in sich wachsen, es ist noch nicht so weit, in die Welt zu gehen.

Das Kanzleramt

Frontseite: Norden

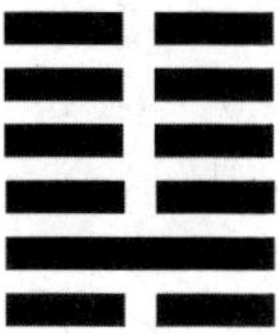

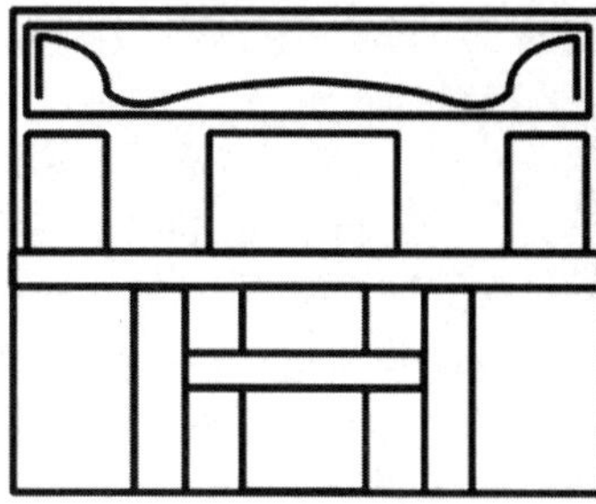

Das Bild

Schauen wir uns die Trigramme an, aus denen das Basis-Hexagramm zusammengesetzt ist: Unten befindet sich das Wasser (K'an) und oben die Erde (K'un). Das Wasser ist in sich formlos, es passt sich den Verhältnissen, der Umgebung an. Die Erde dagegen gibt Struktur und Halt. Die Bedeutung dieses Hexagramms liegt darin, dass die Bewegung des Wassers durch die Erde koordiniert werden muss. So, wie das Wasser im Fluss durch das irdene Flussbett eine gemeinsame Richtung und damit die gebündelte Kraft erhält.

Chancen und Herausforderungen

Die ursprüngliche Bezeichnung dieses Hexagramms lautet das »Heer« und deutet darauf hin, dass es sich hier um eine Ansammlung von Kraft handelt. Bei der Beschreibung der Energie müssen wir auch seinen Status betrachten. Es ist ein Unterschied, ob es sich um eine potentielle Energie handelt, die noch nicht organisiert ist, oder um eine, die gerade aktiv ist. In diesem Fall handelt es sich um eine Kraft, die in Bewegung ist und ihre förderlichen Potentiale nur durch Organisation, Führung und Konzentration in Erscheinung treten lässt. Fehlt diese Führung, so entstehen chaotische, blockierende oder gar destruktive Energien. In Firmen kann es beispielsweise durch mangelnde Struktur dazu kommen, dass Mitarbeiter ihre Kräfte gegeneinander einsetzen oder aneinander vorbei arbeiten, statt sich gemeinsam auf das Firmenziel hin auszurichten. Häufig – das erleben wir immer wieder – kennen nicht einmal alle Mitarbeiter die Firmenphilosophie des Unternehmens. Der Begriff Führung steht hier stellvertretend und im weitesten Sinn für das Lenken von Energien, gleich ob es sich nun um Eingliedern in das Unternehmen oder um die konkrete Wertschöpfung von geistigen oder körperlichen Produkten handelt. Im Familienleben entstehen unnötige Spannungen oft durch unerfüllte Erwartungen, die einer an den anderen hat. Auch steht das Kanzleramt für das Aufstellen von klaren Regeln, die den Familienmitgliedern dabei helfen, harmonisch miteinander zu leben.

Das Zitat

In den Texten von Richard Wilhelm finden wir diese Aussage: »Ein Heer ist eine Masse, die, um ein Heer zu werden, der Organisation bedarf. Ohne feste Disziplin lässt sich nichts erreichen: Diese Disziplin lässt sich aber nicht durch Gewaltmittel erzwingen, sondern es braucht einen starken Mann, dem die Herzen sich zuwenden, der Begeisterung erweckt.«

(Anmerkung der Autoren: »Das Heer« ist die klassische, aus dem Chinesischen übertragende Bezeichnung für dieses Hexagramm, die Richard Wilhelm übernommen hat.)

Haustyp und Feng-Shui

Was bedeutet das nun für das Feng-Shui? Menschen, die in einem solchen Haus wohnen, würden dann ihr Potential entfalten können, wenn sie in der Lage wären, dieses gezielt zu organisieren. Deshalb ist beispielsweise auf Ordnung und Struktur in allen Lebensbereichen zu achten. Sehr empfehlenswert wäre es gleichfalls, besonderen Wert auf die Zentrierung des Hauses zu legen, um ihm auch räumlich eine Entsprechung zu verleihen. Geachtet werden sollte auf harmonische Metall- und Erdbereiche, da diese die Entwicklung von Struktur und Führung unterstützen. Auf der anderen Seite verfügt dieses Gebäude über die inneren Voraussetzungen, in der Gemeinschaft zu agieren, braucht aber auch in diesem Fall klare Strukturen und die Aufgabenteilung, damit das Miteinander für alle förderlich ist. Ist das Leben in einer solchen Weise organisiert, sind die Vorraussetzungen für das harmonische Miteinander gegeben. Beispielsweise wäre dies ein guter Ort für Seminare, aber auch für Büros und – spezielle für Organisationen, die großen Einfluss erlangen möchten.

Das Aktivierungspotential des Haustyps Kanzleramt

玉
帝

- Stellen Sie in der Zeit, in der die Erde regiert, also immer 28 Tage vor dem Jahreszeitenwechsel, ein Tongefäß mit Wasser in den nördlichen Bagua-Bereich Ihres Hauses. Sie können auch einen Zimmerbrunnen verwenden, wichtig ist nur, dass er aus Terrakotta oder Keramik besteht, da diese Materialien mit der Erde verbunden sind. Befestigen Sie unter der Wasserschale das Schriftzeichen, das für den »geführten Weg« steht. Achten Sie darüber hinaus auch darauf, dass der Bagua-Bereich »Hilfreiche Freunde« nach Feng-Shui harmonisch und ausgewogen gestaltet ist. Schaffen Sie von ihm aus eine Verbindung in den angrenzenden nördlichen Wohnungsbereich, beispielsweise über einen Spiegel. Dadurch können Sie die »Führungsqualitäten anzapfen« und diese für die Aktivierung Ihres »Kanzleramtes« einsetzen.

Wandlungslinien des Kanzleramtes

6. **Wandlungslinie:** Erst wenn Sie das Grundlegende im Sinne des Kanzleramtes verändert haben, wird sich auch das äußere Umfeld auf diese neuen Strukturen hin ausrichten.
5. **Wandlungslinie:** Investieren Sie in ein harmonisches Umfeld, und klären Sie atmosphärische Störungen.
4. **Wandlungslinie:** Die Yin-Linie an dieser Stelle steht für eine Schwäche im Energiefluss Ihres Hauses, die Kraft verliert sich. Sammeln Sie diese im Inneren des Hauses.
3. **Wandlungslinie:** Verzagen und verzetteln Sie sich nicht, sondern handeln Sie nach einem durchdachten Plan.
2. **Wandlungslinie:** Achten Sie in Ihrem Bagua auf ausgewogene Erd- und Metallbereiche, die für Struktur und Führung stehen. Gleichen Sie die Fehlbereiche aus.
1. **Wandlungslinie:** Investieren Sie Ihre Zeit in grundlegende und langfristig tragende Strukturen.

Die Schule

Frontseite: Nordosten

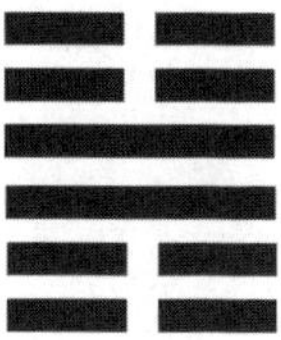

Das Bild

Das Hausdiagramm der Schule besteht an seiner Basis, also unten, aus Ken, dem Berg, und aus Chen, dem Donner, der das obere Trigramm bildet. Diese Zusammenstellung besitzt ein sehr harmonisches Erscheinungsbild mit ihren beiden Yin-Linien oben und unten und den beiden Yang-Linien in der Mitte. Es hat sozusagen oben und unten Raum, in der Mitte Stabilität. Vergleichen könnte man es aber auch mit einem doppelten Trichter.

Herausforderungen und Chancen

Wenn wir uns auf diese bildhafte Weise dem Symbolgehalt dieses Haustyps nähern, wird nun auch der Name »die Schule«, nicht überraschen. Er steht für das Aufnehmen von Wissen und die vielen kleinen Schritte, die man beim Heranwachsen ins Leben zu gehen hat. Die beiden Yin-Linien des Berges schaffen die Basis für einen sicheren Halt im Leben, die beiden oberen Yin-Linien des Donners bringen die geistigen Impulse. Die Energie dieses Zeichens steht für ein Potential, durch viele kleine Schritte das Große heranwachsen zu lassen. Dieses

Haus umfasst uns mit seiner Energie in der Weise, dass sie das kleine Gelingen fördert und uns bei der Arbeit unterstützt. Einen Resonanzraum für den großen Wurf, der sogleich sein Ziel erreicht, liefert die Schule nicht. Durch vorschnell übereilte Entwicklungen würden wir uns selbst unserer sicheren Nahrungsquelle entziehen, denn die Kraft des Haustyps Schule liegt gerade in der harmonischen Interaktion von irdischen und himmlischen Einflüssen, die hier durch den Berg und den Donner dargestellt werden. Vor diesem Hintergrund wird deutlich, dass uns die tiefe Verwurzelung auf der einen Seite zwar eine große Sicherheit schenkt, uns aber auf der anderen daran hindert, schnell voranzuschreiten. Auch dadurch wird der Bezug zur Schule deutlich, hat sie doch die Aufgabe, Kinder in einem geschützten Umfeld auf das Leben vorzubereiten. Doch gerade deshalb ist sie ein Ort des langsamen Wachstums und Reifens, der aber in und durch diesen Prozess selbst reichlich Früchte trägt.

Das Zitat

In der Übersetzung des *I Ging* von John Blofeld finden wir diese Worte: »Dieses Hexagramm prophezeit den Kleinen Gelingen. Ihre Beharrlichkeit wird belohnt, und ihr Wirken ist im Einklang mit den Gegebenheiten der Zeit.«

Haustyp und Feng-Shui

Wichtig ist bei diesem Haustyp ganz besonders, auf einen ungehinderten Energiefluss zu achten, um aus dem Kleinen in das Große zu gelangen. Gehen Sie, vom Eingang ausgehend, durch das Haus, und achten Sie auf Blockaden, die den Fluss der Energien behindern. Lösen Sie diese Hindernisse auf.

Sollten Sie in eher kleinen, engen oder niedrigen Räumen

wohnen, so wäre es günstig, diese optisch zu weiten. Öffnen Sie symbolisch die Wände, um sich mit der Außenwelt, den Strömungen der Umwelt zu verbinden. Lesen Sie dazu im nächsten Kapitel »Das Prinzip der Horizontalen Verbindung« auf Seite 201.

Das Aktivierungspotential des Haustyps Schule

- Graben Sie nach einer Vollmondnacht der Monate März oder April einen kleinen Pflanzensetzling mitsamt der Wurzel aus, und pflanzen Sie ihn in einen Topf. Stellen Sie ihn in den nordöstlichen oder östlichen Bagua-Sektor Ihrer Wohnung, und hängen Sie eine Spirale oder eine Kristallkugel darüber. Hegen und pflegen Sie das Pflänzchen, und drehen Sie ab und zu die Spirale oder die Kristallkugel, das wirkt zusätzlich energetisierend. Die Spiralbewegung aktiviert das Chi und damit die Wachstumskräfte, während die Kristallkugel die unterschiedlichen Lichtfrequenzen auffächert. In jedem Fall aber wird Ihre kleine Pflanze davon profitieren. Wenn Sie die Möglichkeit haben, können Sie die Pflanze später in den Garten oder auf die Terrasse setzen.

Die Wandlungslinien der Schule

6. **Wandlungslinie:** Suchen Sie nach dem Großen im Kleinen, und widmen Sie sich dem Naheliegenden. Auch Großes entsteht durch viele kleine Schritte.
5. **Wandlungslinie:** Akzeptieren Sie Ihre Grenzen. Finden Sie Unterstützung bei Gleichgesinnten in Ihrem Umfeld.
4. **Wandlungslinie:** »Wu wei«, die Kunst des Nicht-Tuns, ist jetzt der Weg des Dao. Leben Sie ganz bewusst im Hier und Jetzt, halten Sie einen Moment inne, die Dinge entwickeln sich nun von selbst. Seien Sie achtsam.

3. **Wandlungslinie:** Beachten Sie die Metallbereiche im Bagua Ihres Hauses, und konzentrieren Sie sich auf eine energetische Klärung dieser Sektoren.
2. **Wandlungslinie:** Träumen Sie nicht von einem fernen Schloss, sondern entdecken Sie die Potentiale Ihres Hauses.
1. **Wandlungslinie:** Räumen und klären Sie Ihr Heim. Beginnen Sie im Kleinen, und greifen Sie nicht vorschnell zu radikalen Maßnahmen.

Das Amtshaus
Frontseite: Osten

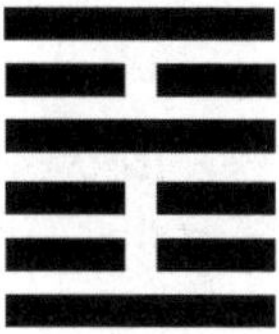

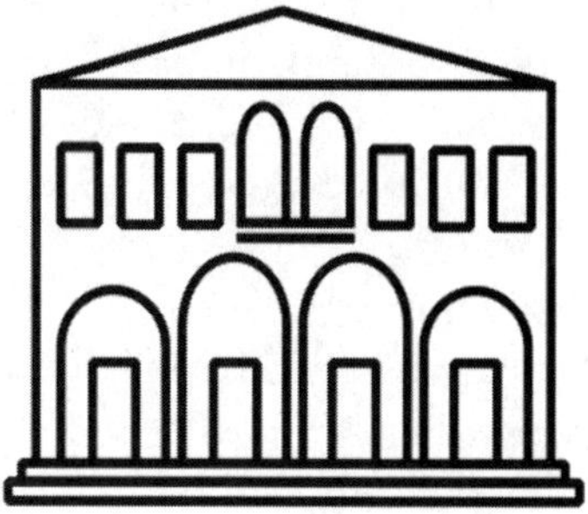

Das Bild

Das Amtshaus besteht an der Basis aus dem Trigramm Donner, Chen, und wird oben durch das Feuer, Li, gebildet. Finden Donner und Feuer zusammen, so handelt es sich um eine starke Energie, die von außen oben nach unten innen dringt. Damit steht es für die reinigende Kraft eines Gewitters, das Spannungen wirkungsvoll lösen kann.

Herausforderungen und Chancen

Unser Leben setzt sich aus verschiedenen Entwicklungsschritten zusammen. Jeder einzelne steht für eine neue Ebene der Erfahrung und Entwicklung. Damit wir die Stufen des Lebens erklimmen können, müssen wir die »Steine auf unserem Weg« beiseiteräumen. Genau diese Situation wird vom Amtshaus beschrieben. Charakteristisch ist für diese Energiequalität, dass das Zusammenwirken von Oben und Unten durch ein Hindernis jetzt nicht mehr gegeben ist. Damit die Harmonie des Ganzen wiederhergestellt werden kann, bedarf es einer Reform, denn etwas Störendes liegt in der Luft.

Die Energie, die vom Amtshaus ausgeht, unterstützt grundsätzlich alle Klärungs- und Reinigungsprozesse, die bestehende Hürden und Hindernisse aufzulösen vermögen. Wichtig ist in diesem Zusammenhang, dass die Veränderungen von außen Unterstützung finden und sich an bestehenden Gesetzen – daher das Amtshaus – und Übereinkünften orientieren sollten.

Das Zitat

Richard Wilhelm schreibt: »Das Zeichen stellt einen geöffneten Mund dar, zwischen dessen Zähnen ein Hindernis (4. Stelle) ist. Infolge davon lassen sich die Lippen nicht vereinigen. Um eine Vereinigung herbeizuführen, bedarf es des energischen Durchbeißens des Hindernisses.«

Haustyp und Feng-Shui

Wie Donner und Blitz die Spannungen in der Natur aufzulösen vermögen, werden in diesem Haus die Prozesse befördert, die zur Auflösung von Hindernissen führen. Es unterstützt uns, hemmende Blockaden und Hindernisse bewusst wahrzunehmen und mit Entschlossenheit Veränderungen einzuleiten.

Achten Sie auf die ausreichende Erdung des Hauses, um ihm Stabilität zu verleihen. Wenn Sie auf mehreren Ebenen wohnen, so denken Sie daran, diese energetisch miteinander zu verbinden. Das gelingt beispielsweise über die Aktivierung des Bagua-Mittelpunkts verschiedener Etagen. Ideal sind auch Struktur gebende Steine, die Sie in den Erdsektoren, gerne auch direkt auf der Ausgleichsachse zwischen Nordosten und Südwesten, platzieren.

Das Aktivierungspotential des Haustyps Amtshaus

- Dieses Ritual kann helfen, die förderlichen Eigenschaften des Haustyps Amtshaus zu aktivieren. Öffnen Sie während eines

Gewitters eine Tür und ein Fenster. Schicken Sie in Gedanken sämtliche alten und verbrauchten Energien hinaus, und lösen Sie in diesem Moment ebenso Blockaden in den Bereichen, in denen Sie einfach nicht so recht weiterkommen. Ein Gewitter ist sehr mächtig und wirkt stark reinigend, da sich Himmel und Erde ganz unmittelbar berühren. Spannungen werden entladen, und die Luft ist voller vitaler Energie. Diese kraftvolle Reinigungs- und Entspannungsenergie aus der Natur können Sie auch über das Gewitter hinaus für Ihre Räume nutzen. Fangen Sie dazu etwas von dem Wasser auf, das während des Regengusses herunterkam. Füllen Sie es in eine Flasche, und besprühen Sie die Pflanzen in Ihrem Umfeld mit diesem Wasser.

Die Wandlungslinien des Amtshauses

6. **Wandlungslinie:** Wer die Zeichen der Zeit nicht erkennt, zieht unweigerlich Unheil an. Stellen Sie sich einem reinigenden Gewitter, und klären Sie, was in der Luft liegt.
5. **Wandlungslinie:** Lassen Sie sich nicht beirren. Setzen Sie das, was getan werden muss, konsequent um.
4. **Wandlungslinie:** Einengende Energiemuster haben sich festgesetzt. Aktivieren Sie die Erdachse, um den Energiefluss auszugleichen und zu stimulieren.
3. **Wandlungslinie:** Reinigen Sie die Atmosphäre regelmäßig, um Blockaden gar nicht erst entstehen zu lassen.
2. **Wandlungslinie:** Ihr Umfeld, Ihr Haus braucht eine durchgreifende Veränderung. Keine Angst vor anfänglichen Schwierigkeiten, es wird sich lohnen.
1. **Wandlungslinie:** In Ihrem Zuhause befindet sich ein Hindernis, das die Harmonie stört. Finden und harmonisieren Sie es auf Raumebene, im entsprechenden Bagua-Bereich.

Das Hochhaus

Frontseite: Südosten

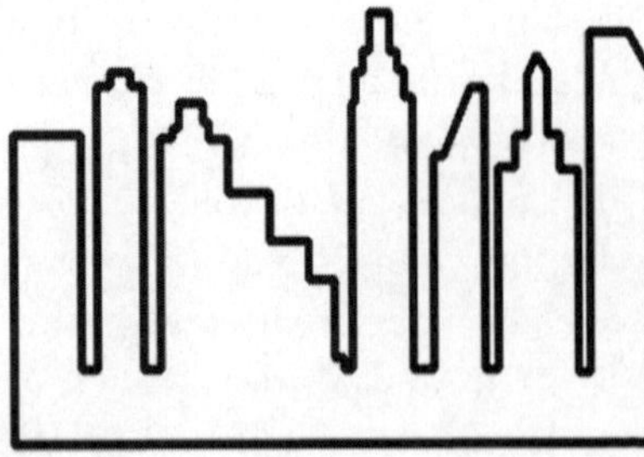

Das Bild

Das Hexagramm ist aus den Trigrammen Sun (unten) und Tui (oben) zusammengesetzt. Es verfügt oben und unten über jeweils eine Yin-Linie, die durch vier Yang-Linien in der Mitte verbunden werden. Für den Betrachter drängt sich bei diesem Strichcode das Bild auf, dass zwar oben und unten Energie aufgenommen werden kann, doch in der Mitte Starrheit herrscht. Diese starke Mitte ist über ihren Wachstumsmittelpunkt hinaus, wird starr und droht in ihre Einzelteile zu zerbersten.

Herausforderungen und Chancen

Schauen wir uns die Situation in einem Hochhaus an: Hunderte Parteien und damit Hunderte von Interessen sind auf den vielen Etagen verteilt. Doch es sind Einzelinteressen, die sich auf Anhieb nur schwer miteinander vereinen lassen.

Auf die Raumebene übertragen bedeutet das, dass die Energien Sie durch die Vielzahl an Ideen, Eindrücken und Möglichkeiten möglicherweise überfordern könnten. Das würde dann dazu führen, dass Sie sich verzetteln, konfus, unkonzentriert agieren und letztlich – trotz der Fülle – gar nichts mehr zu Wege bringen. Die Lernaufgabe liegt bei diesem Haustyp darin, bewusst zu entscheiden, mit welchen Einflüssen und Themen wir uns identifizieren wollen, um genau diese in der Folge auch aufzunehmen und in unser Leben zu integrieren. Grundsätzlich bietet dieses Haus also einen Überfluss an Möglichkeiten. Sie sollten – um die Potentiale Ihres Umfelds voll auszuschöpfen – Ihren Wahrnehmungsfilter, der durch Ihre Werte, Einstellungen und Ziele geprägt wird, neu und bewusst ausrichten.

Das Zitat

In der Übersetzung des *I Ging* von John Blofeld finden wir diese Sätze:«Dieses Hexagramm zeigt an, dass etwas insgesamt zu groß (oder auf irgendeine andere Weise übermäßig) ist. Das Durchsacken des Firstbalkens ist auf die Schwäche an den beiden Enden zurückzuführen. Die feste Linie im Zentrum ist für ihren Platz unangemessen, denn es gibt zu viele feste Linien. Trotzdem wirken das Sanfte und die Freude als eins; es ist also günstig, ein Ziel im Auge zu haben. Gelingen ist sicher!«

Haustyp und Feng-Shui

Auf das Feng-Shui dieses Gebäudes bezogen zeigt sich die Energie beispielsweise darin, dass wir dazu neigen, unsere Räume mit zahlreichen kleinteiligen Details zu beladen. Die Folge davon ist, dass unsere Aufmerksamkeit genau an diesen vielen kleinen Dingen haftet, die aber immer als Einzelteile bestehen bleiben. Genau aus dieser Perspektive aber sollten wir uns herausbewegen. Achten Sie deshalb darauf, nur wenige zentrale Blickpunkte in Ihre Räume zu setzen, damit die Aufmerksamkeit sich auf diese zentrieren kann. Ordnen Sie Ihre Wohnung, Ihre Gedanken und Ihre Projekte, und überlegen Sie, in welche

Richtung Sie gehen wollen. Fixieren Sie dann Ihr Ziel auch auf der Raumebene, um die gewünschte Zukunft schon im Raum zu verankern und diesen in Resonanz zu bringen.

Das Aktivierungspotential des Haustyps Hochhaus

- Suchen Sie sich ein Stück Holz, das von Ihrem Haus aus gesehen in südöstlicher Richtung zu finden sein sollte. Nehmen Sie dieses mit, und legen Sie es für drei Tage in die Sonne, damit es durch die Wärme trocken und starr wird. Nun ist das Holz an seinem Wendepunkt angelangt, es hat die maximale Starrheit und damit auch Brüchigkeit erreicht. Um den Wandel vom Alten zum Neuen zu vollziehen, verbrennen Sie es nun in einer Metallschale. Die entstandene Asche wird danach in einen See gestreut. Machen Sie nun ein Foto von diesem See, und hängen Sie es in den westlichen Sektor Ihres Hauses.

Die Wandlungslinien des Hochhauses

6. **Wandlungslinie:** Horchen Sie in sich hinein, und überlegen Sie, welche Möglichkeiten des Lebens zu Ihnen gehören. Übernehmen Sie die Verantwortung für die Situation, und beginnen Sie, diese freudig zu lösen.
5. **Wandlungslinie:** Überlegen Sie, ob Sie bei Ihrer Sicht der Dinge von Ihren Idealen etwas abrücken müssen, um das Machbare nicht aus den Augen zu verlieren.
4. **Wandlungslinie:** Nehmen Sie Unterstützung anderer an, und holen Sie sich die Leichtigkeit in Ihr Leben zurück.
3. **Wandlungslinie:** Transformieren Sie schwere Energien im Umfeld, indem Sie diese durch lichte, helle Klänge auflösen. Verwenden Sie Klangschalen, Klangspiele oder Zimbeln, und reinigen Sie einmal monatlich die Atmosphäre.

2. **Wandlungslinie:** Verlieren Sie sich nicht im Detail, sondern planen Sie vom Großen zum Kleinen, und setzen Sie dann Ihre Impulse um.
1. **Wandlungslinie:** Widmen Sie sich in Sorgfalt Ihrem Heim. Beschenken Sie es mit Ihrer Fürsorge.

Das TrI-Ging-Praxisbeispiel

Im Sommer 2002 bat uns die Familie A., die im Einzugsbereich von München lebt, um eine Feng-Shui-Analyse. Nach der ausführlichen Anamnese und dem Gang um und durch das Haus entschieden wir uns, dass wir die Kompass-Methode mit der TrI-Ging-Analyse ergänzen sollten. Denn das war eine zweite Ebene, die uns bei dieser Familie zwingend geboten schien. Warum?

Zur Situation

Familie A. wohnte seit knapp drei Jahren in einem Reihenhaus am Rande von München. Nach einer Erbschaft hatte sich das Paar diese Eigentumswohnung gekauft. Vor einem Jahr kam ihr Sohn Moritz zur Welt.

Seitdem die beiden in das Haus eingezogen waren, mehrten sich bei ihnen die Schwierigkeiten. Die Arbeit des Ehemannes war stressbehaftet, und beide hatten große Probleme in der Partnerschaft. Dieses Faktum war auch der Hauptgrund für den Wunsch nach einer Feng-Shui-Analyse. Beide sagten übereinstimmend, dass sie sich in eingefahrenen Verhaltensmustern gefangen fühlten und kaum noch zueinander fänden. Der Grund dafür wäre auch, dass sie kaum mehr zusammen ausgehen könnten, da beide neu in der Stadt wären und über keinerlei Betreuungsnetzwerk für den Kleinen verfügten. »Wir sind«, so formulierte es Frau A., »Gefangene unserer Wohnung. Und das gilt natürlich ganz besonders für mich. Mein Mann hat ja wenigstens noch seine Arbeitsstelle außerhalb.«

Seitdem beide in dem Haus wohnten und der Sohn geboren war, kam es Frau A. so vor, als seien die Energie und der Ehrgeiz ihres Mannes einer gewissen Lethargie gewichen. Dazu passte auch, dass er durch die Prüfung zum Steuerberater gerasselt

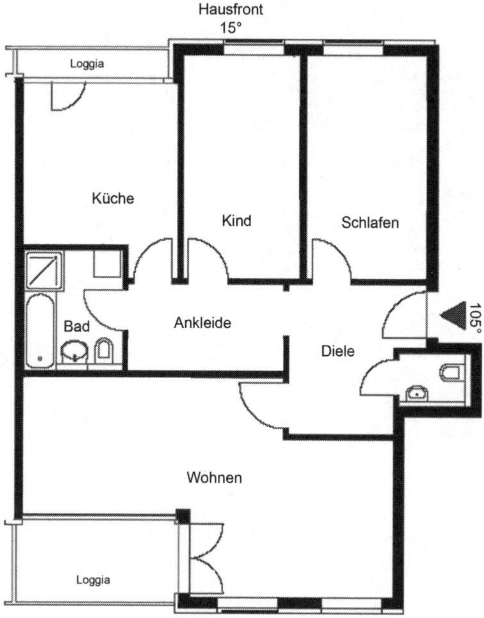

war. Frau A., die sich um Haus und Kind kümmern musste, war etwas unruhig, da sie die gemeinsame Existenz bedroht sah.

Seit ein paar Wochen war Söhnchen Moritz öfter krank. Der anthroposophisch orientierte Arzt wies darauf hin, dass die Ursache für die Anfälligkeit auch darin läge, dass der Kleine aufgrund psychischer Belastung in die Krankheit flüchte, um den unterschwelligen Spannungen und teilweise offenen Streitigkeiten der Eltern zu entrinnen. Vater und Mutter A. hatte diese Aussage des Arztes sehr erschreckt, und sie entschlossen sich sofort, ihr Leben neu zu betrachten und zu ändern! Das war auch der Grund für die Analyse nach Feng-Shui. Sie hatten auch von den Möglichkeit des TrI Ging gehört und versprachen sich da-

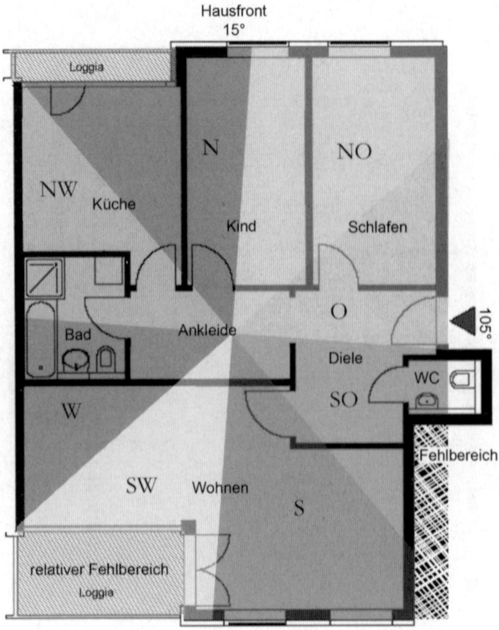

von eine andere, ganzheitliche Sicht ihrer Situation. Die Feng-Shui-Analyse erfolgte nun also über das Bagua des TrI Ging.

Zur Lage des Hauses

Die Ausrichtung des Eingangsbereiches liegt bei 105 Grad und damit in östliche Richtung.

Der Bagua-Status

In unserer vieljährigen Praxis haben wir es nicht ein einziges Mal erlebt, dass sich die Herausforderungen und auch Chancen der Bewohner eines Hauses oder einer Wohnung nicht im

Grundriss widergespiegelt hätten. Hier gibt es keine Zufälle. So waren wir nicht überrascht, als wir nach dem Anamnesegespräch das Bagua auflegten und mit der Familie über die Analyse sprachen. Auch hier zeigten sich im Grundriss wieder sehr klar die Schwierigkeiten, mit denen die Familie kämpfte.

Betrachtet man den Grundriss der Familie auf Bagua-Ebene, so fällt Folgendes auf:

1. Im Südosten ein Fehlbereich sowie eine Mini-Erweiterung im Bad.
2. Im Südwesten befindet sich ein relativer Fehlbereich, der durch die Loggia entsteht. Sie wird zwar, da sie in die Fassade integriert ist, mit zum Bagua hinzugerechnet, kann aber, da sie außen liegt, nicht als vollwertiger Bereich betrachtet werden.
3. Das Gleiche gilt für den Norden, wo sich ebenfalls ein kleiner relativer Fehlbereich befindet, der durch eine zweite, kleinere Loggia entsteht.

Im nächsten Schritt ging es darum, die Bagua-Bereiche über die räumliche Ausdehnung hinaus auf ihre Wirksamkeit zu überprüfen. Deshalb wurden zusätzlich die anderen zwei Interpretationsebenen, also die Zweck- und die Gestaltungsebene, mit in die Analyse integriert.

Dazu kurz ein paar Worte zur Einrichtung

Diele, Küche, Bad und WC sind sämtlich mit hellgrauen Fliesen belegt, die übrigen Zimmer mit hellgrau meliertem Teppich. Alle Wände sind Weiß gestrichen, Bad und WC weiß gefliest. Die Küchenmöbel bestehen aus einer modernen Hochglanzfront in weiß, die mit Edelstahl abgesetzt ist. Vor dem Küchenfenster hängt ein Rollo.

Im Schlafzimmer stehen ein schwarz gemustertes Polsterbett und ein altes Sideboard aus Kiefernholz. Nach eigenen Aussagen ist dieser Raum etwas ins Hintertreffen geraten, da man nach dem Kauf des Hauses finanziell doch sehr eingeschränkt war. Als Sichtschutz dient ein weißes Rollo.

Das Kinderzimmer ist ganz in Hellblau und Weiß gehalten: Die Wände sind halbhoch hellblau gestrichen, die Vorhänge blau-weiß gestreift. Diese Farbkombination findet sich auch in der Bettwäsche und den Kissen wieder. Im Zimmer stehen noch ein weißer Holzschrank, eine passende Wickelkommode und ein weißes Regal, in dem die Spielsachen des Kleinen aufbewahrt sind. Auf dem Boden in der Spielecke liegt ein runder blauer Teppich.

Die Wohnzimmereinrichtung ist auch schon etwas älter und könnte einen neuen Look gebrauchen. Das Sofa stammt aus alten Zeiten und ist aus schwarzem Leder, der Coachtisch sowie die Schränke in diesem Raum sind ebenfalls passend dazu in Schwarz. Im linken hinteren Bereich des Wohnzimmers hat Herr A. sein Heimbüro.

Die Tabelle auf Seite 177/178 zeigt eine Übersicht der drei Interpretationsebenen.

Fazit zur Bewertung des Energiestatus' der Wohnung

Praktisch die gesamte Wohnung ist in Weiß, Grau, Schwarz und das Kinderzimmer in Blau gehalten. Das entspricht einer extremen Überbetonung der Elemente Metall und Wasser.

Beinahe nirgendwo finden sich Entsprechungen für die Elemente Holz, Feuer und Erde. Aus Sicht des Feng-Shui etabliert sich dann ein Element im Raum, wenn es hier Resonanzen – in welcher Form auch immer – findet. Dies ist bei den oben ge-

Bagua-Bereich	Raumebene	Funktions-ebene	Gestaltungs-ebene
Lebensreise & Beruf	Kleiner relativer Fehlbereich durch die Loggia	Die Küche (Feuerraum) liegt hier im Wassersegment: Konflikt	Viel Metall, die Farbe Weiß
Wissen & Fähigkeiten	Harmonisch ausgeprägter Bereich	Teil des Kinderzimmers und des Schlafzimmers liegen hier	Viel Weiß, Blau und Schwarz; also keine Anknüpfung an die Erde des Nordostens
Familie & Gesundheit	Harmonisch ausgeprägter Bereich	Eingang und Diele liegen hier, Teil des Schlafzimmers	Weiß und Schwarz, keine Entsprechung für die Holzenergie des Ostens
Fülle & Reichtum	Recht großer Fehlbereich, Mini-Erweiterung, kein Energiezufluss von außen	Diele, WC und kleiner Teil des Wohnzimmers	Alles in Weiß, Grau, Schwarz und damit keine Holzentsprechung für den Südosten
Ruhm & Anerkennung	Räumlich sehr harmonisch ausgeprägter Bagua-Sektor	Wohnzimmer, kein Konflikt	Alles Weiß, Grau und Schwarz, keinerlei Entsprechung für das Feuerelement
Beziehungen & Partnerschaft	Großer Fehlbereich durch die Loggia	Wohnzimmer, Loggia	Gestaltung in den Farben Weiß, Schwarz und Grau, keinerlei Entsprechung für die Erde

Bagua-Bereich	Raumebene	Funktions-ebene	Gestaltungs-ebene
Kinder & Kreativität	Gut und harmonisch ausgeprägt, kein Zufluss von außen	Wohnzimmer, Bad	Weiß, Schwarz und Grau, Metall-Entsprechung vorhanden
Hilfreiche Freunde & Mentoren	Gut und harmonisch ausgeprägt, kein Zufluss von außen	Bad und Küche harmonisch ausgeprägt	Weiß, Schwarz und Grau, Metall-Entsprechung vorhanden
Tai Chi	Lage im Flur, gut zu aktivieren	–	Keine Entsprechung für die Erde vorhanden

nannten Elementen nicht der Fall. Das hat zur Folge, dass die Bereiche »Gesundheit & Familie«, »Fülle & Reichtum«, »Ruhm & Anerkennung«, »Beziehung & Partnerschaft« sowie »Wissen & Fähigkeit« nicht wirksam werden können. Und das, obwohl einige räumlich durchaus stark vertreten sind.

Das aber genügt nicht, wenn – wie in diesem Fall – einige Energiequalitäten zu Lasten von anderen durch die Einrichtung und damit über die Gestaltungsebene überbetont werden.

Die Feng-Shui-Veränderungen

Fokus dieser Beratung war also, das Gleichgewicht der Elemente wiederherzustellen. Diese Maßnahmen wurden empfohlen und auch umgesetzt:

1. Um die Ostenergie, die für frischen Wind, Familiensinn und Gesundheit steht, einzuladen, wurde der Flur halbhoch in ei-

nem sanften Frühlingsgrün gestrichen. Der dunkle Schrank im Flur bekam durch ein paar Schiebevorhänge in den Farben Grün, Terrakotta und Creme ein freundliches Gesicht.

2. Der Mittelpunkt der Wohnung wurde durch eine runde Deckenabhängung betont, in die kleine Sternenlichter eingelassen sind. Im südöstlichen Bereich des Flurs aktiviert ein Zimmerbrunnen die Energie des Reichtums.
3. Das im Südosten liegende Bad wurde mit einigen Holzaccessoires aufgepeppt, die das Element Holz hier etablieren sollen. Auf beiden Badtüren kleben nun kleine Kristallhalbkugeln, die den Energieabfluss in diese Räume vermindern.
4. Im Wohnzimmer wurde der Schreibtisch umgedreht, so dass Herr A. nicht mehr gegen eine Wand schaut, sondern aus einer sicheren Position heraus den Überblick hat. Vor den Fenstern hängen nun rot-weiß gestreifte Baumwollvorhänge, welche die Atmosphäre in diesem Raum wirkungsvoll auffrischen.
5. Das uralte Sofa im Wohnzimmer wurde gegen ein cremegelbes Samtsofa ausgetauscht, das nun mehr Behaglichkeit ausstrahlt. Auf ihm liegen rote, naturfarbene und cremegelbe Kissen.
6. Wichtig war auch die Gestaltung der Loggia, da sich hier ein großer Teil des Partnerschaftsbereichs befindet, der sonst ungenutzt gewesen wäre. Familie A. hat sich für die bislang wenig genutzte Loggia nun eine Teakholzbank und einen Tisch gekauft. Rechts und links stehen je ein quadratisch geschnittener Liguster und je eine Ölleuchte. Diese Paarsymbolik aktiviert wirkungsvoll den Bereich der Partnerschaft.
7. Im West- und Nordwestsektor wurde wenig verändert, da diese Bereiche in sich bereits überbetont waren. Hier entstand ganz automatisch durch die Umgestaltung und In-

tegrierung der anderen Elemente ein energetisches Gleichgewicht, von dem die ganze Wohnung profitiert. Wenn die finanzielle Situation sich wieder stabilisiert hat, wird die nächste Investition in andere Wohnzimmermöbel fließen. Beide wünschen sich Pinienholzmöbel, die ihnen bei ihrem letzten Urlaub in Italien so gefallen haben.

8. Die Küche erhielt noch ein paar Farbtupfer in der Farbe Orange, die hier in den Kissen und Platzdecken sowie in einem Bild mit einer großen, saftigen Orange auftaucht.
9. Das Kinderzimmer brauchte neben der recht kühlen Gestaltung noch einen Touch Wärme. Deshalb wurden in das Holzregal Weidenkörbe integriert, die eine behagliche Atmosphäre ausstrahlen und helfen, die vielen Spielsachen gesammelt zu verstauen. An die Wand kamen Bilder der Helden aus Moritz' Kinderbüchern, die der Kleine ausgesucht und Frau A. für ihn kopiert hat. Sie hängen nun in Naturholzrahmen und begrüßen zusammen mit seinem Lieblingsbären den kleinen Mann.
10. Das Schlafzimmer war ein wesentlicher Aspekt der Neugestaltung nach Feng-Shui. Das Paar hat sich entschieden, diesen Raum in einem sanften Gelbton zu streichen. Das alte Polsterbett landete auf dem Sperrmüll und wurde durch ein edles Naturholzbett im Asienstil ersetzt. Über dem Bett hängt als Dekoration ein kunstvoll handgenähter Kimono, den der Vater von Frau A. seiner Tochter von einer Dienstreise aus Japan mitgebracht hat.

Das Ehepaar A. zählte zu den Klienten von uns, die in den Genuss der Methode TrI Ging kamen. Der Erfolg stellte sich rasch und auf so vielen Ebenen ein, dass wir von nun an noch öfter die klassischen Methoden, welche die Basis bilden, mit der des

TrI Ging ergänzten. Bereits nach vier Wochen rief uns Frau A. an und berichtete mit einem Beben in der Stimme: »Es ist bei uns auf einmal wieder so wie in den ersten Tagen unserer Ehe! Unser Kind blüht seitdem richtiggehend auf und ist ein kleiner Engel geworden. Und wir haben den Eindruck, dass unser Heim uns so umfängt wie Liebende bei der Umarmung.« Diese Sätze haben wir uns damals aufgeschrieben, weil eine solche Resonanz nach so kurzer Zeit etwas Besonderes war.

Heute geht es dem Paar auch wirtschaftlich blendend. Herr A. hat seine Prüfung geschafft und ist als selbstständiger Steuerberater sehr erfolgreich. Und aus dem kleinen Moritz ist der große Bruder der kleinen Lena geworden.

Die TrI-Ging-Methode

Das also war zuerst einmal die Bagua-Analyse, die auf den klassischen Methoden der Harmonielehre beruht. Für unsere Klienten aber war in ihrem speziellen Fall ein zweiter Schritt notwendig, um tiefer in die Familienproblematik zu gehen – und sie endlich aufzulösen! Und deshalb arbeiteten wir noch zusätzlich mit der von uns entwickelten Methode des TrI Ging. Und so gingen wir vor:

Zunächst einmal stellten wir fest: Die Hausfront – die für diese Analyse den Ansatzpunkt bildet – weist in Richtung 15 Grad. Aus der Lage der Frontseite des Hauses ergibt sich das folgende Basis-Hexagramm mit dem Haustyp Kanzleramt.

TrI-Ging-Haustyp Kanzleramt

Bei diesem Zeichen wird die Erdbasis durch das Trigramm K'an, das Wasser, die Ebene des Himmels durch K'un, die Erde, gebildet. Das Wasser ist in sich formlos, es passt sich den Verhältnis-

sen, der Umgebung an. Die Erde dagegen gibt Struktur und Halt. Das Bild dieses Hexagramms zeigt, dass die Bewegung des Wassers durch die Erde koordiniert werden muss. So wie das Wasser im Fluss durch das Flussbett eine gemeinsame Richtung und damit die gebündelte Kraft erhält.

Die ursprüngliche Bezeichnung dieses Hexagramms lautet das »Heer« und deutet darauf hin, dass es sich um eine Ansammlung von Kraft handelt. Bei der Beschreibung der Energiequalität ist der jeweilige Status entscheidend. In diesem Fall handelt es sich um eine potentielle Energie, die zwar vorhanden, aber noch nicht organisiert ist. Doch diese Kraft entfaltet nur durch Organisation, Führung und Konzentration ihre förderlichen Potentiale. Fehlt diese Führung, so bewegt sich die Energie führungslos, und in der Folge können chaotische, blockierende oder gar destruktive Prozesse entstehen. Hier greift das altertümliche Bild »das Heer« sehr gut.

Die »geführte Kraft«

Im TrI Ging entspricht das dem Haustyp Kanzleramt, denn hier wird eine »geführte Kraft« benötigt, um die Energien synergetisch zu verbinden. Dieses Bild spricht Frau A. aus dem Herzen. Sie erzählt, dass sie häufig überfordert sei mit der Organisation des Alltags. Da ihr Mann nicht mehr regelmäßig nach Hause kommt, werden schon alltägliche Dinge wie das Einkaufen oder das gemeinsame Abendessen mit Diskussionen beladen. Und da Frau A. nie weiß, wie und wann ihr Mann da ist, kann sie auch nicht die Vorhaben einplanen, die sie als Ausgleich braucht. Erst neulich musste sie wieder einen Gymnastikkurs absagen, weil sich die Terminplanung bei ihrem Mann verändert hatte.

Ein häufiges Ärgernis ist auch, dass, wenn ihr Mann später nach Hause kommt, er dann »ausnahmsweise« noch länger mit dem Kleinen spielt. Obwohl sie natürlich prinzipiell glücklich darüber ist, dass ihr Mann sich mit dem Kind beschäftigt, meint sie, dass es ebenso wichtig sei, Rituale und Gewohnheiten zu etablieren, damit der Tagesablauf flüssiger organisiert werden kann. Doch bei diesen Ausnahmen passiert es nun öfter, dass der Kleine abends »über den Punkt hinaus« ist und nicht mehr so schnell einschlafen kann. Dadurch fällt dann der gemeinsame Abend ins Wasser, und Frau A. kommt auch nicht mehr dazu, sich einfach einmal zu entspannen. Kurz und gut: Frau A. fühlt sich, als renne sie gegen Windmühlen an und bekomme die Dinge einfach nicht in den Griff.

Was bedeutet das nun für das Feng-Shui? Menschen, die in einem solchen Haus wohnen, würden dann ihr Potential entfalten können, wenn sie in der Lage wären, dieses gezielt zu organisieren. Deshalb ist beispielsweise auf Ordnung und Struktur in allen Lebensbereichen zu achten. Sehr empfehlenswert wäre es auch, besonderen Wert auf die Zentrierung des Hauses zu legen, um ihm auch räumlich eine Entsprechung zu verleihen. Geachtet werden sollte auf harmonische Metall- und Erdbereiche, da sie die Entwicklung von Struktur und Führung unterstützen. Gerade hier gab es aber erhebliche Defizite, da die Erde räumlich über Fehlbereiche verfügte und zudem auch bei der Einrichtung so gut wie nicht vertreten war.

Das Planlose schleicht sich ein

Diese Kernaussage war für die Familie sehr hilfreich. Auch Herr A. fand es durchaus nachvollziehbar, dass dies eine Ursache der Unstimmigkeiten zwischen beiden war. So hatte sich durch die Situation der beiden das Planlose eingeschlichen – ein Zustand, unter dem gerade Frau A. sehr litt. Jetzt war es an der Zeit, eine Struktur zu entwickeln, wer wann was im Sinne der Organisation tun würde. Und damit dieser Status auch gehalten werden konnte, wurde eingeteilt, wer für welchen Bereich zuständig war. Hier waren sich beide einig: Die Lösung dieses Problems besaß für sie die höchste Priorität.

Frau A. hat nun einen Abend für sich, und Herr A. hat seine Arbeitszeit um eine Stunde nach vorn verlegt, um pünktlich vor dem Zubettgehen noch mit seinem Sohn spielen zu können. Nun haben die beiden wieder Zeit für die gemeinsamen Abende. Einmal die Woche, immer am Donnerstag, unternehmen sie etwas zusammen. In dieser Zeit wacht Frau Meyer, eine Erzieherin aus dem Ort, über den Schlaf des Kleinen. Ab März wird sie den dann Zweijährigen dreimal in der Woche in einer Waldspielgruppe betreuen.

Das Herz-Hexagramm

Nachdem das geklärt war, stand noch eine Frage im Raum, die beide sehr beschäftigte und die sie veranlasst hatte, den Weg des TrI Ging zu gehen. Beide wollten ihre Situation einmal aus einer anderen, ganzheitlichen Perspektive beleuchten und entschieden sich, ein Herz-Hexagramm zu ermitteln.

Die Frage lautete:
»Wie können wir das Potential unseres Hauses für die aktuellen Ziele … nutzen?«

Als Antwort erhielten sie das Trigramm mit der Nummer 11, das im *I Ging* unter der Bezeichnung »der Friede« oder »das Gedeihen« zu finden ist.

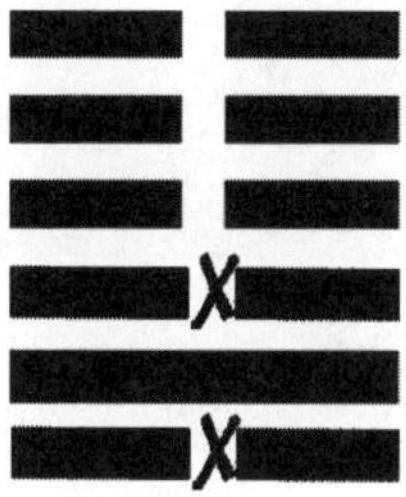

Basis-Hexagramm

Herz-Hexagramm

Vergleichen wir es mit dem Hexagramm des Haustyps Kanzleramt, so wird die Veränderung sichtbar, die sich vom Basis-Hexagramm zum aktuellen Herz-Hexagramm vollzieht.

Bei der Verbindung und Rückführung vom Wandlungs- zum Basis-Hexagramm offenbaren sich die 1. und die 3. Linie als Wandlungslinien. Sie zeigen nun die Ebenen, auf denen unbedingt die Veränderungen vollzogen werden sollten.

Ganz klar steht hier:

3. **Wandlungslinie:** Verzagen und verzetteln Sie sich nicht, sondern handeln Sie nach einem durchdachten Plan.
1. **Wandlungslinie:** Investieren Sie Ihre Zeit in grundlegende und langfristig tragende Strukturen.

Als beide das Ergebnis lasen, schmunzelten sie und stimmten der Aussage zu. Gerade das Verzetteln war nämlich immer ein Problem und häufiger Streitpunkt der beiden gewesen. Frau A. neigte immer dazu, zu viel auf einmal zu wollen. Die kontrolliert pragmatische Art ihres Mannes, der alles immer ganz genau im Voraus plante, hatte sie bisher eher amüsiert. Nun aber war wohl genau das auch für Frau A. das Richtige.

Praxis-Know-how des Feng-Shui

Nun gehören Sie zum Kreis der »Eingeweihten«, die es verstehen, mit der vereinfachten TrI-Ging-Methode zu arbeiten. Wenn Sie achtsam, konzentriert und intuitiv mit ihr umgehen, werden Sie bald erfühlen, dass Sie eine neue Dimension in Ihre Erkenntnisprozesse gebracht haben. Weiterhin haben Sie sich auf den Seiten zuvor das geistige Rüstzeug für das Handwerk des Feng-Shui erlesen. Sie kennen die philosophischen Ebenen und wissen, wie man das Bagua mithilfe der COS-Scheibe auf Pläne überträgt. Doch die wahre Kunst des Feng-Shui beginnt erst jetzt: mit der Interpretation dessen, was nun wahrgenommen werden kann, und dem, was man tut, um Raumdisharmonien wirkungsvoll auszugleichen. An dieser Schnittstelle setzt nun dieses Kapitel an – und enthüllt, welches Know-how die Autoren in den Jahren ihrer Praxis entwickelt haben, um auch schwierigste Grundrisse zu »kurieren« und problematische räumliche Gegebenheiten auszugleichen.

Wie also können Sie auch unter »erschwerten Bedingungen« Resonanzräume erschaffen, die im Einklang mit den Schöpfungsgesetzen der Welt sind? Und was können Sie tun, um Ihre Lebenswünsche zu unterstützen? Bei der Beantwortung dieser Fragen geht es darum, die unterschiedlichen Ebenen der Harmonielehre miteinander zu verknüpfen und für ein wirkungsvolles Feng-Shui diejenige zu wählen, die in Resonanz zum entsprechenden Ort und Menschen ist. In diesem Kapitel sollen daher zwei wichtige Themenbereiche behandelt werden:

Sie erlernen nun das weiterführende Feng-Shui-Know-how. Sie erfahren, wie Sie beispielsweise blockierte Wände symbolisch öffnen können oder was es mit den Diagonal-Beziehungen der Bagua-Bereiche auf sich hat. Weiterhin werden wir Ihnen erläutern, das, über die rein räumliche Ebene hinaus, auch der Zweck und die Gestaltung eines Raums mit in die Feng-Shui-Betrachtung einbezogen werden sollten. In diesem Zusammenhang werden Sie die drei Interpretationsebenen kennenlernen, die wir bei uns im Deutschen Feng Shui Institut als Raumebene, Funktionsebene und Gestaltungsebene bezeichnen. Zum besseren Verständnis werden wir diese dann auch durch kleine Praxisbeispiele erläutern.

Danach behandeln wir Spezielles zur Aktivierung nach Feng-Shui und beantworten die Frage, wann Sie welche Ebene am besten einsetzen. Denn gerade hier kennen wir sehr viel Stolpersteine, die den Erfolg von Feng-Shui verhindern können.

Praxisleitfaden für die Arbeit mit dem Bagua

Bevor wir nun auf einzelne Möglichkeiten eingehen, die Ihnen Unterstützung bei der praktischen Umsetzung des Feng-Shui geben, möchten wir Ihnen einen Überblick über die wichtigsten Analyseschritte verschaffen.

1. Energieflusskorrektur

Achten Sie stets auf einen harmonischen Energiefluss. Für Wachstum und Gedeihen sollte der Energiezufluss in Haus

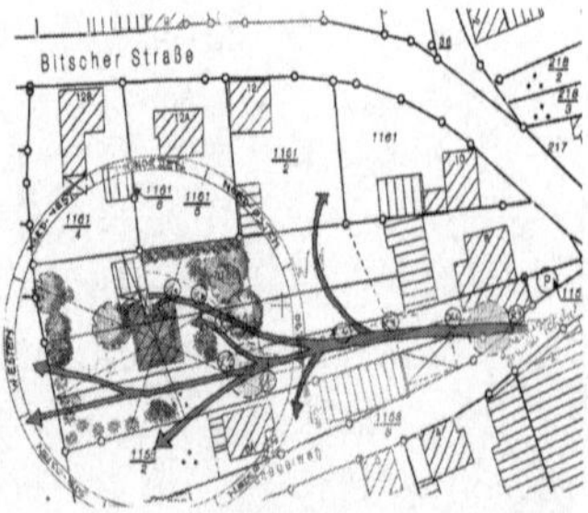

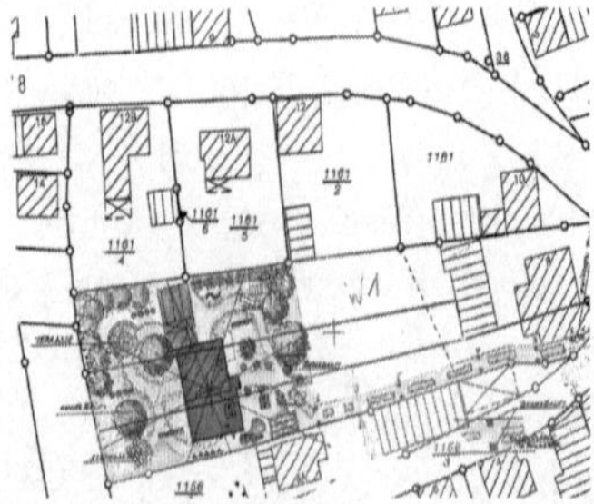

oder Wohnung stärker sein als der Abfluss. Gleichen Sie also alles aus, was Energie mindernd oder gar abziehend wirkt, und verstärken Sie den Energiezufluss zum Haus oder zur Wohnung durch Licht oder sammelnde Objekte. Gehen Sie von außen nach innen vor.

2. Grundrissharmonisierung

Gleichen Sie Fehlbereiche im Grundriss aus. Wenn die räumliche Ausdehnung eines Bagua-Bereichs durch einen Fehlbereich verringert ist, dann wählen Sie die Gestaltungsebene, um die-

Ein Beispiel: Das Grundstück oben liegt recht einsam, man erreicht es nur über einen langen Weg. Die Haustür liegt seitlich am Haus, und man erkennt schon an den Pfeilen, die den Energiefluss symbolisieren, dass sich der Chi-Fluss zuvor schon zum großen Teil auf anderen Wegen verliert, mit der Folge, dass nicht mehr so viel zur Haustür gelangt. In diesem Fall muss der Energiefluss aktiviert und geleitet werden. Dies gelingt beispielsweise über eine gezielte Wegführung mit Licht und Bepflanzung.

sen zu stärken. Das heißt: Bringen Sie Objekte, Gestaltungsmittel oder Symbole ein, die dem Bereich entsprechen, den Sie aktivieren wollen.

3. Interpretationsebenen beachten

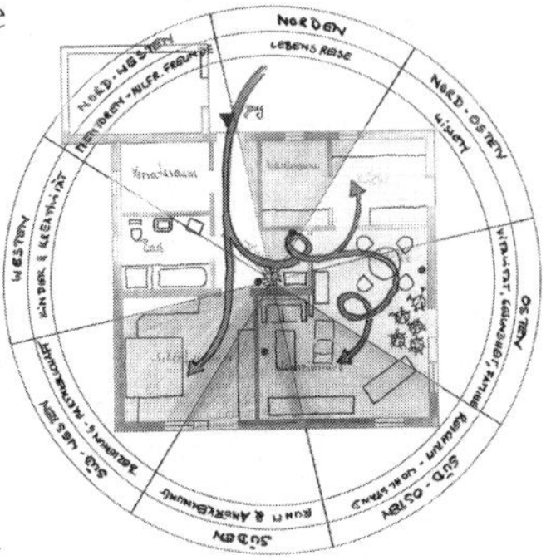

Bewerten Sie über die räumliche Ebene, die Sie mit dem Bagua erfassen können, auch den Zweck eines Raums. Denn der Energiestatus eines Bads oder einer Treppe unterscheidet sich ganz grundlegend beispielsweise von dem eines Wohnzimmers. Während die Energie des Bads durch die Öffnungen (WC, Waschbecken) einen abfließenden Charakter hat, vermittelt eine Treppe durch die Auf-und-ab-Bewegung eine instabile und unruhige Energie.

4. Resonanzen schaffen

Um das Potential der Räume mit Feng-Shui zu wecken, kommt es darauf an, die Sektoren entsprechend ihrer Resonanz einzurichten. Das heißt beispielsweise, sie anhand der Zugehörigkeit der Fünf Elemente zu gestalten und/oder Symbole einzubringen, die mit dem entsprechenden Bagua-Bereich in Verbindung stehen. Auf

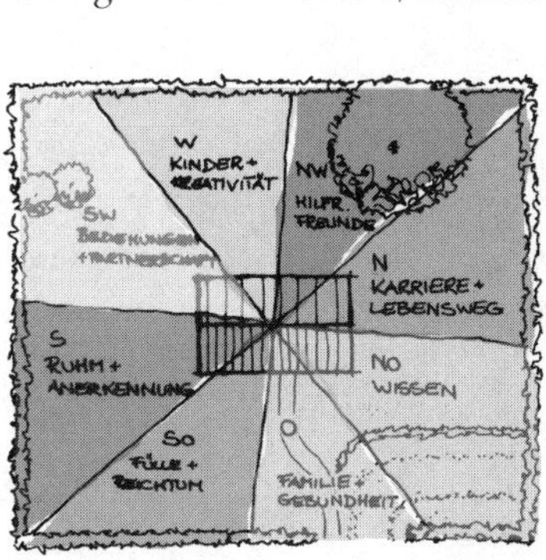

diese Weise binden wir uns in die mächtigen Zyklen der Natur ein und werden von ihnen genährt.

5. Prioritäten setzen

Achten Sie stets darauf, sich bei Feng-Shui-Maßnahmen nicht zu verzetteln. Grundsätzlich unterscheiden wir zwischen Harmonisieren und Aktivieren.

Das Harmonisieren bezieht sich auf den Ausgleich von Fehlbereichen und relativen Fehlbereichen sowie auf die Korrektur des Energieflusses und hat das Ziel, einen möglichst harmonischen Energiestatus der Bereiche untereinander herzustellen.

Das Aktivieren mit Feng-Shui geht einen Schritt weiter. Hier soll ein zusätzlicher Akzent gesetzt werden, um einen bestimmten Bagua-Bereich in Resonanz mit unseren Zielen zu bringen. Aktivieren Sie deshalb nur einige ausgewählte Bereiche und nie alles auf einmal.

Bewährte Profi-Tricks und -Tipps

Die Schaffung von Bagua-Ausgleichsflächen

Wie Sie wissen, ist das Umfeld des Menschen, also das Haus, die Wohnung oder/und der Garten, ein Abbild des Kosmos, mit dem der Mensch eng verbunden und von dem er beeinflusst ist. Stehen ihm hier alle Energiequalitäten in ausgewogenem Maß zur Verfügung, kann er auch die Fülle der Möglichkeiten, die das Leben bietet, ausschöpfen. Ist aber beispielsweise ein Bereich des Bagua sehr klein oder fehlt ganz, so ist der Resonanzraum für diese Energien reduziert, mit der Folge, dass der Bewohner diese auch weniger leben kann.

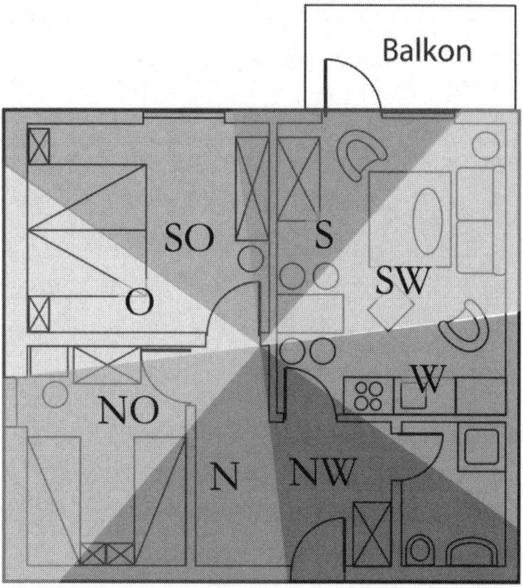

Beispiel 1 – harmonischer Grundriss

Eine durch und durch harmonische Grundrissform (Abbildung oben). Hier stellt der Balkon eine Erweiterung im Bereich Ruhm & Anerkennung und Beziehung & Partnerschaft dar. Alle Bereiche des Bagua sind vorhanden, so dass die Bewohner mit allen Energien in Kontakt kommen.

Beispiel 2 – ein unharmonischer Grundriss

Nur selten sind Grundrisse harmonisch und ausgewogen. Normalerweise finden wir durch Anbauten, Balkone oder Einschnitte von Nachbarwohnungen Unregelmäßigkeiten im Grundriss vor, die in vielen Fällen zu Fehlbereichen führen.

Hier arbeitet man grundsätzlich nach dem Prinzip, die Energie, die auf der räumlichen Ebene nicht vorhanden ist, auf der Gestaltungsebene zu verstärken. Doch auch das genügt nicht

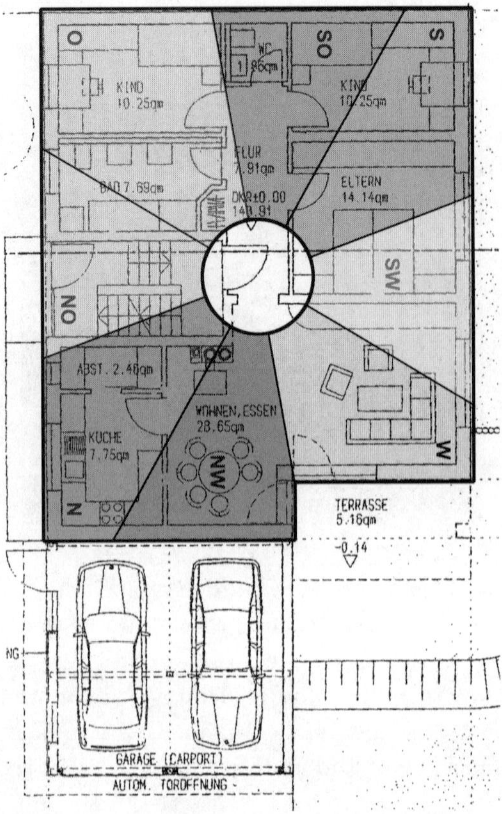

immer. Manchmal ist die Fläche des betreffenden Bagua-Bereichs von so kleiner Ausdehnung oder aber durch Toiletten oder Abstellräume energetisch so schwach, dass wir dann die Bagua-Bereiche energetisch angleichen. Wie das geht, möchten wir Ihnen im Folgenden anhand eines Beispiels demonstrieren.

Praxisbeispiel

Managerin ohne Anerkennung

Frau L. ist Führungskraft in einem Großunternehmen im Kommunikationsbereich. Sie wohnt seit einigen Jahren in gehobener Wohngegend am Rand von München. Als ihr diese Stelle angeboten wurde, die einen erheblichen Karrieresprung ermöglichte, überlegte sie nicht lange und griff zu. Damit war auch der Umzug von Westfalen nach München beschlossene Sache, denn Frau L. war noch ungebunden und wusste, dass der zukünftige Job ihr viel Zeit abverlangen würde. Weil das Leben in Hotels oder Pensionen endlich der Vergangenheit angehören sollte, suchte sie sich schließlich eine gemütliche Wohnung.

Alles klappte zunächst bestens, doch irgendwann spürte sie, dass es in der Firma absolut nicht so lief wie erwartet. Zunächst stellte sie fest, dass die notwendige Anerkennung für ihre Arbeit ausblieb. Daraufhin arbeitete sie noch angestrengter – auch das blieb ohne positive Resonanz. Als Nächstes spürte sie, dass ihr, der früher alles zugeflogen war, der Job immer schwerer fiel. Sie hatte, wie sie uns sagte, den Eindruck, dass sich alles zu einer mühevollen Plackerei entwickelte. Ihr fehlte nun auch die Leichtigkeit, mit der sie früher Menschen von sich und ihrer Aufgabe überzeugen konnte.

Und ein Drittes kam dann noch hinzu: Einst hatte sie die Herausforderung genossen, bei ihren Klientenbesuchen überzeugend und eindrucksvoll aufzutreten. Sie hatte sich auf die Dienstreisen geradezu gefreut und empfand nie, dass Geschäftsgespräche mühevoll sein können. Auch hier war eine plötzliche Wandlung eingetreten. Auf einmal verließ sie die Firma nur noch sehr ungern, längere Reisen und

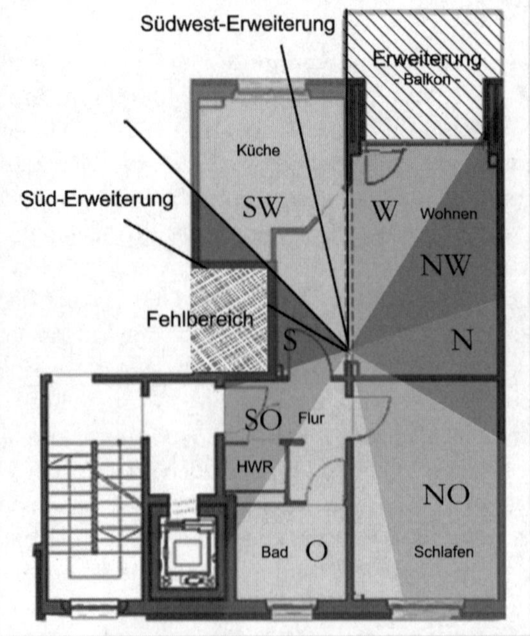

intensive Klientengespräche ließ sie sich von ehrgeizigen Kollegen zunehmend gerne abnehmen, und sie fühlte, dass ihr bei den Gesprächen mit den Kunden die Führungsrolle entglitt.

Grundriss-Situation

Die Wohnungstür von Frau L. weist in den Süden, hat also eine Ausrichtung von 180 Grad. Sofort fällt auf, dass der südliche Bagua-Bereiche, der für Ruhm & Anerkennung steht, sehr klein ist. Er hat zudem einen Fehlbereich, der durch den Einschnitt der Nachbarwohnung entsteht.

Da der Südbereich im Verhältnis zu den anderen immer größenmäßig unterlegen bleiben wird und sich dieses Thema nun schon ganz direkt im Leben von Frau L. zeigt, arbeiten wir in solchen Fällen immer mit einem kleinen Trick. Wir erschaffen eine erweiterte Resonanzzone für den betreffenden Bereich, hier also für den Süden. Um das zu tun, gilt als erster Schritt die Überlegung, wo und wie das am besten gelingt. Hierbei müssen wir die Bagua-Bereiche, deren Ausdehnung und vor allem auch die Wechselwirkungen der Fünf Elemente zueinander in Beziehung setzen. Es geht also in unserem Beispiel um folgende Überlegungen:

Mit dem Südbereich ist das Element Feuer verbunden. Deshalb sollte der erweiterte Bereich für den Lebenswunsch »Ruhm & Anerkennung« grundsätzlich nur in den Bagua-Sektoren geschaffen werden, mit denen passende Elemente verbunden sind. In diesem Fall wäre das also laut Schöpfungszyklus das Holzelement (Holz nährt Feuer) und damit die möglichen Bereiche Osten oder Südosten. Die zweite Variante entspräche dem Erdelement, das vom Feuer genährt wird und im Südwesten liegt.

Im Prinzip ist es immer günstiger, die Erweiterungszone in den Sektor zu legen, in dem das nährende Elemente zu Hause ist. Das wäre in diesem Fall das Holz und damit der Südostbereich, da dieser direkt neben dem Feuerbereich liegt. Doch auch der Sektor Fülle & Reichtum ist hier räumlich nicht üppig ausgeprägt und verfügt dazu noch über eine energetische Minderung durch den Hauswirtschaftsraum, in dem allerhand Gerümpel und Altes aufbewahrt wird, von dem Frau L. sich (noch) nicht trennen kann.

Im Gegensatz dazu ist der Südwesten in dieser Wohnung sehr groß, weil er an der Längsseite des rechteckigen

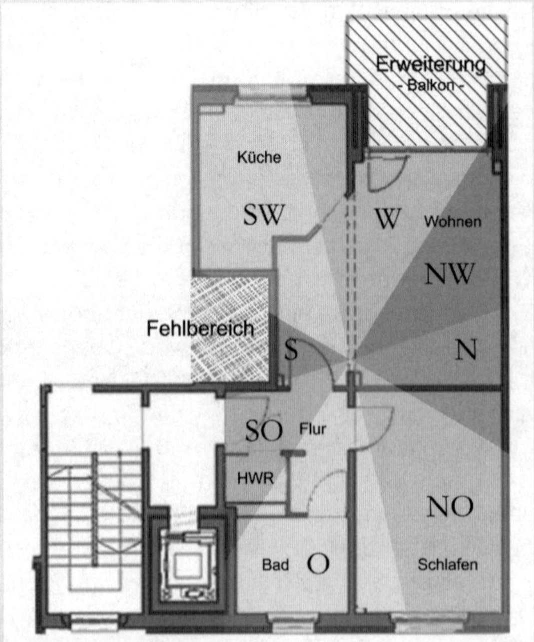

Grundrisses liegt. Hier befindet sich die Küche, die von Frau L. – die eine leidenschaftliche Köchin ist – gerne und viel genutzt wird. Regelmäßig treffen sich hier ihre Freunde zum gemeinsamen Kochen und Genießen.

Jede Küche verfügt prinzipiell über Feuereigenschaften und deshalb haben wir uns entschieden, die Erweiterungszone für den Südbereich in die Küche zu verlegen. Auf dem zweiten Grundriss (siehe Abbildung oben) sehen Sie die zusätzliche Raumausdehnung des Bagua in den Südwestbereich hinein.

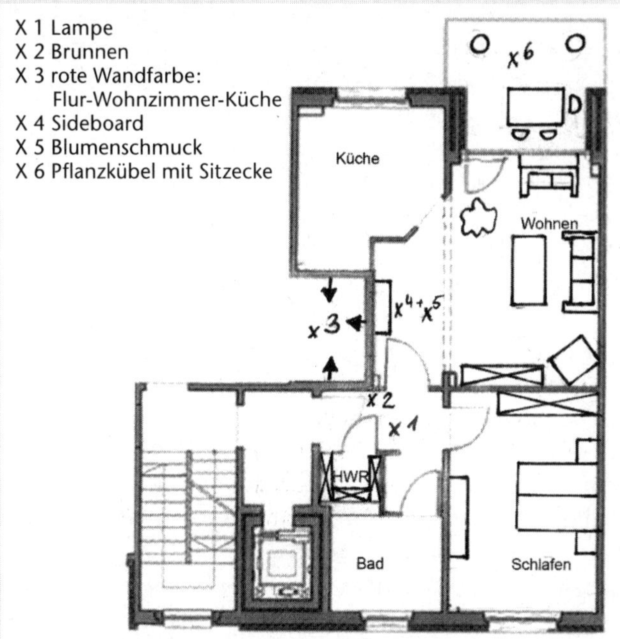

Und damit der Südwesten im Gegenzug nicht geschwächt wird, wurde auch er als Ausgleich etwas in den Westen erweitert. Das ist bei Frau L. gut möglich, da der Westsektor über eine Erweiterung (Balkon) verfügt und zudem in einem viel genutzten Raumbereich liegt, nämlich im Wohnzimmer.

Vom Ist zum Soll

Nach der Feng-Shui-Analyse wurden folgende Veränderungen durchgeführt:

X 1: Um die Energie vom Flur aus in den oberen Bereich

der Wohnung, also auch in das Wohnzimmer zu lenken, hat Frau L. sich eine neue Flurlampe gekauft, deren Spots sie nun individuell ausrichten kann, um die Energie (Energie folgt der Aufmerksamkeit) zu lenken. Nun hat sie einige Strahler direkt in Richtung Wohnzimmer ausgerichtet: Das stärkt den Energiefluss in diesen Bereich erheblich.

X 2: An der Wand im Eingangsbereich steht nun ein Brunnen, der den Bagua-Bereich »Fülle & Reichtum« aktiviert und gleichzeitig Bewegung an die Grenze zum oberen Wohnungsteil bringen soll.

X 3: Um den Bereich Ruhm & Anerkennung wirkungsvoll zu aktivieren, wurde hier die gesamte Wanddecke, die den Fehlbereich umschließt, in einem einheitlichen warmen Rotton gestrichen. Auf diese Weise kann sich die Feuerenergie vom Eingangsbereich über das Wohnzimmer bis hin in die Küche etablieren. Zudem stärkt diese Wandgestaltung nochmals den Energiefluss, der vorab durch die Öffnung der Eingangstür eher in den unteren Teil der Wohnung, dort wo das Bad und der Schlafraum liegen, orientiert war.

X 4: An der Wand im Wohnzimmer steht jetzt ein weißes Sideboard, über dem ein großer Spiegel hängt, der den Fehlbereich wirkungsvoll auffüllt.

X 5: Auf dem Sideboard erinnert ein Blumengesteck in der Farbe des Feuers an die Energie des Bagua-Bereichs »Ruhm & Anerkennung«.

Frau L. hat vor vielen Jahren einen Blumensteckkurs bei einer Floristin belegt und versteht es, Blumenkreationen kunstvoll zu gestalten. Dieser Platz im Bereich Ruhm & Anerkennung wird regelmäßig von ihr bedacht und schon beim Prozess der Gestaltung nährt sie dieses Werk mit ihren Gedanken über das Thema, um das es ihr geht. Jedes Mal, wenn Besuch kommt, erntet sie Anerkennung für ihre schönen Dekorationen, und so wird dieser Bereich abermals mit Energie gefüllt. Der darüberhängende Spiegel verdoppelt nochmals. So gelang es, einen zuvor dunklen und unscheinbaren Ort in einen energiereichen zu verwandeln. In der Küche steht vor der roten Wand die Sitzecke. Sie ist ganz in Orange- und Gelbtönen gestaltet, um eine Verbindung zur Energie der Erde aufzunehmen. An der Wand über der Sitzecke hängt ein Bild mit drei Blumen und einem Schmetterling, der scheinbar schwerelos durch die Lüfte fliegt. Diese Leichtigkeit will Frau L. auch wiedergewinnen, und der Schmetterling erinnert sie jedes Mal daran.

X 6: Der Balkon wurde zum Ausgleich so gestaltet, dass der Metallsektor davon profitiert. Hier stehen zwei Margariten in hohen schlanken, weißen Keramiktöpfen. Als Sitzgarnitur stehen hier weiße Korbstühle vor einem weißen Holztisch.

Das Wohnzimmer ist in einem warmen Cremeton gehalten, die Wände sind vanillefarben. Akzente bringen hier die unterschiedlichen Strukturen und Materialien, so verbindet sich weißes Leinen auf dem Sofa mit weißer Seide als Kissen, ein eingewebtes Paisleymuster wird mit Streifen aus Natur- und Weißtönen kombiniert. Für einen warmen Rahmen sorgen Holzmöbel, die mit einem weißen Schleier getüncht sind, so dass das edle Holz noch durchscheint.

Die Wände im Schlafzimmer sind halbhoch in einem weichen Frühlingsgrün gestrichen, das mit dem zarten Beigegelb in der oberen Hälfte eine edle Kombination eingeht. Diese Farben finden sich auch in den anderen Accessoires wieder: in den Kissen und Vorhängen, den Bildern und Blumentöpfen. Die Bettwäsche ist zartgrün gestreift und als

Überdecke hat Frau L. sich ein prächtiges, handgenähtes Unikat aus Samt und Seide, das am Rand mit Perlen bestickt ist, geleistet.

Das Badezimmer wurde mit Bambusaccessoires und einem Bambusteppich aufgepeppt, um das Holz in diesem Wasserraum zu stärken.

Auch im Hauswirtschaftsraum hat Frau L. aufgeräumt. Sie hat etwas Geld in Ordnungssysteme investiert. Hier stehen nun Holzregale, auf denen mit Schildern beschriftete Weidenkörbe und Kartons angeordnet sind. Und obwohl dieser Raum immer ein Stauraum bleiben wird, ist seine energetische Qualität nun eine ganz andere: Er ist klar und hell, und das kommt auch den Holzbereichen, in denen er sich befindet, zugute.

Frau L. hat für die von uns vorgeschlagenen notwendigen Veränderungen in den folgenden Wochen und Monaten viel Zeit und Energie investiert. Sie ging dabei strukturiert und Schritt für Schritt vor. Sie orientierte sich stets an der Prioritätenlisten (in der ersten Woche nach der Analyse wird dies, in der zweiten das, in der dritte jenes erledigt), die wir gemeinsam mit ihr abgesprochen und in unserer schriftlichen Ausarbeitung noch einmal präzisiert hatten.

Und so, wie sie vorging, immer Schritt für Schritt, so verbesserte sich parallel schrittweise ihre Position im Unternehmen. Zuerst waren es kaum merkliche Verbesserungen, dann aber wurde die positive Resonanz stärker und stärker. Ihr – wie sie, die Managerin, es wohl ausdrücken würde – Investment zahlte sich aus. Und sie bekam mehr zurück, als sie je erwartet hätte. Frau L. stieg die Karriereleiter hoch. Heute zählt sie zu den wenigen Frauen im erweiterten Vorstand eines großen internationalen Unternehmens.

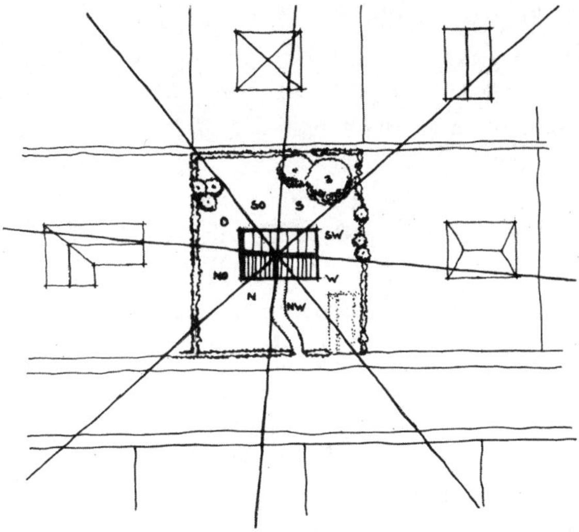

Das Prinzip der Horizontalen Verbindung

Neben der räumlichen Ausdehnung der Bagua-Bereiche ist es auch von Bedeutung, wie ein Gebäude von den Energien der Umwelt unterstützt wird. Denn wie gut das Feng-Shui eines Hauses ist, hängt unter anderem auch mit der Verankerung des Gebäudes in der Außenwelt ab, die es stärker macht, es als Mikrokosmos in den Makrokosmos der Umgebung einbettet. Eine wesentliche Basis für die wirkungsvolle Verankerung ist, dass die Energien zwischen Innen und Außen Synergien bilden können, was über die ausgewogene Gestaltung der Bagua-Bereiche geschieht.

Hausatmung durch die Haustür

Einen wesentlichen Einfluss auf die Energie in einem Gebäude hat die Haustür, denn durch sie »atmet« das Haus eine bestimmte

Art von Energie. Welche das ist, kann durch die Ausrichtung der Haustür, also durch die Himmelsrichtung, die ins Haus fließt, bestimmt werden. Wie Sie wissen, ist jede Himmelsrichtung mit dem Bagua und einem der Fünf Elemente verknüpft, die für bestimmte Eigenschaften und Themen stehen.

Eine weitere Energieverbindung zwischen Innen und Außen entsteht über die Fenster, die im Feng-Shui die Augen des Hauses genannt werden. Damit die Energiequalität, die von außen durch sie einströmt, aufgenommen werden kann, sollten wir hier im Einflussbereich Dinge platzieren, die in Resonanz mit dem entsprechenden Bagua-Bereich stehen.

Blockierte Richtung durch die Wand eines Doppelhauses

Nur in seltenen Fällen erhält ein Haus Zufluss aus allen acht Himmelsrichtungen. Was also kann man tun, wenn man beispielsweise in einem Doppel- oder Reihenhaus wohnt, wo große Wandflächen direkt an das Nachbarhaus grenzen? Diese Fälle haben wir immer wieder in unserer Praxis erlebt, und es war schon faszinierend, wie sich dieser Umstand im Leben der Menschen äußerte.

In Doppelhaus rechts erhält der Ostsektor keinerlei Zufluss von außen, da er durch die Wand zum Nachbarhaus blockiert ist. Das zeigt sich im Leben der Bewohner beispielsweise darin, dass es im Bereich »Familie & Gesundheit« nicht ganz so optimal läuft. Weiterhin können wir davon ausgehen, dass prinzipiell alle Wachstumsprozesse (Frühling, Expansion) vermindert sind und/oder dass die Menschen Probleme damit haben, Neues zu starten und Projekte in Gang zu bringen.

Es bieten sich nun verschiedene Wege an, diese Situation zu harmonisieren. Eine Möglichkeit wäre, an der betreffenden

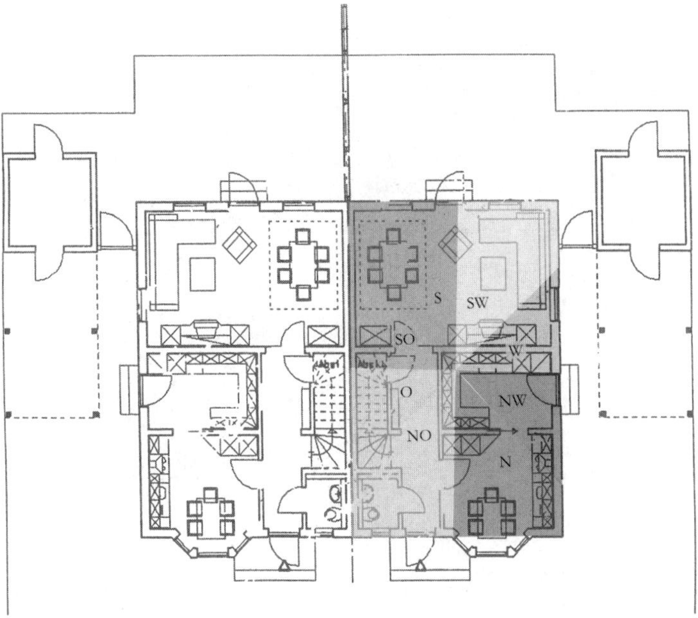

Wand die Entsprechungen anzubringen, die mit dem Thema des Ostens, also mit »Familie & Gesundheit«, zu tun haben. Dabei können Sie wählen, ob das durch Symbole oder Elementarentsprechungen geschehen soll. Ein paar Tipps dazu, was in welchem Fall günstiger ist, finden Sie im Abschnitt »Die unterschiedlichen Ebenen der Aktivierung« auf Seite 231.

Die energetische Öffnung der Wand

Eine andere, höchst wirkungsvolle Möglichkeit wäre die »energetische Öffnung der Wand«. Wir haben dieses Prinzip in unserer Praxisarbeit entwickelt, und es ist immer wieder überraschend zu sehen, wie effektiv es wirkt. Über Jahre hinweg ha-

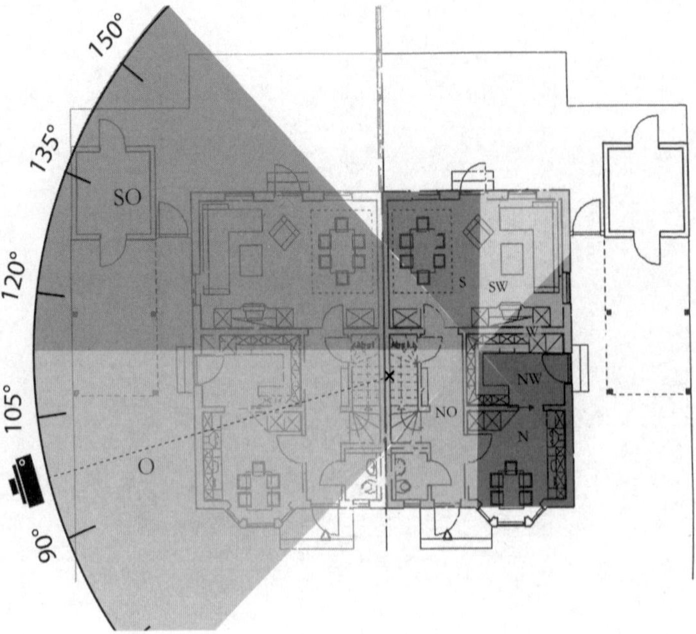

ben wir die Methode in unseren Kursen weitergegeben, und wir hören immer wieder von unseren Schülern, wie erfolgreich sie damit arbeiten. Auch hier wird wieder deutlich, wie wirkungsvoll Feng-Shui-Maßnahmen sind, wenn sie mit den geistigen Gesetzen (siehe Kapitel »Auf dem Weg zur Meisterschaft«, Seite 237) im Einklang sind.

Der Erfolg ist auch daran zu messen, dass es in der Feng-Shui-Welt längst als ein probates Mittel genutzt wird.

Um es möglichst treffend zu beschreiben, haben wir es das »Prinzip der Horizontalen Verbindung« genannt.

Und so funktioniert die Methode: Sie messen den Kompassbereich, der durch die Wand blockiert ist. Nun gehen Sie nach draußen und fotografieren etwas, was genau in diesem Kompassbereich liegt. Natürlich ist die Grundvoraussetzung für Ihre Wahl, dass dieses Etwas eine positive Grundaussage hat und in Resonanz zur Himmelsrichtung, also zum Bagua-Bereich steht! Eine Mülldeponie wäre also nicht geeignet, aber ein großer, kräftiger Baum sehr wohl, ebenso ein Park, ein Garten oder ein schönes Gebäude. In unserem Fall war es eine Baumgruppe.

Und das ist nun der Trick: Hängen Sie das Bild im Haus genau in die Kompass-Richtung, in der das natürliche Vorbild in der Realität liegt. Da jedes Foto ein Abbild der Wirklichkeit ist, verbindet es sich mit dem realen Objekt, wodurch Sie eine energetische Verbindung zwischen Außen und Innen geschaffen haben. Auf diese Weise haben Sie die geschlossene Wand energetisch geöffnet und die Blockade wirkungsvoll harmonisiert.

Sehr interessant dürfte die Tatsache sein, dass dieses Prinzip auch über viele Kilometer hinweg funktioniert. Wir haben auf diese Weise schon einmal Hongkong und Frankfurt am Main verbunden. Bei solchen Entfernungen ist es dann aber besonders wichtig, auf die gradgenaue Aktivierung in den Gebäuden zu achten. Denn die Voraussetzung für die Wirksamkeit ist die Erschaffung einer starken Akupunkturlinie, welche die Energien verbindet und zum Fließen bringt. Die Möglichkeiten dieser Methode sind nahezu unbegrenzt. So lassen sich auf dieser Basis beispielsweise Haupthäuser mit Filialen oder aber auch zwei Partner einer Wochenendbeziehung energetisch verbinden. Und gleichgültig, ob wir diese Methode geschäftlich oder privat anwenden, das Wirkprinzip bleibt immer das Gleiche. In jedem Fall entsteht ein vermehrter Energiefluss, eine intensivere Beziehung zwischen den auf diese Weise verbundenen Bereichen.

Wie und warum funktioniert das Prinzip der Horizontalen Verbindung?

Sie wissen ja nun, wie wichtig es uns ist, Feng-Shui sehr klar und ursprünglich zu praktizieren. Deshalb führen wir unsere Arbeit stets auf die Gesetze des Lebens zurück. Denn sie sind immer und überall gültig. Auch diese Methode entstand auf dieser Grundlage und funktioniert, weil:

1. Die Realität (der Baum) und das Abbild (das Foto) immer energetisch miteinander verbunden sind und es dadurch einen Bezug zueinander gibt, sich also die Wand symbolisch öffnet.
2. Der reale Standort des Baumes und die Platzierung des Fotos im Treppenhaus auf einer energetischen Wirkungslinie liegen. Man kann sich das wie eine Art Energieleitbahn, ähnlich den Meridianen in unserem Körper, vorstellen.
3. Es über die Theorie der Fünf Elemente eine direkte Resonanz zwischen der Richtung Osten und dem Symbol Baum gibt.

Fazit: Diese Aktivierung beruht auf dem Resonanzgesetz, dem Gesetz der Entsprechung und dem der Harmonie. Dazu später mehr im Kapitel »Auf dem Weg zur Meisterschaft«.

Die Interpretationsebenen im Feng-Shui

Nun kommen wir auf einen Bereich, der auch »alten Hasen« im Geschäft neu sein wird. Denn normalerweise betrachten wir im Feng-Shui mit dem Bagua die eigentliche Grundrisssituation, das heißt: Wir bewerten die räumliche Ausdehnung im Grundriss, die den Bagua-Bereichen zur Verfügung steht.

Dabei liegt es auf der Hand, dass größere Sektoren ganz grundsätzlich über mehr Energie verfügen können als solche, die im Vergleich dazu eher klein ausfallen.

Doch diese Interpretation allein reicht nicht aus. Immer wieder haben wir erlebt, dass es – auch wenn keine Fehlbereiche existieren, weil der Grundriss harmonisch ist – ein Defizit in manchen Lebensbereichen der Menschen geben kann. Wir müssen also, wollen wir Feng-Shui wirklich sinnvoll einsetzen, auch hier wieder tiefer graben und über die Raumflächen hinaus auch deren Qualität, die etwa durch den Zweck des Raumes, aber auch durch dessen Gestaltung bestimmt wird, in die Analyse mit einbeziehen. Diese unterschiedlichen Aspekte möchten wir Ihnen nun genauer vorstellen. Wir bezeichnen sie als Interpretationsebenen.

Diese Interpretationsebenen kennen wir:

- Raumebene
- Funktionsebene
- Gestaltungsebene

Die Raumebene

Die Raumebene befasst sich mit der räumlichen Situation eines Grundrisses. Verfügt er über Fehlbereiche oder Erweiterungen? Wie sieht es mit der Größe der Segmente aus? Denn eine vollkommen harmonische Verteilung der einzelnen Sektoren kann es ja nur bei quadratischen Grundrissen geben. In allen anderen Fällen fallen die Bagua-Bereiche unterschiedlich aus, weshalb wir dann darauf achten, welche im Verhältnis zu den anderen als klein oder groß zu bewerten sind.

Die Funktionsebene

Während die Raumebene den Grundriss rein quantitativ über die Fläche betrachtet, geht es bei der Funktionsebene um qualitative Aspekte. Denn sie beschreibt, was in einem umgebauten Raum geschieht. So macht es einen Unterschied, ob in einem Bagua-Bereich das Wohnzimmer oder das Treppenhaus analysiert wird. Denn das Treppenhaus steht aufgrund seiner Funktion, die Ebenen in der Vertikalen zu verbinden, auch energetisch für das Auf und Ab und damit für einen instabilen Energiefluss. So wäre es beispielsweise hier nicht ratsam, persönliche Symbole für die Aktivierung der Karriere anzubringen, da wir sie dann in Resonanz zu genau jener Energie bringen. Und das würde sich im Berufsleben des Betreffenden störend bemerkbar machen. Wollen wir Energien im Treppenhaus ausgleichen, wäre es günstiger, allgemeine, der Elementarebene entsprechende Harmonisierungsmaßnahmen zu ergreifen. Ein dem Element Erde entsprechendes Bild eignet sich gut zur Harmonisierung der auf und ab gerichteten Energie im Treppenhaus.

Grundsätzlich sind auch Abstellräume aus Feng-Shui-Sicht nicht als vollwertige Resonanzräume zu sehen, da sie ja für Stagnation stehen (Stauraum). Konkret heißt das: Liegt in einem Sektor ein Abstellraum, sollte an den angrenzenden Wänden dieses Bereichs zusätzlich aktiviert werden, um den energetischen Mangel auszugleichen.

Konflikt zwischen Raumfunktion und Bagua-Energie

Bisweilen können Konflikte zwischen der Raumfunktion und der Lage im Bagua entstehen. Besonders auf drei Räume in unserem Umfeld trifft das zu: das Bad, die Toilette und die Küche.

Das Bad steht durch seine Funktion mit dem Wasserelement in Verbindung. Auch abwärts gerichtete Energieflüsse (Toilette, Abflüsse in Waschbecken und Dusche) verstärken das. Anders bei der Küche: Sie steht mit dem Element Feuer in Verbindung. Wird in einer Küche nicht oder nur kaum gekocht, verändert sich natürlich die Situation, und es muss unter Umständen nicht zwischen den Energien vermittelt werden.

Es folgt eine Tabelle, die Ihnen die wichtigsten Ausgleichsempfehlungen hier auf der Elementarebene gibt. Dabei können wir in diesem Rahmen natürlich nur das Grundsätzliche und Allgemeine (z. B. dass sich im Bad immer viel Metall befindet) berücksichtigen. Wechselwirkungen durch Interaktionen mit anderen Bagua-Bereichen, wie sie in jedem Grundriss stattfinden, müssen zusätzlich miteinbezogen werden.

Raumfunktion/ Bagua-Bereich	**Situation**	**Ausgleich**
Bad (Toilette) im Bereich Lebensreise & Beruf	Bad (Wasser) am Wasserort (Lebensreise & Beruf): Übergewicht an Wasser möglich (vor allem bei Wasser-orientierter Gestaltung)	Holz einbringen, da es den Überfluss an Wasser aufsaugen kann
Bad (Toilette) im Bereich: Familie & Gesundheit oder Fülle & Reichtum	Bad (Wasser) in Holzbereichen: Tendenz der reduzierten Entwicklung des Holzes möglich – vor allem bei stark Wasser-orientierter Badgestaltung und generell schwachen Holzbereichen	Im Wasser-orientierten Bad ausreichend Holz einbringen

Raumfunktion/ Bagua-Bereich	**Situation**	**Ausgleich**
Bad (Toilette) im Bereich Ruhm & Anerkennung	Bad (Wasser) im Feuerbereich (Ruhm & Anerkennung): Elementarkonflikt	Als Ausgleich zwischen Feuer und Wasser das vermittelnde Element Holz einbringen
Küche im Bereich Ruhm & Anerkennung	Feuerraum (Küche) am Feuerort: Möglichkeit des zu starken Feuerelements	Bei der Küchengestaltung auf ausgewogene Gestaltung achten, das heißt, auch andere Elementarentsprechungen einbeziehen (z. B. Holz oder Erde)
Küche im Bereich Lebensreise & Berufung	Küche (Feuer) am Wasserort (Lebensreise & Berufung): Elementarkonflikt	Als Ausgleich zwischen dem Ort (Wasser) und der Funktion (Feuer) das verbindende Element Holz einbringen

Die Gestaltungsebene

Immer wieder werden wir gefragt, ob wir uns – bevor wir zu Feng-Shui-Analysen gehen – die Grundrisse anschauen. Wir verneinen das. Denn ein Grundriss zeigt nur einen Ausschnitt, die räumlichen Umrisse eines Objekts. Doch Tatsache ist, dass alles um uns herum auf uns einwirkt. Was also ist mit der Gestaltung in Räumen? Spielen die Wandfarbe, der Einrichtungsstil, die Möblierung denn keine Rolle? Unsere Antwort: natürlich! Denn all dies kann eine Analyse, die nur über den Grundriss erarbeitet wurde, ad absurdum führen. Denn wenn wir auf der einen Seite die Raumgestaltung ganz selbstverständlich zur

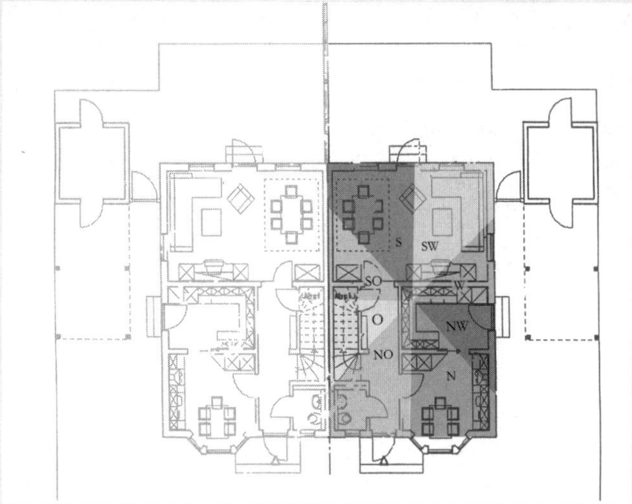

Praxisbeispiel

Wenn die Erde übermächtig wird

Diesen Grundriss kennen Sie schon aus dem Abschnitt »Das Prinzip der Horizontalen Verbindung«. Wie Sie wissen, sind die beiden Holzsektoren, also die Bereiche Familie & Gesundheit und Fülle & Reichtum, durch die Wand zum Nachbarhaus blockiert.

Was die Situation aber noch dramatisch verschärfte: Das gesamte Haus war in Beige-, Creme- und Gelbtönen gestrichen. Diese Gestaltung fand sich auch in den anderen Accessoires wieder. Man kann sagen: Farblich war alles ganz in Natur und Gelb. Doch auch die Möbel waren vorrangig niedrig, so dass das Erdelement absolut vorherrschend war. So wurden die ohnehin schon relativ großen Erdbereiche nochmals verstärkt, und die übrigen Elemente konnten sich nicht ausreichend entfalten. Dies ist ein Beispiel für eine Überbetonung eines Elements auf der Gestaltungsebene. Aus Feng-Shui-Sicht zeigte sich das im Leben der Familie in mangelnder Flexibilität und körperlich in einer erheblichen Gewichtszunahme.

Optimierung des Feng-Shui nutzen, dann kann es ja nicht sein, dass wir sie auf der anderen Seite bei der Ermittlung des Ist-Zustands unbeachtet lassen.

Aber genau diese Gestaltungsebene ist es, die auf einem »nackten« Grundriss nicht zu sehen ist. Und deshalb ist es nicht sinnvoll, Praxistermine anhand des Grundrisses vorzuarbeiten. Zu schnell bildet sich eine vorgefasste Meinung von einem Objekt heraus, die dann mit der Realität nicht übereinstimmt.

Lassen Sie uns dieses Thema anhand des folgenden Beispiels vertiefen.

Die Diagonalbeziehungen des Bagua

Vielleicht haben Sie das ja auch schon einmal erlebt: Sie haben einen Bagua-Bereich aus Feng-Shui-Sicht umfassend behandelt, aber trotzdem fühlt er sich irgendwie noch nicht stabil und ausgeglichen an. Woran kann das liegen?

Um das Gleichgewicht der Energien zu halten, kennen wir neben dem sich aufbauenden, kreisförmig verlaufenden Zyklus des Bagua auch die energetische Beziehung zwischen den sich jeweils gegenüberliegenden Trigrammen und Bagua-Bereichen.

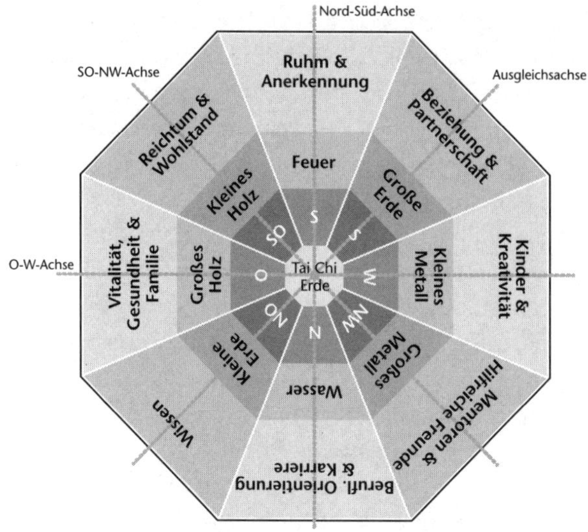

Ebenso wie der Schöpfungszyklus der Elemente als Regulativ den Kontrollzyklus braucht, um im Gleichgewicht zu bleiben, so gilt das auch innerhalb der Sektoren.

Das bedeutet für unser Thema Feng-Shui, dass es konkrete Wechselwirkungen zwischen den sich gegenüberliegenden Bagua-Bereichen gibt, die einen tieferen Blick in die Welt des Feng-Shui erlauben. Nun möchten wir Ihnen die Beziehungen der gegenüberliegenden Sektoren vorstellen. Danach soll es dann darum gehen, Ihnen zu zeigen, was das für die Feng-Shui-Praxis bedeutet.

Die Bedeutung der Achsen

In allen alten Kulturen wird gerade den Achsen eine besondere Bedeutung zugeschrieben. So heißt die Nord-Süd-Achse im Vastuveda, der indischen Harmonielehre, auch Feuerlinie und steht symbolisch für das Rückgrat im Kosmos. Die wagerecht orientierten Linien, also die, welche den Osten und Westen miteinander verbinden, stehen für Weite und Expansion, während die Diagonallinien der Zwischenhimmelsrichtungen als Windlinien bezeichnet werden.

Auch in der Symbolik des Feng-Shui steht die Nord-Süd-Achse für die vertikale Verbindung zwischen Himmel und Erde, die Axis Mundi, wobei der Süden mit seiner Yang-Energie dem Himmel und der Norden mit seiner zurückgezogenen, aufnehmenden Yin-Kraft der Erde entspricht. Die Ost-West-Achse beschreibt den Wandel der Welt. Er wird im Lauf der Sonne von Osten nach Westen sichtbar und findet sich in den Analogien im Neubeginn, dem Einatmen der Natur am Morgen, sowie schließlich im zunehmenden Rückzug, dem Ausatmen des Tages am Abend wieder.

Die Diagonalachsen, welche die Zwischenhimmelsrichtungen NO und SW und SO und NW miteinander verbinden, sind in ihrer Energie instabiler, da sie aus der Energieüberlappung zweier Hauptrichtungen entstehen.

Charakteristisch für die Diagonalbeziehungen ist, dass sich – bis auf eine Ausnahme – die Energie über die ausgleichende Mitte, die ja der Erde entspricht, jeweils in eine im Kontrollzyklus stehende wandeln muss. So geht es bei der K'an-Li-Achse um die Wandlung von Wasser in Feuer, bei Sun-Ch'ien um die von Holz in Metall und so weiter. Bevor wir noch detaillierter auf diese Achsen eingehen, möchten wir Ihre Aufmerksamkeit zunächst auf eine Besonderheit in der K'un-Ken-Achse lenken.

Die Erdachse: Die Ausgleichsachse
Zuordnung: Nordosten, Ken, Kleine Erde
Qualität: Weisheit, Inneres Wissen, Reife, Empfangen
Bagua-Bereich: Wissen & Fähigkeiten

Zuordnung: Südwesten, K'un, Große Erde
Qualität: Beziehungsfähigkeit, Nähren, Geben
Bagua-Bereich: Beziehung & Partnerschaft

Beginnen wir mit einer besonderen Konstellation, nämlich der Erdachse, die den Nordosten und den Südwesten miteinander verbindet. Man nennt sie auch Ausgleichsachse, denn die Erde steht ja für die energetische Mitte in der chinesischen Philosophie. Und so vereinen sich in der Ausgleichsachse nur Erdenergien, denn sowohl das Trigramm K'un als auch Ken und die Mitte, durch welche die Achsenenergie fließt, werden von die-

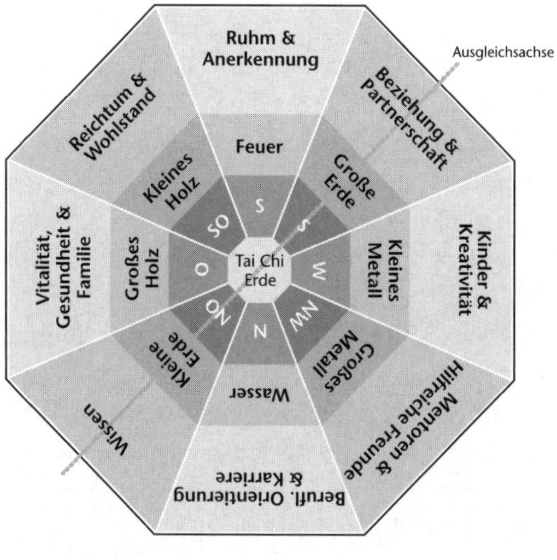

sem Element regiert. Das hat zur Folge, dass sich die Energie hier nicht wandeln muss, und genau das kommt dem Wesen der Erde entgegen, die ja für Stabilität und Sicherheit steht. Und so stellt diese Achse eine Art verlängerte energetische Mitte dar, die auch auf Grundrissebene ausgleichend und stabilisierend wirkt.

Schauen wir uns also nun die Bagua-Bereiche an, die diese Erdachse miteinander verbindet. Es sind die Sektoren Beziehung & Partnerschaft sowie Wissen & Fähigkeiten. Beide stehen für eher innere Prozesse, denn eine harmonische und tiefe Partnerschaft bezieht sich naturgemäß auf das Miteinander. Auch der Bereich Wissen & Fähigkeiten beschreibt innere Prozesse, hier sind es die der Aufnahme und Integration von Wissen, das sich im Lauf des Lebens zur Weisheit entwickeln kann.

Wie sehr beide Bereiche miteinander verbunden sind, wird daran deutlich, dass für eine wahre Partnerschaft immer auch die Weisheit notwendig ist, den anderen nicht verändern zu wollen, sondern ihn als Spiegel seiner Selbst zu erkennen.

Während das Verliebtsein der Blüte entspricht, so entsteht die liebevolle Partnerschaft durch die Zeit der Reife. Und genau diese Phase ist die dem Südwesten zugeordnete. Um das zu erkennen, braucht es der inneren Reflexion, ein Prozess, der wiederum durch Ken, den nordöstlichen Bereich des Bagua, beschrieben wird. Das mit ihm verbundene Natursymbol, der Berg, macht deutlich, dass auch dies eine Zeit ist, während der wir innerlich reifen und vom Schutz der Berges profitieren können.

Wasser und Feuer: Die Nord-Süd-Achse

Zuordnung: Norden, K'an, Wasser
Qualität: Das Abgründige, Reflexion, Rückzug
Bagua-Bereich: Lebensreise & Beruf

Zuordnung: Süden, Li, Feuer
Qualität: Das Heiße, Erleuchtung, Leichtigkeit, Respekt
Bagua-Bereich: Ruhm & Anerkennung

Der unmittelbare Zusammenhang zwischen Li (Ruhm & Anerkennung) und K'an (Lebensreise & Beruf) ist in unserem Leben sehr direkt spürbar. Beispielhaft zeigen diese beiden Bagua-Energien, wie unser Inneres mit der äußeren Welt verknüpft ist. So steht der Sektor Lebensreise & Beruf für die Frage: Was will ich im Leben tun? Sind wir uns darüber klar, so wird diese Kraft zu einem inneren Kompass, der uns nun auf das Tun ausrichtet, so dass Li in Form von Anerkennung eine logische Folge ist. Eine Diskrepanz zwischen beiden entsteht, wenn die Anerkennung in einem Lebensbereich nicht positiv erlebt wird, weil sie nicht mehr in Resonanz zu dem steht, was man wirklich will.

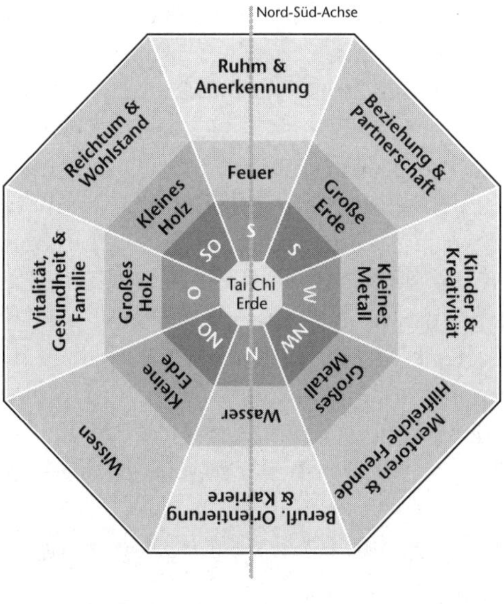

In unserer Praxis haben wir immer wieder Manager großer Firmen beraten. Viele von ihnen waren in der gleichen Situation: Sie erzählten, dass sie zwar beruflich alles erreicht hatten, aber kein Gefühl der Zufriedenheit und des Glücks darüber empfinden konnten. Letztlich wurde klar: Sie alle wollten im Kern etwas anderes als das, was sie jetzt taten. Irgendwann ist dieser Wunsch jedoch überdeckt worden, der Alltag mit seinen Aufstiegschancen hat ihn übertönt. Aber nach der Zeit des Geldverdienens, dann, wenn man es geschafft hat, wird sie wieder lauter: die innere Stimme.

Holz und Metall: Die Ost-West-Achse
Zuordnung: Osten, Chen, Großes Holz
Qualität: Der Donner, Vitalität, Neubeginn, Mut
Bagua-Bereich: Familie & Gesundheit

Zuordnung: Westen, Tui, Kleines Metall
Qualität: Das Heitere, der See, Genuss
Bagua-Bereich: Kinder & Kreativität

Bei der Beziehung dieser beiden Bagua-Energien geht es einerseits um den (mutigen) Aufbruch, die Vitalität, etwas im Leben zu bewegen, und auf der anderen Seite um das Genießenkönnen der daraus erwachsenen Früchte. Dabei bezieht sich dieses Spannungsfeld auf alle Themen des Lebens, wird also beruflich wie auch privat wirksam. Zeichen für Dissonanzen sind einerseits der Workaholic, der vor lauter Arbeit niemals genießen kann, und auf der anderen Seite der eher träge und phlegmatische Mensch, der so seine Probleme hat, das Leben aktiv zu gestalten.

Doch das Trigramm Chen steht im Bagua auch für Familie

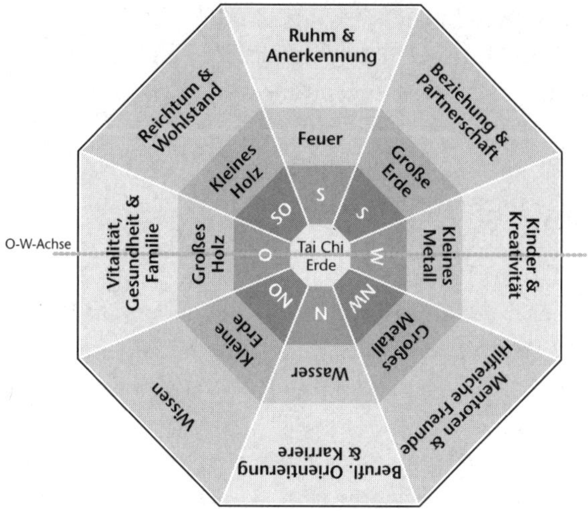

& Gesundheit, was seinen direkten Bezug zum durch Tui vertretenen Thema »Kinder« beispielsweise in der Gründung einer neuen Familie deutlich werden lässt. Die enge Beziehung beider Energien spiegelt sich also in der natürlichen Wandlung und Abfolge des Lebenszyklus wider. Traditionell wird die Trigrammenergie von Chen auch mit »den Älteren« in Verbindung gebracht, welche die Basis für den Fortbestand der Familie sichern sollten. Und auch hier wird der Zusammenhang deutlich: Vitalität und Gesundheit (Chen) sind die Basis für die Gründung einer neuen Familie (Tui = Kinder).

Holz und Metall: Die Süd-Ost-Achse

Zuordnung: Südosten, Sun, Kleines Holz
Qualität: Der Wind, das Sanfte, Ausbreitung, Verwurzelung
Bagua-Bereich: Fülle & Reichtum

Zuordnung: Nordwesten, Ch'ien, Großes Metall
Qualität: Der Himmel, das Schöpferische, Fügungen
Bagua-Bereich: Hilfreiche Freunde & Mentoren

Schon die Trigramm-Bezeichnungen »der Wind« und »der Himmel« lassen einen engen Zusammenhang zwischen beiden Bagua-Bereichen deutlich werden. Der Bereich Fülle & Reichtum steht dabei für die unbegrenzten Potentiale, die wir empfangen können, wenn wir uns ihnen – wie die Pflanze in dieser Phase – öffnen. Sind wir also in Resonanz mit der Sun-Energie, können wir laut dem Gesetz der Fülle jede Art von Reichtum und Wohlstand anziehen.

Auf der anderen Seite steht Ch'ien, der Himmel, und symbolisiert die glückhaften Segnungen, die uns – wie von unsichtbarer Hand geführt – zum richtigen Zeitpunkt am richtigen Ort sein lassen. Der Bereich Hilfreiche Freunde & Mentoren

steht am Ende der COS-Zyklus, was darauf hinweist, dass die Erfahrungen der vorausgegangenen Trigramm-Energien bereits integriert wurden und nun als Erfahrung weitergegeben werden können. Ein Mentor und Förderer braucht also, um wirklich zu helfen, auch den finanziellen und geistigen Reichtum der Sun-Phase, egal, ob er nun als Wissens- oder Geldgeber aktiv wird.

Was heißt das für die Feng-Shui-Praxis?

Diese diagonalen Wechselwirkungen im Bagua zeigen zunächst einmal, dass es sich durchaus lohnen kann, sich bei der Aktivierung eines Lebenswunsches auch den gegenüberliegenden Bagua-Bereich anzuschauen. Befindet sich im Westen der Wohnung beispielsweise ein Fehlbereich, ein Stauraum oder die Toilette, so kann sich das durchaus schwächend auf den Ostsektor, der ja mit Familie & Gesundheit verbunden wird, auswirken. Hier hilft es dann oft schon, die räumliche Disharmonie im Bereich Kinder & Projekte auszugleichen, um dann auch wieder von einem Energieschub im Osten zu profitieren.

Die Aktivierung der Diagonalachsen

Nun soll es aber um etwas ganz Spezielles gehen: die direkte Aktivierung der Achsen. Der Unterschied zur reinen Bagua-Raumbewertung liegt darin, dass im Grundriss eine virtuelle Achse gezogen wird, die als direkte Aktivierungslinie dient. Dadurch wird eine Art Akupunkturlinie geschaffen, über welche die jeweiligen Bagua-Energien sich nun harmonisieren und neu ausrichten können. Die Erde als bestimmendes Element der Mitte spielt dabei eine wichtige Rolle, da sie als energetische Waage die gegenüberliegenden Energien reinigt und ausgleicht. Die

Achsenaktivierung ist eine Art Impulstherapie und sollte nur für eine bestimmte Zeit eingesetzt werden.

Vor allem die Erdachse ist ein Mittel der Wahl, wenn man – um das Feng-Shui zu verbessern – einfach einmal etwas »zwischendurch« machen möchte. Wenn Sie nicht wissen, welche Achse die richtige ist, nehmen Sie die Erdachse. Sie stimmt immer, da sie als zentrale Ausgleichsachse den Mittelpunkt dieses Systems darstellt. Es ist immer empfehlenswert, zuerst eine allgemeine Harmonisierung über die Erdachse einzuleiten.

Aktivierungsimpulse beachten

Die Achsenaktivierung funktioniert, indem Elementarimpulse aus dem jeweils gegenüberliegenden Bagua-Bereich gezielt eingesetzt werden. Für die Mitte wird bei jeder Achse immer Salz oder Erde in ein Terrakottagefäß gegeben und in das Tai Chi gestellt. Ob Sie Salz oder Erde verwenden, hängt von Ihrem Ziel ab. Während das Salz vorrangig auf die Reinigung zielt und die negativen Energien während des Achsendurchflusses aufnimmt, wirkt Erde in der Mitte allgemein stabilisierend und harmonisierend.

Das heißt konkret:

Nord-Süd-Achse

Im Bereich »Lebensreise« wird eine Feuer-, im Segment »Anerkennung« eine Wasserentsprechung platziert.

Ost-West-Achse und Sun-Ch'ien-Achse

Im Bereich »Familie & Gesundheit« wird Metall eingebracht, im Bereich »Kinder & Kreativität« Holz. Nach dem gleichen Prinzip geht man bei Sun und Ch'ien vor, also in die »Mentoren« wird Holz implementiert, in den Bagua-Bereich »Reichtum« Metall.

Nordost-Südwest-Achse

Bei dieser Achse handelt es sich um die Ausgleichsachse, in der »nur« die Erde regiert. Deshalb wird sowohl in den Wissens- als auch in den Beziehungssektor, ebenso wie in die Mitte, jeweils ein Topf (oder ein Leinenbeutel) mit einer Handvoll Salz gestellt beziehungsweise gehängt. Das Ganze bleibt dann für drei mal sieben Tage an seinem Platz. Alle drei Tage wird das alte verschmutzte Salz entfernt, die Schälchen (oder Stoffsäckchen) werden ausgewaschen und mit frischem Salz gefüllt.

Unser Tipp: Wir empfehlen das speziell für diesen Zweck hergestellte Vitabiente Reinigungssalz. Es ist mit Kristallsalz versetzt und zusätzlich mit reinigenden und harmonisierenden Schwingungen angereichert. Aus diesem Grund bringt es ganz besonders ausgewogene Ergebnisse hervor.

Die Lage der Achse

Wenn wir über die Diagonalachsen arbeiten, müssen wir – um erfolgreich zu sein – einen »Aktivierungsimpuls« setzen. Dieser ist mit der Akupunktur zu vergleichen, in der ja auch unterschiedliche Punkte miteinander kommunizieren. Und genau diese in Verbindung stehenden Punkte müssen Sie auch im Feng-Shui finden. Arbeiten Sie deshalb für eine optimale Wirkung immer auf einer Achsenlinie. Ein paar Zentimeter Differenz machen nichts aus. Aber Abweichungen ab einem halben Meter sind einfach zu viel. Überlegen Sie sich deshalb, bevor Sie über die Diagonalachsen arbeiten, wo die passenden Orte dafür sind. In den entsprechenden Bagua-Bereichen ist ja immer viel Spielraum, nämlich genau 45 Grad.

In dieser Wohnung wurde die Nord-Süd-Achse aktiviert. Dafür brennt im Nordsegment eine rote, dreieckige Lampe, im Süden plätschert ein Zimmerbrunnen. Da beide Aktivie-

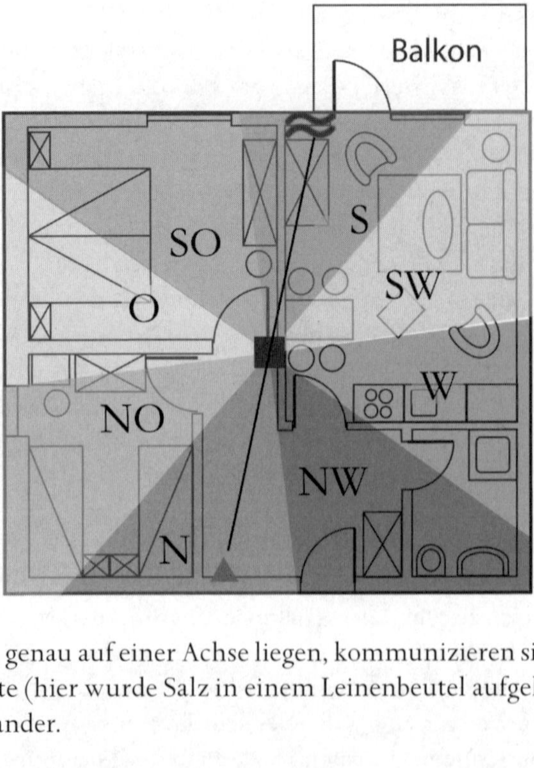

rungen genau auf einer Achse liegen, kommunizieren sie über die Mitte (hier wurde Salz in einem Leinenbeutel aufgehängt) miteinander.

Achsenaktivierungen sind Aktivierungen auf Zeit

Da es sich um eine Impulstherapie handelt, sollten Achsenaktivierungen zeitlich befristet werden, sonst kann sich im Haus eine instabile Energie entwickeln. Bei der Erdachse hatten wir schon gesagt, dass sie für insgesamt 21 Tage aktiviert werden sollte.

Alle anderen Diagonalachsen werden ebenfalls für 21 Tage, maximal für 28, aktiviert. Befindet sich im Tai Chi Salz, so sollte dieses regelmäßig (wie bei der Erdachse), nämlich alle drei Tage, durch frisches ersetzt werden. Alle anderen Maßnahmen können die Zeit über unverändert bleiben und müssen nicht ausgewechselt werden. Dies trifft nur auf das Salz zu, weil es destruktive Energien umfassend aufnehmen und reinigen soll.

Das kleine Feng-Shui-ABC der wirkungsvollen Aktivierung

Wenn Sie das Bagua auf Ihren Grundriss gelegt haben und wissen, welche Raumbereiche mit welchen Lebenswünschen in Verbindung stehen, stellt sich die Frage: Was können Sie tun, um die Lebenswünsche wirkungsvoll zu aktivieren? Denn immer wieder hören wir von Lesern, Schülern, aber auch langjährigen Feng-Shui-Beratern, dass es ihnen durchaus nicht immer gelingt, mithilfe der Harmonielehre wirklich die gewünschten Veränderungen einzuleiten. Woran liegt das?

Vorab wagen wir eine These, die – auf Anhieb – sehr mutig erscheint, die aber ganz einfach unserer Realität entspricht: Wir haben die Erfahrung gemacht, dass Feng-Shui grundsätzlich immer und überall erfolgreich ist.

Dafür müssen aber einige Voraussetzungen erfüllt sein:

1. Der Klient ist wirklich bereit, das Gewünschte in sein Leben zu integrieren. Das betrifft sowohl die Umsetzung der besprochenen Maßnahmen als auch die innere Bereitschaft, sich für die Inhalte der Lebensthemen zu öffnen.
2. Die Analyse konnte in ihrer Ganzheitlichkeit und in ihren Wechselwirkungen vom Berater erfasst und kommuniziert werden.

3. Es wurden die richtigen Harmonisierungen eingeleitet und die wirkungsvollsten Resonanzgeber etabliert, um eine harmonische Verbindung zwischen den schöpferischen Energien der Umgebung und dem Klienten herzustellen.

Das Wesen von Feng-Shui

Wenn diese drei Punkte erfüllt sind, dann kann eigentlich nichts schiefgehen. Natürlich ist es nicht so einfach getan wie oben beschrieben, denn hinter jeder so simpel klingenden Voraussetzung steckt eine Vielzahl von Einzelschritten mit speziellem Know-how. Wir haben das Glück, dass wir uns durch unsere intensive Erfahrung in Ausbildung und Beratung immer mehr auf das Wesen von Feng-Shui »einstellen« konnten. Es hat Jahre gebraucht, bis wir unser Studium beendet und erste Beratungen durchgeführt haben, dann »Schnupperkurse« anboten, aus denen sich schließlich die qualifizierte Beraterausbildung und die Fernkurse entwickelten. Und all diese Erfahrungen in Theorie und Praxis flossen dann in unsere Arbeit ein. Es war ein langer Weg.

Doch es gibt ein paar Regeln, die Ihnen, dem Leser dieses »Meisterbuches«, helfen, Feng-Shui effizienter und klarer daheim umzusetzen und die wichtigsten Fehler zu vermeiden.

Grundsätze der Feng-Shui-Aktivierungen

Verbinden Sie sich mit den kosmischen Energien

Wenn wir die Aktivierungen entsprechend ihrer geografischen Ausrichtung, also über das Kompass-Bagua, im Raum etablieren, erschaffen wir eine machtvolle Synergie zwischen Außen und Innen, die uns mit dem Fluss des Lebens verbindet. Wir werden plötzlich getragen von den Kräften der Schöpfung, und es ist, als ob wir aller Welt gesagt hätten, was wir uns wünschen. Denn plötzlich passieren Dinge, die uns scheinbar zufällig genau dorthin führen, wo wir hinwollen.

Beleben Sie alle Bagua-Bereiche

Damit Sie die Fülle der Möglichkeiten in Ihr Leben holen können, müssen diese potentiell in Ihrem Umfeld vorhanden sein. Auch wenn Sie sich auf nur einen Lebenswunsch konzentrieren wollen, so sind doch alle Bagua-Energien miteinander verbunden und bauen aufeinander auf. Schwächelt eine oder fehlt ganz, weil dort beispielsweise ein Fehlbereich liegt, so fehlt Ihnen genau diese Qualität in Ihrem Umfeld für die Entwicklung zu Ihrem Ziel. Deshalb sollten immer alle Bagua-Energien etabliert werden. Auf diese Weise entsteht ein harmonisches Ganzes. Und wenn der Ausgleich auf Raumebene nicht möglich ist, dann wird ersatzweise auf der Gestaltungsebene ausgeglichen.

Verwenden Sie nur Dinge zur Aktivierung, die Sie lieben

Damit eine Aktivierung überhaupt wirken kann, muss es eine energetische Verbindung zwischen dem Objekt selbst und demjenigen, der es für sich »arbeiten« lassen will, geben. Für gutes und erfolgreiches Feng-Shui muss diese Verbindung energetisch positiv sein und ebensolche Emotionen, Erinnerungen, Gedanken oder Visionen hervorrufen. Auf diese Weise wird das gewählte Objekt immer aufs Neue mit kraftvoller Vitalenergie aufgeladen und kann diese – laut Resonanzgesetz – auch wieder abstrahlen. Da es sich nun auch noch in jenem Raumbereich befindet, der mit Ihrem Lebenswunsch in direkter Resonanz steht, wird auch dieser energetisch aufgefüllt. Nun können sich positive Veränderungen eher manifestieren.

Wie kann das sein? Ganz einfach: Die Energie von Geist und Materie unterscheidet sich nur in ihrer Dichte. Vermehrte Energie führt also dazu, dass ein Wunsch sich verdichtet und sich eher realisieren kann. Das Gegenteil geschieht, wenn Sie etwas verwenden, was in keinerlei positiver, schlimmstenfalls sogar in negativer Resonanz zu Ihnen steht. Und das passiert leider öfter, als Sie vielleicht glauben mögen. Nämlich genau dann, wenn man blind das übernimmt, was beispielsweise das so genannte Klassische oder Traditionelle Feng-Shui empfiehlt. Diese Accessoires sind uns meist fremd, da sie mit unserer Kultur nichts zu tun haben.

Und was passiert, wenn ein Mensch mit abendländischen, westlichen Wurzeln sich auf einmal inmitten von chinesischen Accessoires, zwischen dreibeinigen Fröschen, Drachen oder Flöten wiederfindet? Umgeben von Objekten, deren kulturelle Hintergründe ihm völlig unbekannt sind? Bestenfalls fehlt ihm die Resonanz zu den Objekten. Er schenkt ihnen also wenig Aufmerksamkeit, und nichts oder nur wenig geschieht. Schlimmstenfalls aber lehnt er diese traditionellen »Hilfsmittel« innerlich ab, lädt sie mit negativen Emotionen auf, was Feng-Shui dann ad absurdum führt, weil sich das Gewünschte ins Gegenteil verkehrt.

Beachten Sie den Einfluss der Raumqualität

Um mit Feng-Shui genau die Veränderungen einzuleiten, die man letztlich erreichen will, muss man wissen, wie sich was in welchen Räumen auswirkt. Denn es ist ein Unterschied, ob ein Bagua-Bereich im Wohnzimmer, Schlafzimmer oder aber in der Toilette liegt. Immer wieder haben wir bei »Nachberatungen« erlebt, welche Folgen ungeschickte Feng-Shui-Aktivierungen hatten – das genaue Gegenteil des Gewünschten trat ein!

Dazu nun ein besonders drastisches Beispiel

Da erzählt uns eine Kursteilnehmerin am ersten Seminartag, ein Feng-Shui-Berater habe ihr empfohlen, ihren Reichtum zu aktivieren. Auf seinen Rat hin hängte Frau M. zuerst einmal ein Wasserfallposter ins Bad, direkt über die Toilette. Um die Energie des Wassers aufzufangen, stellte sie noch eine Schale mit Geld auf den Spülkasten, direkt unter das Poster. Ihr Berater hatte ihr die üblichen »klassischen Empfehlungen« gegeben. Denn er wusste natürlich, dass im Reichtumsbereich Wasser und speziell auch Brunnen oder Wasserfallposter aktivierend wirken. Aber seltsam, die gewünschten Erfolge stellten sich einfach nicht ein, im Gegenteil.

Was hatten Frau M. und ihr »Ratgeber« nun falsch gemacht? Die Antwort fällt nicht schwer, wenn wir uns die Qualität, die mit dem Bad verbunden ist, anschauen. Das Bad ist grundsätzlich ein energieabfließender Ort, da er sich durch die Abflüsse und das WC direkt nach außen öffnet. Wenn hier dann zusätzlich ein Wasserfallbild aufgehängt wird, von dem die Wasserenergie abermals nach unten und symbolisch aus dem Haus fließt, dann wird dieser Aspekt des WCs noch verstärkt. Die Schale soll die Energie sammeln, sammelt aber in diesem Fall aufgrund des Gesetzes der Resonanz nur die abfließende Energiequalität. Und damit ist diese Art der Reichtumsaktivierung im Bad grundsätzlich nicht geeignet, um Fülle anzuziehen. Nur das genaue Gegenteil geschieht: Der Verlust wird aktiviert.

So war es auch bei unserer Schülerin, sie verlor damals

ihr halbes Vermögen an der Börse. Es wurde vor einigen Jahren – nach dem Ende der Internet-Hype – einfach hinweggespült.

Das also erzählte die Schülerin – unsere Antwort veranlasste sie, gleich in der ersten Pause zu Hause anzurufen und ihren Mann zu bitten, sofort das WC zu »entwässern« und die Schale zu entfernen. Ein Vierteljahr nach Ende des Kurses sagte uns Frau M.: »Jetzt kann ich endlich nach Jahren sagen, dass es finanziell wieder langsam aufwärtsgeht. Allein schon für diese eine Erkenntnis hat sich für mich das Seminar gelohnt. Danke!«

Zusammenfassung

Lassen Sie uns jetzt konkret auf die Erfordernisse eingehen, die wir betrachten müssen:

Raum	Vorhandene Energiequalität	Empfehlungen
WC	abfließend und wasserbetont	Stabilität einbringen (Erde) und/oder Wasser aufsaugen durch Holz.
Treppen	auf- und abwärts gerichtete Energie, instabil	Energie stabilisieren.
Stauräume	stille und langsame Energie, Yin-geprägt, Gefahr der Stagnation	Ordnung, viel Licht, keine konkreten Symbole einbringen, um das Bagua auszugleichen, da diese Themen sonst energetisch erlahmen würden – lieber neutral auf Elementarebene aktivieren.

Raum	Vorhandene Energiequalität	Empfehlungen
Kinderzimmer	Dieser Raum sollte »nur« dem Kind gewidmet sein und entsprechend den Bedürfnissen regelmäßig über Feng-Shui angepasst werden.	Hier keine konkreten Aktivierungen für Themen der Familie wie z. B. Partnerschaft, Reichtum usw. Lieber in angrenzenden Bereichen arbeiten oder aber Themen über Unterbagua (siehe Glossar S. 346 ff.) aktivieren.
Keller	das Abgestellte, Unbewusste, Verdrängte, Alte	Ordnung und Licht, hier grundsätzlich nicht konkret, also über Symbole, aktivieren.

Die unterschiedlichen Ebenen der Aktivierung

Im Feng-Shui kennen wir ganz unterschiedliche Analyseebenen, die sämtlich miteinander verknüpft sind. Nicht immer ist der Ausgleich allein über die Fünf-Elemente-Theorie sinnvoll und gut. Bisweilen sind andere Aktivierungsebenen angezeigt.

Die Elementarebene

Die Elementarebene stellt eine ganz grundsätzliche Möglichkeit dar, Energien zu etablieren und den Grundriss auszugleichen. Sie passt eigentlich immer, da die mit ihr verbundene Qualität relativ neutral und grundlegend ist. Um über die Fünf Elemente zu harmonisieren, müssen Sie die Prioritäten ihrer Wirkung, also Form vor Farbe und Material, beachten.

Doch wie beziehen wir die Ebene der Trigramme mit in das Feng-Shui ein? Eine Möglichkeit sind Symbole.

Die Symbolebene

Sie kennen die acht Trigramme und ihre Entsprechungen, die zum Beispiel als Familie, Naturerscheinungen oder Eigenschaften sichtbar werden. Auch die Zeichen der Trigramme, deren Namen und die mit ihnen verknüpften Himmelsrichtungen sind Ihnen bekannt. Mit der Kenntnis dieser Analogien bietet sich Ihnen eine Fülle von Möglichkeiten, die Sie für das Feng-Shui nutzen können. Lassen Sie uns nun ein paar Gedanken zu den Symbolen formulieren, bevor wir dann die einzelnen Sektoren besprechen.

Allgemein gültige Symbole

Nehmen wir als Beispiel Themen aus der Natur. So steht ein Sonnenaufgang immer für einen Beginn und passt deshalb sehr gut in den Bagua-Bereich des Ostens. Ein Herbstbild dagegen würde die expansive Energie hier eher mindern, weshalb es in der Regel (es sei denn, man hat ein Übermaß und will Energie umleiten) hier nicht hängen sollte. Will man nun zum Beispiel aber eine stärkere Dynamik in den Nordosten bringen, könnte es auch hier platziert werden. Denn die mit dem Trigramm Ken verbundene Zeit, ebenso wie die Himmelsrichtung des Nordostens, hat etwas mit dem Start des Tages zu tun: Im Sommer geht die Sonne manchmal durchaus im Nordosten auf.

Neben diesen offensichtlichen Abbildungen mit Symbolcharakter haben wir aber auch noch Zugang zu im Unbewussten verankerten Symbolen. In der Psychologie spricht man vom »kollektiven Unbewussten«. Hier wäre zum Beispiel der Kreis als Symbol für den Himmel und die Einheit zu nennen oder auch das Viereck für die Erde.

Auf einer weiteren Ebene geht es um Symbole, die den Naturzyklus abbilden und einen konkreten Bezug zum COS und damit auch zu den einzelnen Bagua-Sektoren haben.

Auch dazu zwei einfache Beispiele: Eine voll erblühte Blume steht beispielsweise für Li (Bagua-Bereich Ruhm & Anerkennung), ein Sonnenuntergang für Tui und Chen, also den Westen und Nordwesten.

Individuelle Symbole

Neben diesen für jeden gültigen, sehr klaren Symbolen kennen wir auch solche, die für jeden Menschen individuell verschieden sein können. Wir alle verbinden mit bestimmten Zeichen oder Abbildungen etwas ganz eigenes, was für uns relevant und deshalb auch wirksam ist.

Ein einfaches Beispiel dafür sind Fotos aus dem persönlichen Archiv. Sie bilden unser Umfeld, unser Erleben ab, und wir verbinden in den meisten Fällen ganz konkrete Erinnerungen, Gedanken und Gefühle mit ihnen. Damit verfügen die Bilder über eine direkte Resonanz zu unserer emotionalen Ebene. Und das macht ihre Wirkung aus. Immer aber sollten die Fotos, die Sie für das Feng-Shui verwenden, eine positive Grundaussage haben.

Beispiel: Was tun im Bad?

Stellen Sie sich vor, Ihr Partnerschaftsbereich läge im Badezimmer. Nun möchten Sie diesen aktivieren. Könnte man hier die Partnerschaft stärken, indem man zum Beispiel ein Foto von Ihnen und Ihrem Partner einbringt?

Die Antwort lautet: Nein, auf keinen Fall. Denn mit diesem Symbol arbeiten wir ganz konkret und persönlich. Es ist ein Abbild von Ihnen und hat deshalb einen sehr engen persönlichen Bezug. Wenn wir nun also solch ein Foto in einen abziehenden

Raum stellen, werden in diesem Umfeld auch das Symbol und die darauf Abgebildeten geschwächt.

Was also würde man tun, um den südwestlichen Bereich der Partnerschaft im Bad zu stärken? Hier wäre die Elementarebene, in diesem Fall also die Erde, genau das Richtige. Empfehlenswert wären zum Beispiel Steine oder andere Erdentsprechungen. Sie stabilisieren auf einer ganz neutralen Ebene die Energien des Raumes und schaffen eine Resonanz zu den mit der Partnerschaft verbundenen Qualitäten der Erde.

Hinzu kommt, dass das Bad von der Funktion her ein Wasserort ist. Und Wasser hat mit Lösung und Auflösung zu tun. Die Erde steht für das Gegenteil, nämlich für Beständigkeit, Struktur, Festigkeit und Materie.

Emotionaler Bezug durch persönliche Symbole

Wollen wir aber zum Beispiel jemanden stärken, der sich nach schwerer Krankheit in der Phase der Rekonvaleszenz befindet, so eignen sich dazu besser persönliche Symbole, weil hier der emotionale Bezug dann eher gegeben ist. Eine Möglichkeit wäre auch eine Kombination aus beidem. Diese könnte dann – um nur ein Beispiel herauszugreifen – so aussehen, dass man das Foto des Klienten aus guten Zeiten, in denen er Gesundheit und Vitalität ausstrahlt, in einem hohen, aufrechten Rahmen in den Ostsektor, der ja mit dem Thema »Gesundheit« verbunden ist, stellt. Wieder so zu werden, das soll das Ziel sein, an dem er sich orientieren kann!

Das heißt also, dass die Symbolebene besonders geeignet ist, konkrete Dinge zu aktivieren. Aber auch dann, wenn man über die Elemente nicht die Möglichkeiten hat, alles einzubringen, etwa weil es in einem Büro Einrichtungsvorschriften gibt, oder man schlichtweg einen Raum sehr still, einfarbig und ruhig hal-

ten will, kann man über klug ausgewählte Symbole die Energien ins Gleichgewicht bringen und bestimmte Lebensthemen aktivieren.

Aber auch andere Abbildungen, Gegenstände oder Zeichen können Zugang zu unseren Emotionen und deshalb für uns eine besondere Ausstrahlung haben. So kann ein Berg für den einen Schutz und Geborgenheit bedeuten, für den anderen eher Enge und Begrenzung. Für den einen kann die Kirche ein Ort der spirituellen Erfahrung sein, bei einem anderen werden vielleicht dunkle Erinnerungen an das Mittelalter und die Hexenverfolgung wach.

Zwei Herzen stehen für die Paarsymbolik und fördern die Energie der Partnerschaft und Beziehungen. Aber auch zwei Vasen können den Beziehungsbereich aktivieren. Was man wählt, hängt vom persönlichen Geschmack ab.

Auch Themenbereiche wie die Chinesische Astrologie mit ihren Tierkreiszeichen gehören hierher. Stellen Sie zum Beispiel den Bezug zum Raum her, in dem Sie Ihr Tierkreiszeichen entsprechend aufstellen. Auf Seite 235 sehen Sie Exemplare, die aus zum Zeichen passenden Edelsteinen in Handarbeit hergestellt wurden. Aus Feng-Shui-Sicht bedeutet diese Art der Aktivierung immer besonderes Glück, weil es die eigenen Potentiale entfalten hilft.

Warum wirken Fotos im Feng-Shui?

Jedes Foto ist ein Abbild der Realität und trägt deshalb die Energie des Originals in sich. Das ist auch der Grund dafür, warum etwa Wasserfallposter im Feng-Shui ein probates Mittel für die Aktivierung des Reichtums sind. Der Wasserfall steht für das Element Wasser, der Reichtum mit dem Holz in Verbindung bringt und aus der Lehre der Elemente wissen wir: Wasser nährt Holz.

Auf dem Weg zur Meisterschaft

In diesem Kapitel möchten wir mit Ihnen den Weg der Meisterschaft gehen. Der Schlüssel sind die Gesetze des Lebens, die komplexe Wirkzusammenhänge erklären und deutlich werden lassen, dass wir selbst die Schöpfer unseres Schicksals sind.

Die Kenntnis der Gesetze des Lebens ist also ein wesentlicher Grundbaustein des Feng-Shui. Wenn wir die Harmonielehre genauer betrachten, so wird klar, dass die gesamte chinesische Philosophie ganz selbstverständlich an den Säulen dieser Lebensgesetze ausgerichtet ist und alle Feng-Shui-Prinzipien auf ihnen beruhen.

Bei der Entwicklung der Harmonielehre Feng-Shui stand stets auch die Betrachtung der Zeit im Mittelpunkt. Dabei ging es aber nicht nur um die zeitlichen Abläufe, sondern vor allem um die Qualität, die jede Zeit besitzt. Wollen Sie bewusster leben, so ist die Wahrnehmung der Zeitqualität ein Weg dorthin.

Denn alles um uns herum ist dem ständigen Wandel unterworfen. Wir haben die Aufgabe, innerhalb dieser inneren und äußeren Veränderung für uns täglich aufs Neue die Mitte zu finden. Wenn wir auf dem Weg des Meisters sind und dem inneren Dao folgen, so müssen wir in erster Linie lernen, die Zeit anders wahrzunehmen.

Die Seele der Zeit

Wir kennen nur ein Wort für die Zeit, doch andere Kulturen haben ganz unterschiedliche Zeiterfahrungen. Die alten Griechen beispielsweise unterschieden zwischen Chronos und Kairos. Während Chronos den Ablauf der Zeit beschreibt und deshalb unserem gängigen Zeitbegriff sehr ähnelt, steht Kairos für das Erleben der Zeit, das Teilhaben an ihr. Es ist also die Zeitqualität, die wir erleben, wenn wir so in eine Sache versunken sind, dass uns jegliches Gefühl für die Zeit verloren geht. Wir sind auch mit Kairos verbunden in den Momenten, in denen wir eins mit der Welt sind, oder in Situationen, in denen die Welt stillzustehen scheint.

Das Wesen von Kairos ist eine tiefe Verbundenheit zu unseren Emotionen, wir gehen ganz auf in dem, was wir tun. Sind wir im Urlaub einfach nur wir selbst und können uns ganz ohne Termine entspannen, so entspricht das Kairos. Jetzt haben wir das Gefühl, dass sich die Zeit unseren Bedürfnissen anpasst, und gleichzeitig gewinnen wir den Eindruck, die messbare Zeit verginge langsamer. Wie aber kommt es zu einer solchen Wahrnehmung?

Jeder hat die gleiche Zeit

Warum stöhnt hierzulande heutzutage eigentlich ein jeder: »Puh, ich habe einfach keine Zeit!« Diese »Zeit-losigkeit« scheint eines der großen Probleme unserer Zeit zu sein. Doch wie kann das sein? Hat nicht jeder die gleiche Zeit zur Verfügung, die er nutzen kann? Ja und nein. Betrachtet man die Umstände, die Zeitknappheit entstehen lassen, wird eines deutlich: Natürlich klagen die Menschen, die einen vollen Terminkalender haben, am meisten über den Mangel an diesem kostbaren Gut. Auch wir haben das durchlebt. Nach unseren Buch-Bestsellern wurden wir immer bekannter, viele wollten Beratungen direkt von uns. Wir hetzten kreuz und quer durch Europa, um Vorträge und Seminare zu halten oder Analysearbeit zu leisten.

Irgendwann begannen wir uns dann auf unsere Seminartätigkeit zu fokussieren. Für Beratungstermine hatten wir nun sehr viel weniger Zeit. Also gaben wir Aufträge an unsere Schüler weiter. Aber die Hoffnung, dadurch Zeit zu gewinnen, erfüllte sich nicht. Nun musste – um Arbeit abzugeben – gleichzeitig die gesamte Struktur der Beratungsvermittlung geschaffen werden. Da wir nicht mehr nur Autorenteam und Profi-Berater waren, sondern dazu noch Ausbilder und Dozenten mit einer Feng-Shui-Fernkurs-Akademie, wurde aus dem »Frau-Mann-Betrieb« ein Unternehmen mit mehr und mehr freien und festen Mitarbeitern.

Das Ganze entwickelte sich über die Jahre hinweg, und wir wären wahrscheinlich noch heute auf diesem Weg, wenn nicht ein kleiner Mensch in unser Leben getreten wäre: Unser Sohn Julian Sebastian wurde am 16. 5. 2004 geboren und veränderte alles. Plötzlich war jemand da, der uns unendlich viel Zeit abverlangte – und wir waren dem Kleinen auch noch dankbar! Weil er so glücklich über die Liebe und Zuwendung war, die wir ihm schenkten.

Genau in diesen Momenten tiefen Erlebens, dem Gefühl des unbeschreiblichen Glücks, erinnerten wir uns an etwas, was wir beinahe vergessen hatten. Wir tauchten ein in die heile Welt dieses kleinen Erdenbürgers, sahen sie mit den Augen eines Kindes, ja gehörten in diesen Augenblicken wieder zum Kreis der Kinder. Wenn wir uns dann bei der Betreuung abwechselten, waren wir jedes Mal aufs Neue erstaunt, wie lange sich die Zeit beim Spiel mit ihm dehnte. Jede Minute mit Julian erschien uns (mindestens) wie eine halbe Stunde. Das Leben verlangsamte sich – und wir beide erinnerten uns auf einmal daran, wie endlos lange sich oft für uns als Kinder die Zeit dehnte. Gewiss hatten wir diesen Eindruck auch deshalb, weil die Stunden mit Julian so überaus intensiv und bewegend waren.

Was also ist das Geheimnis dieser Qualität an Zeit, die so ganz zeitlos ist? Jean Shinoda Bolen erzählt in seinem Buch *Das Dao der Psychologie* von der Mutterzeit, die nährend und erneuernd wirkt. Chronos, die Vaterzeit, dagegen ist die messbare Zeit, jene, die unaufhörlich verstreicht und die längst die Herrschaft über unseren Tagesablauf übernommen hat.

Die Herrschaft des Chronos

Was aber bedeutet diese Herrschaft des Chronos? Wir unterteilen unseren Tag in viele Untereinheiten. In die Zeitpunkte, an denen wieder ein neuer Termin auf uns wartet. Wir springen geistig von einem zum nächsten, und die Abschnitte dazwischen dienen in den meisten Fällen nur noch dazu, die notwendigen Vorbereitungen für die so wichtigen Termine zu erfüllen.

Genau diese Art des Umgangs mit der Zeit lässt uns den Mangel an Zeit erleben. Denn in der Konsequenz leben wir niemals in der Gegenwart, sondern haben unsere Gedanken stets auf die Zukunft, auf den nächsten, die nächsten Termine fokussiert. Wir können uns immer weniger ganz auf etwas einlassen, darin versinken und dabei die Zeit vergessen, da unsere Aufmerksamkeit gleichzeitig auf Chronos, den unaufhörlichen Fluss der Zeit, gerichtet ist.

Das Geheimnis von Kairos

Daher bleiben wir in unserem Erleben immer nur an der Oberfläche, im linearen Abschnitt der Zeit, gefangen. Um Kairos, die senkrechte Dimension der Zeit, zu erleben, müssen wir tiefer in die Wahrnehmung eindringen und ganz mit dem, was wir gerade tun, verschmelzen. Eben diese Dimension der Zeit ist es, die uns glücklicher und zufriedener werden lässt, da sie die Qualität des Erlebens intensiviert und uns für die ganzheitliche Wahrnehmung der Welt öffnet, uns die Einheit von Körper und Geist gewahr werden lässt. Und das Gewahrsein und Verbundensein mit Kairos ist auch die Voraussetzung für das persönliche Dao, der den Weg zur Meisterschaft beschreibt.

Was also ist das Geheimnis im Umgang mit der Zeit? Um das ganzheitliche Erfassen zu erleichtern, soll eine kleine Skizze das Prinzip der Zeitwirkung verdeutlichen.

Wir gehen davon aus, dass die Zeit eine Achse ist. Schauen wir also einmal, wie sich das auf folgender Abbildung darstellt (und anfühlt):

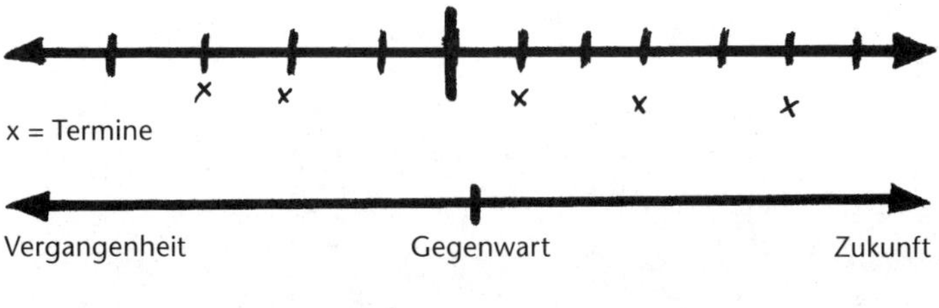

Ist unser Tag mit vielen Terminen verplant, springen wir von einem Zeitpunkt zum nächsten. Wir können die Welt dann zwangsläufig nur in Bruchstücken wahrnehmen, da wir die Zeitabschnitte dazwischen emotional überspringen.

Diese Betrachtung der Zeit spiegelt sehr genau unsere lineare eindimensionale Weltsicht.

Wir möchten nun das Modell der zyklischen Zeitabläufe vorstellen, da es unsere Realität spiegelt. Schauen wir uns zum besseren Verständnis die beiden Zeitebenen, Chronos und Kairos, an (Abildung unten).

Zeigt die Linie selbst den linearen, den offensichtlichen Verlauf der Zeit, so führt uns die Erfahrung von Kairos, der senkrechten Ebene der Zeit, in die Tiefe. Durch dieses tiefere Eindringen verlängern, dehnen wir den Zeitpunkt. Gleichzeitig bewegen wir uns aus der linearen Ebene heraus in Richtung der Mitte. Und genau dieses »in die Mitte gehen« führt uns aus der Dualität der Welt in das Einssein mit ihr. Deshalb wirken Augenblicke in der Mutterzeit nährend und vitalisierend und führen uns in unsere Mitte. In vielen Kulturen sagt man diesem Zustand auch nach, dass er sich verjüngend auf den gesamten Körper auswirkt.

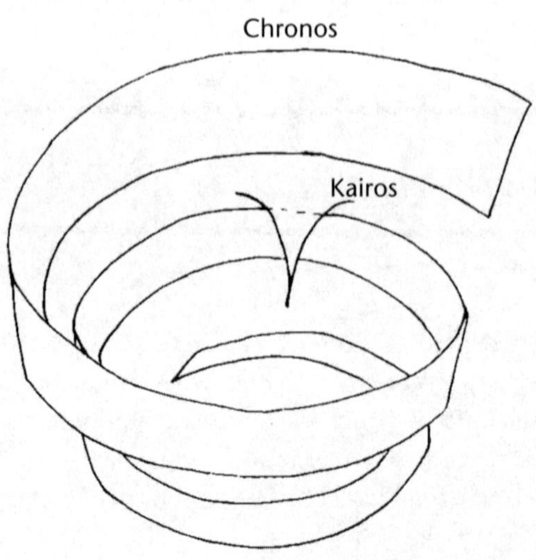

Das Dao des Meisters

Und genau das Erleben von Kairos ist eine Voraussetzung für das Dao, es bezeichnet im wahrsten Sinn des Wortes einen Weg dorthin. Das Erleben dieser Zeitqualität entspricht dem Weg des Meisters, der über die lineare Ebene hinaus agiert. Denn die Kunst des Meisters besteht darin, alle Ebenen der Existenz mit einzubeziehen.

Das Dao – die Synchronizität

Wenn jemand in der Lage ist, die Zeitqualität zu erfahren, so gelingt dies auch über die lineare Zeitachse von Vergangenheit, Gegenwart und Zukunft hinaus. Wir haben immer wieder erlebt, dass sich die Zeitqualität während unserer Arbeiten, gleich ob in den Beratungen oder Seminaren, offenbarte.

Sind wir im Zustand des Dao mit uns und der Umgebung, so

erfassen wir aus der Gegenwart auch die Geschehnisse der Vergangenheit und Zukunft, die als Bilder, Gedanken oder Visionen in das Bewusstsein dringen. In diesem Zustand entwickeln sich dann immer wieder synchronische Ereignisse, die für unsere Klienten und Schüler von Bedeutung sind. Bevor wir Ihnen ein Beispiel für ein solches Erlebnis aus unserer Praxis erzählen, soll vorab erst einmal der Begriff als solcher definiert werden. Synchronizität beschreibt das Zusammentreffen von Ereignissen, die sinngemäß miteinander verknüpft sind, für die es aber keinen offensichtlich erkennbaren Zusammenhang zwischen Ursache und Wirkung gibt.

Wenn A, dann B

Das heißt: Wenn jemand einen Wassereimer fallen lässt und der Boden nass wird, ist das ein Beispiel für offensichtliche Kausalität. Weil A passiert, tritt B ein. Doch wenn jemand beispielsweise gerade eine Geschichte über eine häusliche Überschwemmung schreibt und es plötzlich zu einem Wasserrohrbuch im Haus kommt, ist das ein Beispiel für die Synchronizität. Denn hier haben wir keinen ursächlichen Zusammenhang zwischen dem Schreiben und dem Rohrbruch.

Für die Wahrnehmung und Deutung der Synchronizität ist deshalb immer jemand nötig, der in das Geschehen eingebettet ist. Da solche Ereignisse die emotionale Ebene des Menschen ganz unmittelbar erreichen, empfinden auch Menschen diese Situationen als sehr bewegend, die eher rational geprägt sind. Freud nannte diese Phänomene akausal, was im Grunde bedeutet, dass sie nicht durch das Gesetz von Ursache und Wirkung bestimmt sind. Doch das stimmt natürlich nur auf einer sehr begrenzten, der linearen Ebene. Auch die Erfahrung der Synchronizität ist eine sichtbare Auswirkung von Ursache und Wirkung, nur dass dieser Zusammenhang eben nicht auf den ersten Blick erkennbar ist. Im Gewebe der Welt umfassen sie mehrere Ebenen, sind also analoge Ereignisse, sehr wohl logisch und nachvollziehbar, wenn man die geistigen Gesetze, auf denen sie beruhen, versteht.

Können Sie zaubern?

Vor zwölf Jahren analysierten wir ein Restaurant im Großraum Frankfurt. Bei der Beratung stellten wir einen massiven Feuer-Wasser-Konflikt fest, der sich zum einen in den Resonanzräumen der entsprechenden Trigramme, zum anderen aber auch in der Einrichtung manifestierte. Als wir mit der Besitzerin über diese Situation sprachen, hielt sie einen Moment inne, bot uns einen Cappuccino an und ging zum Kaffeeautomaten. Sie nahm die Tassen, und plötzlich geschah es: Der Automat zischte und dampfte, dann folgte ein dumpfes Geräusch, und es wurde still. Die Klientin schaute erstaunt den Automaten an und sagte: »Huch, was ist denn hier los, das hatte ich ja noch nie! Kaum reden wir über Feuer und Wasser, schon passiert es. Das ist ja richtig unheimlich. Können Sie zaubern?«

Ja, das war so ein Ereignis der Koinzidenz. Es tritt zu einem Zeitpunkt ein, in dem es bedeutsam ist. Dieser Zeitpunkt war da, als wir die geistige Wahrheit, das Wesen dieses Ortes, erkannt und benannt hatten, und nun konnten sich die Dinge richten, ausgleichen und sich in direkter senkrechter Linie zwischen Geist und Materie verbinden. Zu jedem anderen Zeitpunkt hätten die meisten dieses Ereignis als puren Zufall abgetan, doch das Zusammentreffen von Aussage und Verwirklichung offenbarte die Bedeutsamkeit.

Geist und Materie berühren sich

In diesen Momenten kommt es einem so vor, als ob sich die geistige und materielle Welt auf besondere Weise berühren, wie der Donner, der, vom Himmel kommend, die Erde bewegt. Oder wie man im Feng-Shui sagt: Himmel und Erde haben sich verbunden, um die Harmonie, das Dao für einen Moment zu erschaffen, für diesen Menschen, an diesem Ort. Und wir waren hier die Mittler.

Um die Geschichte zu einem Ende zu bringen, sei noch dies angefügt: Die Restaurantbesitzerin rief einen Monteur, der feststellte, dass es zu einem Kurzschluss gekommen war. In unserem weiteren Gespräch erfuhren wir, dass es im Gebäude – und speziell an der Zuleitung zu ihrem Restaurant – schon mehrfach Wasserschäden gegeben hatte. Und zur gleichen Zeit, das fiel ihm während unseres Gesprächs ein, hatten auch die elektrischen Geräte verrücktgespielt. Synchronistische Ereignisse lassen die Gewissheit wachsen, wir alle seien Teil eines größeren Ganzen. Sie sind – vor allem für den modernen, skeptischen Menschen – ein Weckruf, in die Ganzheit zu gelangen und sich seiner Natur zu besinnen.

Die geistigen Gesetze

Stellen Sie sich vor, Sie schauten aus der Vogelperspektive auf eine Stadt. Sie würden Häuser und Straßen erkennen und Autos und Menschen, die sich scheinbar chaotisch und wirr durch die Stadt bewegen. Doch dieses Chaos ist eben nur Schein. In Wahrheit hat ein jeder seinen Grund dafür, warum er gerade dies in jenem Moment tut.

Da ist die Mutter, die ihr Kleines in den Kindergarten bringt, der alte Mann, der gerade um die Ecke biegt, um zur Praxis seines Arztes zu gelangen, oder die Managerin, die soeben ein Taxi besteigt, um zum Flughafen zu kommen.

Das, was uns als Außenstehenden chaotisch und ungeordnet erscheint, ist in der Realität miteinander verbunden, und zwar durch das Gesetz von Ursache und Wirkung. Da aber jeder in seiner Welt lebt und folglich seine eigenen Ursachen erschafft, ist der Zusammenhang nur für ihn selbst offensichtlich.

Die Sushi-Resonanz

Schauen wir wieder hinunter auf die Stadt und stellen uns vor unserem geistigen Auge vor, wie jemand in Richtung einer sehr beliebten Sushi-Bar in der Innenstadt geht und sich in die Reihe derer stellt, die davor eine Schlange gebildet haben. Auch hier greift das Gesetz von Ursache und Wirkung, denn sie alle vereint eines: das Hungergefühl, das sie nun durch eine Portion Sushi stillen wollen. Doch darüber hinaus sind hier noch weitere Gesetze am Werk. Beispielsweise das der Harmonie. Es sorgt dafür, dass unsere Energiebilanz immer ausgeglichen ist, und zeigt uns durch den Hunger an, dass wir unbedingt wieder Nahrung aufnehmen sollten. Und weiter: Längst nicht jeder, der Hunger hat, hat Appetit auf Sushi. Manch einer würde eher zum Bäcker gehen, um sich ein Brötchen oder ein Stück Kuchen zu kaufen, ein anderer holt sich einen Obstsalat.

Und genau deshalb vereint die Menschen, die vor der Sushi-Bar anstehen, das Gesetz der Resonanz. Sie alle haben zur gleichen Zeit Hunger und zudem Lust auf Sushi, sonst würden sie dort nicht stehen.

Dieses Beispiel soll verdeutlichen: Alles ist durch ein unsichtbares Beziehungsgeflecht miteinander verbunden. Und diese Verbindung erfolgt durch die Gesetze des Lebens, die wir Ihnen nun vorstellen wollen. Denn natürlich wirken die Gesetze des Lebens in allen Bereichen, so auch bei der Gestaltung unseres Umfelds mit Feng-Shui. Auch hier können wir über die Tatsache hinaus, dass alles miteinander verbunden ist, noch sehr viel spezifischer darauf eingehen und sagen, wie alles miteinander verbunden ist.

Dieses Wissen ermöglicht es uns, mit den Formeln des Feng-Shui wesentlich effektiver umzugehen, und erklärt auch, warum zum Beispiel das Traditionelle Feng-Shui bei uns nicht so wirksam sein kann wie in den Landstrichen Chinas, in denen es entstand. Da die Traditionen nicht in unserer Kultur gewachsen sind, stehen wir auch nicht in Resonanz mit ihnen. Das Gesetz der Resonanz bleibt aber entscheidend dafür, ob Sie etwas in der Wirklichkeit anziehen können oder nicht. Und das geht weit über die räumliche Ebene hinaus, eben weil alles miteinander verbunden ist.

Wir werden nun die geistigen Gesetze im Grundsatz selbst vorstellen und dabei vor dem Hintergrund des Feng-Shui beleuchten. Sie zu kennen und zum Verbündeten bei der Gestaltung des eigenen Lebens zu machen ist von unschätzbarem Wert.

Das Gesetz der Harmonie

Beginnen wir gleich mit dem Gesetz der Harmonie, das auch Kern und Ziel der Harmonielehre Feng-Shui ist. Grundsätzlich bedeutet Harmonie Wohlordnung, der griechische Philosoph Heraklit nannte es »... das den Ausgleich der Gegensätze bewirkende Weltgesetz«.

Was also bedeutet das Gesetz der Harmonie, und wie zeigt es sich in der Welt?

Es offenbart sich in unserem täglichen Leben und ist deshalb auch eng mit den polaren Prinzipien, die in der chinesischen Philosophie durch Yin und Yang beschrieben werden, verbunden. Viel Licht erzeugt auf der anderen Seite auch viel Schatten, auf den Tag folgt die Nacht, und nach dem Sommer, dessen Energien nach außen gewandt sind, folgt der Winter mit seiner sich zurückziehenden Kraft. Nur durch den immerwährenden Wechsel der Kräfte kann die Gesamtharmonie erhalten bleiben. So braucht die Natur beispielsweise die Jahreszeit Winter, um wieder neue Kräfte zu sammeln. Und das ist die Voraussetzung für den Neubeginn im Frühjahr, die Blüte im Sommer und die Ernte im Herbst. Das Gesetz der Harmonie gleicht also verschiedenartige Wirkungen aus und sorgt dafür, dass die Gesamtbalance stets erhalten bleibt.

Das Gesetz der Harmonie nimmt im Kanon der geistigen Gesetze eine zentrale Stellung ein, denn es ist den anderen übergeordnet. Mehr noch: Jedes der geistigen Gesetze leitet sich aus ihm ab, und das Harmoniegesetz sorgt dafür, dass diese sich harmonisch, also im Gleichklang, entfalten. Es wirkt wie eine energetische Waage: Es füllt auf, gleicht aus, zieht an und stößt ab.

Das Gesetz der Harmonie offenbart sich auch in der Tatsache, dass wir immer nur ernten können, was wir zuvor gesät haben, denn wir haben die Ursachen dessen gesetzt, was wir an Auswirkungen in unserem Leben erfahren.

Das Gesetz der Harmonie im Feng-Shui

Und so ist jeder seines Glückes Schmied und kann, laut dem Gesetz der Fülle, nur so viel erhalten, wie er in der Lage ist, aufzunehmen. Und deshalb fließt ihm laut Resonanzgesetz auch nur das zu, was er anzieht, mit dem er also in Resonanz steht.

Jetzt werden Sie sich vielleicht fragen, warum es überhaupt noch einen Sinn hat, sich mit der Harmonielehre Feng-Shui zu beschäftigen, wenn doch alles um uns herum sowieso schon in sich harmonisch ist, da es doch vom Harmoniegesetz geleitet wird? Das stimmt auch, das Harmoniegesetz wirkt jedoch im großen, im universellen Maßstab. Der allerdings muss vom Standpunkt eines Einzelnen aus gesehen nicht immer harmonisch erscheinen.

Das Haus am Hang

Dazu ein Beispiel aus dem Bereich Feng-Shui: Schauen Sie sich dieses Haus am Hang an, das nach vorne hin ungeschützt zur Straße abfällt. In eben dieser Situation fanden wir das Heim der Familie S. vor, die uns vor vielen Jahren um eine Analyse bat.

Sie erkennen schnell, dass es durch die Geländeform zu einem Abfluss der Energie vom Grundstück in Richtung der Straße kommt, weil das Chi sich nicht auf dem Gelände halten kann. Das steht – Sie wissen es längst – aus Feng-Shui-Sicht für Verlust. Und dieses Energiemuster zeigte sich – da alles miteinander verbunden ist – auch im Leben der Bewohner. Und zwar in der Weise, dass sie Schwierigkeiten hatten, ihren Wohlstand zu halten.

Nun ist diese Lage zwar aus Sicht des Harmoniegesetzes im gro-

ßen Gesamtzusammenhang im Einklang, eben das aber empfinden die dort wohnenden Menschen ganz und gar nicht. Denn sie spüren, dass ihnen zunehmend ihre Lebensgrundlage entgleitet, und möchten das ändern. Mithilfe von Feng-Shui gelingt es nun, die Ursachen für das Befinden der Bewohner zu analysieren, um dann bewusst Veränderungen einzuleiten. In diesem Fall hieße das: Der Hang muss durch geeignete Maßnahmen, beispielsweise durch Bepflanzung oder kleine Mauern, so gestaltet sein, dass das Chi sich sammeln kann und nicht mehr abfließt.

Das Reisschalen-Prinzip

Im Idealfall sollte die Lebensenergie Chi sich um das Haus herum bewegen können und sich – wie in einer flachen Reisschale – sammeln. Dann, so heißt es in der Beobachtungswissenschaft Feng-Shui, können die Bewohner an der Fülle der Möglichkeiten des Lebens teilhaben.

In diesem Fall wurde der Aufgang im Zuge der geplanten Gartenanlage nach Feng-Shui optimiert. Statt der gerade herabführenden Treppe findet sich nun ein großer gepflasterter Bereich direkt vor dem Haus, der über ein Rondell zur eigentlichen Treppenanlage führt. Der Platz vor dem Haus ist mit niedrigen Steinmauern begrenzt, so dass das Chi sich hier ideal sammeln kann.

So wirkt das Harmoniegesetz

1. Die Bewohner haben sich in Resonanz mit dem Thema Reichtum gebracht, schon dadurch, dass sie sich dafür entschieden haben, mithilfe von Feng-Shui etwas dafür zu tun.
2. Sie haben bewusst Ursachen (Schutz des Hanges) gesetzt, um eine andere (Aus-)Wirkung (mehr finanziellen Spielraum) zu erreichen.
3. Mit Feng-Shui gelang es, die äußere Entsprechung für das Ansammeln von Vital-Chi zu schaffen. Durch Bepflanzung des Hanges und das Einbringen von einigen Steinen fließt die Energie nun nicht mehr ab, sondern kann sich wie in einem Gefäß sammeln. Und schon greift das Gesetz der Fülle, das besagt: Wir können (nur) so viel empfangen, wie wir in der Lage sind aufzunehmen.
4. Zwischen Grundstück und Haus, ebenso wie zwischen Haus und Mensch, gibt es eine Wechselbeziehung, da alles miteinander verbunden ist. Der geschützte Hang als unmittelba-

res Umfeld des Hauses wird jetzt zum Resonanzraum für die Fülle, die sich nun in Form von vermehrtem Chi sammeln kann. Und dieser vermehrte Energiezufluss wirkt sich selbstverständlich auch auf die Bewohner aus. In diesem konkreten Beispiel so, dass sich die finanzielle Situation der Familie zunächst wieder stabilisierte und dann wesentlich verbesserte. Noch heute erhalten wir regelmäßig Dankesbriefe zu unseren Geburtstagen – und es ist für uns immer wieder schön zu sehen, wie umfassend und direkt unsere Feng-Shui-Empfehlungen greifen.

Das Gesetz der Wandlung

Kommen wir nun zu einem zweiten grundlegenden Gesetz des Lebens: dem der Wandlung. Deutlich wird dieses Gesetz im Zyklus der Gezeiten: dem ersten Grün des Frühlings, der Wärme und Helligkeit des Sommers, der Reifezeit im Herbst und der sich zurückziehenden Energie des Winters. Weiter im Kommen und Gehen von Stunden, Tagen, Monaten und Jahren, die sich zu einem Leben addieren, das uns von einem Kind zum Erwachsenen und schließlich zum Greis werden lässt.

Nichts ist, wie es war, und nichts wird so bleiben, wie es ist. Das Ziel, den Kreislauf des Lebens zu erfüllen, können wir nicht beeinflussen, es geschieht mit uns. Aber den Weg, den wir gehen, können wir selbst bestimmen. Ob in Fülle und Reichtum oder Mangel und Beschränkung, ob in Liebe und Freude oder Angst und Traurigkeit. Denn was wir heute denken und tun, wird morgen bereits Realität sein. Dafür sorgt das Gesetz der Resonanz, auf das wir noch kommen werden.

Die Kräfte hinter den Dingen

Ursprünglich war das Erkennen der Wandlungen in der Natur ganz unmittelbar mit der Existenzsicherung der frühen Menschen verbunden. So war es für die Sippe überlebensnotwendig, rechtzeitig zu wissen, wann es an der Zeit war, die Häuser winterfest zu machen und Vorräte für den Winter anzulegen. Und aus diesem ganz alltäglichen Ansatz entwickelte sich eine komplexe Philosophie. Den Weisen der Vorzeit ging es nun nicht mehr nur um die offensichtlichen, für alle sichtbaren Erscheinungen, sondern um deren Ursachen. Und so entstand aus der reinen Naturbeobachtung, die immer mehr zum Allgemeingut wurde, eine Naturwahrnehmung, die unsichtbare Energien nicht nur in die Betrachtung mit einbezog, sondern diese auch als eigentliche Quelle der äußeren Welt sah. Man beobachtete die Natur auch mit dem Ziel, die hinter den Dingen wirkenden Kräfte, deren Zusammenhänge und Gesetze zu verstehen.

Zahlreiche Ansätze kennt die Philosophie der Chinesen, um die zyklischen Veränderungen zu beschreiben. Neben dem *I Ging* ist hier vor allem die Lehre der Fünf Elemente zu nennen. Anhand der Fünf Elemente Wasser, Holz, Feuer, Erde und Metall werden die gegenseitigen Wechselwirkungen des Aufbaus und der Zerstörung eindrucksvoll beschrieben. Da jedes der Elemente mit entsprechenden Analogien verknüpft ist, gelingt es nun, diese Gesetzmäßigkeiten der Wandlung besser zu verstehen.

Doch auch Formen, Farben, Materialien oder Symbole bekommen einen konkreten Bezug, und in der Folge können wir das unsichtbare Beziehungsgeflecht unserer Umgebung zunehmend entschlüsseln und ganzheitlich erfassen. Die Elemente sind auch ein bewährtes System, körperliche Prozesse im

Organismus besser zu verstehen. Denn auch hier finden sich die Entsprechungen der Elemente: So wird jedes mit einem Organsystem, einem Sinnesorgan und auf der psychischen Ebene mit Charaktereigenschaften, Emotionen und Einstellungen verbunden. Auf diese Weise entsteht ein vielschichtiges Geflecht, das durch sein »In-Beziehung-Treten« Zusammenhänge und Ursachen sichtbar macht. Dabei werden die Symptome in der Traditionellen Chinesischen Medizin (TCM) lediglich als das sichtbare Ende einer Reihe von körperlichen und seelischen Dysregulationen gesehen. Denn aus Sicht der Chinesen ist Krankheit lediglich eine Störung der Balance im Energiekreislauf, die sich letztlich in Symptomen zeigen muss.

Krankheit und Symptom

Und genau hierin liegt auch der eigentliche Unterschied zwischen der Sicht der Schulmedizin und den ganzheitlichen Therapieansätzen, zu denen auch die TCM gehört. Für die Schulmedizin beginnt eine Krankheit erst mit dem Symptom, weshalb sie sich konsequenterweise ausschließlich auf dieses konzentriert. Ist es durch Medikamente oder durch eine OP »niedergerungen«, ist auch die Krankheit »geheilt«. Was dabei vollkommen im Dunkel bleibt sind die Ursachen, die zu dem Symptom geführt haben. Und vor allem wird übersehen, dass sich nun die Ursache ein neues Symptom suchen wird.

Ganz anders die Ärzte der TCM. Ihnen stehen umfangreiche Diagnosemethoden zur Verfügung, von der Puls- und Zungendiagnostik und auch Akupunktur. Und über diese Verfahren wird es möglich, Krankheiten bereits in ihrer Entstehung zu erkennen und entsprechend zu heilen, so dass in vielen Fällen das Symptom nicht mehr notwendig ist.

Ein Beispiel aus unserer Praxis soll das illustrieren: In einem unserer Kurse lernten wir einen jungen Mann kennen, der im Management einer großen internationalen Firma arbeitete. Er kam, um sich mit der Feng-Shui-Lehre vertraut zu machen. Denn er hatte das Gefühl, dass sie auch seinem Unternehmen neue Impulse bringen könnte. So saß er dann in der ersten Reihe, immer etwas unruhig, man hatte stets den Eindruck, dass er unter massiver Anspannung stand. Wenn andere Kursteilnehmer Fragen stellten, die seiner Meinung nach schon geklärt waren, wurde er ungeduldig und trommelte mit seinen Fingern auf die Tischplatte. Sah man ihn an, fiel einem sofort der rote Kopf auf, und ganz offensichtlich hatte er auch Probleme mit der Atmung. Ab und zu strich er mit seinen Fingern über Schläfen und Stirn, um den Druck im Kopf loszuwerden.

Das Dao einer Krankheit

Als wir in der zweiten Ausbildungswoche auf die Traditionelle Chinesische Medizin kamen, um den individuellen Feng-Shui-Status zu erläutern, fügte die Autorin, die einige Jahre die TCM studiert hatte, einige praktische Beispiele an, welche die oft verblüffenden Therapieerfolge der Akupunktur und Phytotherapie illustrierten. Gleich in der nächsten Pause kam der junge Mann zu uns und bat um einen Gesprächstermin. Bei unserem Treffen erzählte er uns von seinem Leiden, das ihn seit bereits vier Jahren plagte und immer schlimmer wurde. Es begann mit einem ständig roten Kopf, den er zu Beginn aber noch nicht ernst nahm. Erst als ein quälender Kopfschmerz und Ohrgeräusche hinzukamen, konsultierte er einen Arzt.

Der Mediziner stellte massiven Bluthochdruck fest und überwies ihn weiter an einen Lungenarzt, um seine Luftnot fachärztlich abklären zu lassen. Der Lungenarzt, unterzog ihn einer Lungenfunktionsprüfung und empfahl wiederum dringend

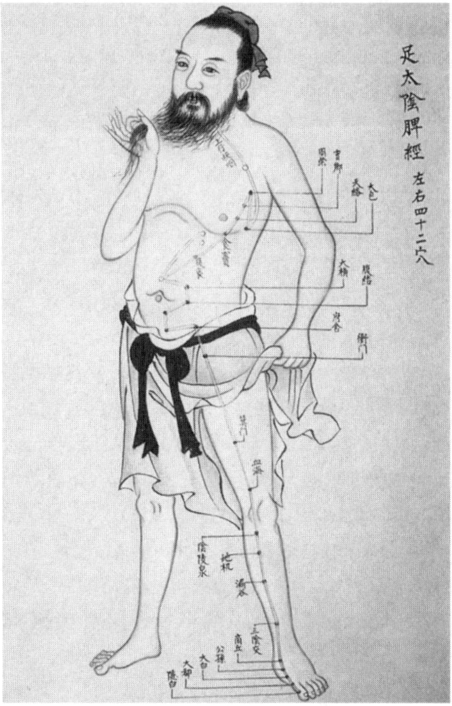

die Konsultation eines Kardiologen. Der wiederum machte mit seinem Patienten ein Elektrokardiogramm und ein Langzeit-EKG, um die Herzfunktion in verschiedenen Lebenssituationen zu überprüfen.

»Natürlich erhielt ich«, sagte unser Schüler, »reichlich Medikamente, die ich auch regelmäßig einnahm. Aber schon nach kurzer Zeit bekam ich rote, blutunterlaufene Augen und Schwindelgefühle, die mir den Alltag zunehmend erschwerten. Und nun, seit diesem Frühjahr, habe ich auch einen Heuschnupfen. Ich weiß nicht mehr, was ich noch tun kann, denn bisher konnte mir niemand wirklich helfen. Man hat bei mir so ziemlich alles festgestellt und untersucht, aber mir geht es nicht besser, im Gegenteil. Und als Sie eben von der TCM sprachen, dachte ich, ich frage Sie mal, ob Sie einen Tipp für mich haben.«

Wir empfahlen ihm einige Ärzte, die sich auf Akupunktur spezialisiert haben. Als wir uns nach sechs Wochen wiedersahen, kam der junge Mann mit strahlendem Gesicht auf uns zu. Er sagte: »Danke für den Tipp, Sie glauben gar nicht, wie wichtig dieser Kurs für mich ist. Ich bin sofort zur Akupunktur gegangen, und stellen Sie sich vor: Schon nach drei Sitzungen ging es mir so viel besser, dass ich es gar nicht glauben konnte. Und schon nach fünf Behandlungen sind die Kopfschmerzen fast verschwunden, die Schwindelgefühle auch, und sogar die Augen sind gar nicht mehr so rot. Ich fühle mich, als ob ich den ganzen Druck abgeben konnte. Es ist einfach phantastisch. Natürlich war ich auch wieder bei meinem Hausarzt und habe mir den Blutdruck messen lassen. Und jetzt kommt es: Er ist fast auf das Normalmaß gesunken. Und meine Atembeschwerden gehören schon jetzt der Vergangenheit an. Ich fühle mich wie neugeboren, und das nach sechs Wochen!«

Das erregende Leberfeuer

Solche Erlebnisse sind es, die auch uns immer wieder bewegen. Um das Thema zu einem Abschluss zu bringen, sei hier die Diagnose des Akupunkturarztes aufgeführt, der Herrn S. behandelte. Sie lautete schlicht und einfach »innerlich erregendes Leberfeuer«, und die Therapie lautete: »Ausleitung und Besänftigung der Leber.« Dies gelingt durch Akupunktur ausgewählter Punkte auf verschiedenen Meridianen, die in ihrer Gesamtheit miteinander vernetzt sind und deshalb Wirksynergien entstehen lassen, wodurch sich der Stau des Leber-Chi auflösen kann und mit ihm auch die zahlreichen Symptome, die nun nicht mehr notwendig sind.

Das Gesetz der Wandlung im Feng-Shui

In der Praxis des Feng-Shui zeigt sich das Gesetz der Wandlung aber auch zum Beispiel darin, dass wir plötzlich eine Vorliebe für bestimmte Farben, Materialien oder gar für einen neuen Einrichtungsstil entwickeln. Immer ist das ein Spiegel unseres Inneren und zeigt, dass wir uns verändert haben. So kann eine Vorliebe für ein reduziertes und schlichtes Design in der Wohnung mit dem Wunsch nach Rückzug zu tun haben. In dieser Zeit werden wir mehr zu uns finden, da die äußeren Dinge durch ihre Schlichtheit weniger Aufmerksamkeit binden. Und diese Energie kann nun nach innen fließen und uns Einsichten über unser Leben vermitteln. So eine Veränderung geht auch immer damit einher, dass wir uns von Dingen lösen, die nicht mehr zu uns gehören.

Interessanterweise hegen viele Menschen in der heutigen Zeit den Wunsch nach dieser Schlichtheit. Der Grund liegt darin, dass die Welt um uns herum immer komplexer wird. Noch nie waren Menschen einer solchen Informationsflut ausgesetzt wie heute. Täglich werden wir mit Neuigkeiten in Zeitungen, Radio, Fernsehen oder Internet überschüttet, und selbst wenn wir sie nur noch oberflächlich aufnehmen können, so binden sie einen Teil unserer Aufmerksamkeit. Dementsprechend verteilen wir unsere Aufmerksamkeitsenergie auf viele Dinge, also in die Breite. Die Folgen dieser permanenten Überreizung sind zunehmende Stressneigung, Schusseligkeit und Unkonzentriertheit, aber auch Hyperaktivität bei Kindern. Letztere bringen durch ihre Überaktivität ihre innerlich angesammelte Reizüberflutung nach außen. In all diesen Fällen kann eine ruhige, eher unifarbene Einrichtung helfen, Körper und Geist wieder in Harmonie zu bringen.

Blockierte Entwicklung

Auf der anderen Seite kann eine über Jahre gleich bleibende Einrichtung innere Wandlungsprozesse blockieren. Eine erdbetonte Einrichtung, die für Sicherheit und Stabilität steht, unterstützt uns aus Sicht des Feng-Shui für eine gewisse Zeit darin, festen Boden unter unseren Füßen zu bekommen. Irgendwann aber, wenn wir diese Erd-Energien integriert haben, kann sie auch blockierend auf Entwicklungen und Veränderungen wirken. Denn die Eigenschaft der Erde ist die Beständigkeit, und gerade die kann uns an einen längst überholten Status quo binden.

Das Gesetz der Resonanz

Lassen Sie uns nun ein Gesetz behandeln, das sehr unmittelbar auf uns wirkt. Wir meinen das Resonanzgesetz. An dieser Stelle wieder ein »Beispiel aus dem Leben«: Vor gut 15 Jahren suchten wir ein Haus in der Nähe von Freiburg. Zuvor hatten wir uns gerade bei Recherchen für ein Fachbuch intensiv mit dem Thema Elektrosmog beschäftigt. Deshalb war uns eine möglichst geringe E-Smog-Belastung (es gibt ja kaum noch Orte mit gar keiner) wichtig. Wir inserierten und gaben auch Maklern den Auftrag, für uns zu suchen. Doch wir fanden kein passendes Haus. Wohin wir auch kamen – überall war das Thema E-Smog auffällig präsent. Manchmal stand ein Trafohäuschen direkt neben dem Objekt, viele Häuser hatten Dachständer oder gar

Dachständerkreuzungen, oder es gab einen Hochspannungsmasten oder das Umspannwerk in der Nachbarschaft. Kurz und gut – es war wirklich verblüffend, aber auch erschreckend, wie sehr uns das Thema begegnete. Irgendwann wurde uns klar, dass wir unsere Suche innerlich anders formulieren mussten. Wir entschlossen uns, einfach ein schönes Haus zu finden, in dem wir glücklich sein würden. Dann ließen wir los und fanden, was wir suchten.

Was alles »mitschwingt«

Das Gesetz der Resonanz wird abgeleitet von dem Wort »resonare«, was so viel bedeutet wie »mitschwingen«. Dazu ein Erlebnis aus der Kindheit der Autorin. Bereits mit fünf Jahren begann ich am Konservatorium das Violinspiel. Es machte mir viel Freude, wenngleich ich manchmal etwas neidisch auf die Klavierspieler schaute, da sie schon mit dem Antippen einer Taste recht passable Töne hervorzaubern konnten. Das war mit der Geige anders. Hier mussten so viele Fähigkeiten gleichzeitig koordiniert werden, dass es bisweilen schon frustrierend war zu hören, dass Klavierschüler schon nach einem halben Jahr kleine Stücke spielen konnten, während wir Geiger immer noch an der Haltung, dem Strich und dem Erzeugen von sauberen Tönen, die durch millimetergenaues Drücken der Finger auf der jeweiligen Seite erzeugt wurden, übten. Und das mit einem doch eher unspektakulären Ergebnis: Denn mit mehr als ein paar – im Vergleich zu den Klavierspielern – flachen Tönen konnten wir einfach nicht aufwarten.

Doch die Monate, Jahre vergingen, und mit ihnen wuchs die Fähigkeit, dem Instrument schöne harmonische Töne zu entlocken. Und in dieser Zeit lagen einige erhebende Erlebnisse. Der Geigenunterricht fand in einer Villa statt, und oft genug übte ich in einem Raum, den ich besonders liebte. Er war mit einem honiggelben Dielenboden belegt, hatte wunderschön gerundete Fenster, und in seiner Mitte stand ein Klavier, der Notenständer direkt daneben.

Eines Tages übte ich wieder dort und spürte voller Freude, wie voluminös und harmonisch sich mein Spiel anhörte. Der ganze Raum schien sich mit meinem Geigenspiel zu füllen. Das motivierte mich derart, dass ich gar nicht mehr aufhören wollte. Als ich dann aber doch unterbrach, um die Noten für ein anderes Stück aus meiner Tasche zu holen, vernahm ich auch nach meinem Spiel noch Töne im Raum. Sie kamen vom Klavier, dessen Seiten jetzt noch mitschwangen.

Heute weiß ich: Es war das Gesetz der Resonanz, das ich an diesem Tag das erste Mal ganz bewusst erlebte. Was war passiert? Ausgelöst durch mein Violinspiel wurden die Obertöne der Klavierseiten in Schwingungen versetzt, die mit den von mir erzeugten in Resonanz standen. Und das ergab den wunderbar vollen Klang, der durch die Obertöne des Klaviers mein Spiel potenzierte.

Dieses Gesetz des Mitschwingens bei Resonanz ist ein physikalisches Prinzip, es wirkt immer und überall. So auch im Menschen selbst. Auf der körperlichen Ebene über die spezifischen Organ- und Zellschwingungen, aber auch auf der emotionalen über das, was wir in die Außenwelt senden und damit auch anziehen.

Schwingung in der Außenwelt

Genauso wie bei einem Instrument, das prinzipiell ein nahezu unbegrenztes Potential an Tönen erzeugen kann, treten jedoch nur die Schwingungen in die Außenwelt, die – durch was auch immer – aktiviert werden. Auf der anderen Seite sind auch nur sie es, die wiederum eine Resonanz in der Außenwelt erzeugen können. In unserem Beispiel heißt das: Wir erzeugen Ursachen (Violintöne), die Resonanzen bewirken (Obertöne des Klaviers) und dann von uns wieder aufgenommen werden (Hören, Ohren). Wir sind also Sender und Empfänger in einem.

Doch obwohl jeder Mensch auf einer höheren Ebene alles aufnehmen kann, kann er nur acht Prozent der gesamten Eindrücke bewusst verarbeiten. Das heißt: Mit unseren geistigen Sinnen können wir zwar die gesamte Wirklichkeit aufnehmen, aber nur einen Bruchteil dessen bewusst über unsere fünf Sinne. Und da stellt sich die Frage: Wer wählt aus, welche Inhalte ins Bewusstsein gelangen sollen, wenn es sich dabei doch nur um einen kleinen Teil der Gesamtheit handelt?

Was nehmen wir wahr?

Die Antwort lautet: Wir selbst entscheiden, was wir wahrnehmen, und damit auch, was wir erleben. Wir tun das täglich durch unsere Gedanken, Glaubenssätze und Einstellungen. Sie sind der Filter unserer Wahrnehmung und entscheiden letztlich, womit wir in Resonanz gehen können. Man kann diese Wahrheit in einfache Worte fassen: »Was wir heute denken, wird morgen Realität sein.«

Das heißt, jeder Mensch kann immer nur den Bereich der Wirklichkeit wahrnehmen, mit dem er in Resonanz ist.

In diesem Wissen liegt eine riesige Chance für die Gestaltung unseres Lebens. Denn wir können uns ganz bewusst resonanzfähig für das machen, was in unser Leben treten soll. Theoretisch würde es genügen, das innerlich zu tun, unsere Gedanken, Einstellungen und Meinungen ganz gezielt zu ändern.

Aber die Wahrheit ist, dass diese sich in der Regel über viele Jahre hin bereits in einem bestimmten Muster verfestigt haben und aufgrund des Resonanzgesetzes auch in der Außenwelt bestätigt werden. Sie sind also bei den meisten Menschen recht fest im Wesen verankert. Deshalb bietet sich der Weg des Feng-Shui an, um Veränderungen ganzheitlich anzugehen. Zudem entspricht es unserer Natur eher, die Welt und uns darin ganzheitlich zu erfassen und bei Veränderungsprozessen nicht nur auf der geistigen Ebene zu verharren. Warum also sollten wir unser Umfeld nicht so gestalten, dass wir die gewünschten Veränderungen schon äußerlich manifestieren, damit wir sie über die fünf Sinne in unseren »Wahrnehmungsfilter« integrieren können?

Das Gesetz der Resonanz im Feng-Shui

Und genau hier bietet Feng-Shui einen idealen Ansatz, mit dem es gelingt, unser Leben schöpferisch zu gestalten. Indem wir in der Umgebung Resonanzräume für das erschaffen, was wir in unserem Leben verwirklichen möchten, haben wir es im wahrsten Sinn des Wortes schon manifestiert. Dabei wird das Haus als Mikrokosmos im Markokosmos der Welt betrachtet und kann so über spezielle Feng-Shui-Entsprechungen in Einklang mit den Schöpfungsgesetzen der Welt gebracht werden. Diese Resonanz können wir auf zwei Wegen herstellen:

Über die allgemeine Resonanz, die zum Beispiel auf den ganzheitlichen Wirkungen und Analogien der Himmelsrichtungen beruht, die über das Kompass-Bagua in den Raum gebracht wird und den Bezug zum Bagua herstellt.

Oder über die individuelle Resonanz, die im Feng-Shui außerordentlich bedeutsam ist. Sie entspricht Objekten, Symbolen, Düften oder dem, was ein Mensch ganz individuell mit einem

Wunsch verbindet. Sie besitzt eine besondere Wirksamkeit, wenn sie beim Betreffenden emotional stark aufgeladen ist.

Das Gesetz der Entsprechung

Eng mit dem Gesetz der Resonanz verbunden ist das Gesetz der Entsprechung. Es besagt, dass alles auf der Welt analog miteinander verbunden ist.

Die analoge, senkrechte Wahrnehmung ist das Kennzeichen aller ganzheitlichen Lehren und gleichzeitig auch der Grund für die oft verblüffende Wirksamkeit von Feng-Shui. Denn vieles, was durch Feng-Shui geschieht, wirkt auf den ersten Blick fast wie ein Wunder. Aber nur, weil wir gewohnt sind, die Welt zu betrachten. Feng-Shui aber bezieht auch die analoge, senkrechte Wahrnehmung mit ein. Und dann werden »Feng-Shui-Wunder« einsichtig, logisch und nachvollziehbar. Sie können sogar durch Kenntnis der Entsprechungen hervorgerufen werden. Lassen Sie uns das Prinzip dieser unterschiedlichen Wahrnehmungen anhand der folgenden Übungen verdeutlichen:

Was ist der Oberbegriff für: Katze, Käfer, Hund, Pferd, Floh, Ameise?

Diese Aufgabe werden Sie locker lösen, weil wir alle gewohnt sind, auf diese Weise zu denken.

Aber wie ist es mit dieser Aufgabenstellung? Wie heißt der Oberbegriff für diese Bezeichnungen: Ratte, Wasser, schwarz, Eins, K'an, blau, mittlerer Sohn, das Abgründige, Norden?

Die Lösung dieser Aufgabe wird Ihnen vermutlich nicht (noch nicht!) gelungen sein. Denn alle oben genannten Begriffe sind nicht auf einer Ebene, sondern senkrecht miteinander verbunden. Und diese Verknüpfungen sind für uns normalerweise nicht wahrnehmbar. Feng-Shui aber kennt diese Analogieketten, die eine effektive und erfolgreiche Arbeit ermöglichen. Nebenbei: Die oben genannten Begriffe entsprechen alle dem Bagua-Bereich »Lebensreise« und stehen deshalb mit dem Trigramm K'an in Verbindung.

Im Feng-Shui bedeutet das, dass wir für ein Lebensthema unterschiedliche Entsprechungen aus den verschiedenen Ebenen des Feng-Shui einsetzen können und dass es immer mehr als eine Möglichkeit gibt.

So könnte der Holzbereich im Osten, der für das Bagua-Thema »Familie & Gesundheit« steht, auf ganz unterschiedliche Weise aktiviert werden.

Das Gesetz der Fülle

Wir alle leben in einem Meer der Fülle. Die Schöpfung ist stets bestrebt, Fülle entstehen zu lassen. Die meisten unter uns aber glauben, die Fülle sei begrenzt und es gäbe nicht genug für alle. Welch ein Irrtum! Menschen, die so denken, begrenzen sich und damit auch die Möglichkeiten der Fülle, sich in ihrem Leben zu manifestieren. Ihr mangelnder Glaube und die Zweifel, begrenzen das »In-Erscheinung-Treten« des Reichtums. Wie aber können wir Fülle anziehen?

Grundsätzlich können wir nur so viel Fülle in unserem Leben anziehen, wie wir in der Lage sind aufzunehmen. Wenn Sie also Reichtum in Ihrem Leben erlangen möchten, sollten Sie Ihre Gedanken an Mangel und Begrenzung ablegen, da sie den Strom der Fülle blockieren und laut dem Gesetz der Resonanz genau jene Mangelzustände erzeugen.

Stolzer Mangel

Es ist interessant, wie moralisch behaftet der äußere Reichtum ist. Gerade spirituelle Menschen glauben, dass beispielsweise die Verachtung des Geldes eine Voraussetzung für die geistige Entwicklung sei und an dessen Stelle Armut und Mangel treten müsse. Und viele sind sogar stolz darauf, im Mangel zu leben.

Doch das Prinzip des Lebens ist das der Fülle. Stellen wir uns einen Acker vor. Auf ihm wird immer etwas wachsen, und wenn vom Menschen nichts gesät wurde, dann wird der Wind oder ein Tier die Samen dorthin tragen. Fallen sie auf fruchtbaren Boden (das heißt, ist der Boden für den Pflanzensamen geeignet, also in Resonanz mit ihm), wird das Potential der Pflanze sich entfalten. Sie wird sich im Boden verankern, ihre Wurzeln ausbreiten und laut dem Gesetz der Fülle an Höhe und Breite zunehmen, so wie es ihr bestimmt ist. Das Gesetz der Fülle wirkt immer, doch wir haben die Wahl, die Art der Fülle zu bestimmen, die in unser Leben treten soll. Wir können den Samen bewusst auswählen. Hier greift wieder das Gesetz der Resonanz.

Die Gesetze der Schöpfung wirken in jedem Bereich, das besagt das Gesetz der Entsprechung. Wie oben, so unten – oder, um sich auf das vorige Beispiel zu beziehen: wie außen auf dem Acker, so auch innen in unserer Wohnung. Und so erleben wir immer die Fülle. Die Frage ist nur, was wir in Fülle erleben. Die Fülle an Mangelbewusstsein resultiert ebenso aus dem Gesetz der Fülle wie das unbeschwerte Leben in materieller und geistiger Fülle.

Das Gesetz der Fülle im Feng-Shui

Im Feng-Shui können wir das Gesetz der Fülle aktivieren, indem wir Raum schaffen für das Neue, das in unser Leben treten soll. In einer übervollen, unaufgeräumten Wohnung kann sich die Fülle nicht zeigen, da es – ganz einfach gesagt – keinen Raum für sie gibt. Auch auf einem dicht bewachsenen Acker können wir keine neue Pflanze setzen, sie würde nicht genügend Entfaltungsraum haben. Bereiten Sie also den Boden für das Gesetz der Fülle, indem Sie aufräumen und ausmisten, und seien Sie sich bewusst, dass alles, was Sie weggeben, Raum für Neues entstehen lässt. Und vergessen Sie dann nicht zu definieren, was sich in Ihrem Leben als Fülle zeigen soll. Da bietet Feng-Shui unendliche Möglichkeiten, auch solche, die genau zu Ihnen passen, also in Resonanz mit Ihnen sind.

Das Gesetz von Ursache und Wirkung

Wie Sie nun wissen, funktioniert Feng-Shui, weil wir bewusst Ursachen setzen für das, was wir erreichen möchten. Das gelingt, weil wir die Entsprechungen kennen, die laut der analogen Verknüpfung mit dem, was wir uns wünschen, in Resonanz stehen. Das Prinzip ist ganz einfach und logisch und auch auf der alltäglichen Ebene sofort nachvollziehbar.

Ein simples Beispiel: Sie wollen etwas verkaufen und entscheiden sich für eine Zeitungsannonce. Sie haben die Wahl zwischen sehr vielen Veröffentlichungen, angefangen von den Hochglanzmagazinen über Zeitschriften, Tageszeitungen und Anzeigenblätter. Innerhalb dieser Grundkategorien können Sie nun wieder wählen, denn es gibt natürlich unterschiedliche Magazine, Zeitschriften, Zeitungen oder Anzeigenblätter auf dem Medienmarkt. Und selbst wenn Sie dann das geeignete Medium ausgewählt haben, müssen Sie noch die passende Rubrik wählen, in der Ihre Anzeige erscheinen soll.

Der Erfolg potenziert sich, je besser es Ihnen gelungen ist, die Anzeige dort zu platzieren, wo mögliche Käufer sie auch finden. Sie setzen die Ursache ganz bewusst und erreichen die gewünschte Wirkung. Vielleicht nicht immer auf Anhieb, aber wenn Sie am Ball bleiben, haben Sie irgendwann Ihr Ziel erreicht.

Das Gesetz von Ursache und Wirkung im Feng-Shui

Vielleicht denken Sie jetzt: Das ist doch alles ganz klar, darüber braucht man doch gar nicht zu reden. Ja, das ist es in der Tat. Doch nur deshalb, weil uns hier das Prinzip zwischen Ursache und Wirkung bekannt ist. Wir wissen, dass nur, wenn A passiert, B entstehen kann. Wir kennen also die Verbindung von A nach B, weil sie unserer Alltagswirklichkeit entspricht. Aber was macht den Unterschied zwischen diesem Alltagsgeschäft und dem erfolgreichen Feng-Shui aus? Im Grunde ist es nur dies: Ist bei Ersterem die Verbindung zwischen der Ursache und der Wirkung klar und offensichtlich, sind die verbindenden Fäden zwischen der Aktivierung des Potentials und dessen Auswirkungen beim Feng-Shui-Erfolg für die allermeisten Menschen unsichtbar. Unsichtbar, da wir gewohnt sind, linear zu denken. Verändern wir aber unseren Blickwinkel und damit unsere Wahrnehmung, werden über die lineare Ebene hinaus die ganzheitlichen Verknüpfungen und Analogien erfahrbar, die das unsichtbare Geflecht zwischen Ursache und Wirkung verbinden.

Ein Beispiel für die Aktivierung »unsichtbarer« Ursache-Wirkung-Zusammenhänge beschreibt auch das Prinzip der Horizontalen Verbindung. Hier wird das reale Abbild »Baum« mit dem Bereich im Raum verbunden, der sich mit ihm in Reso-

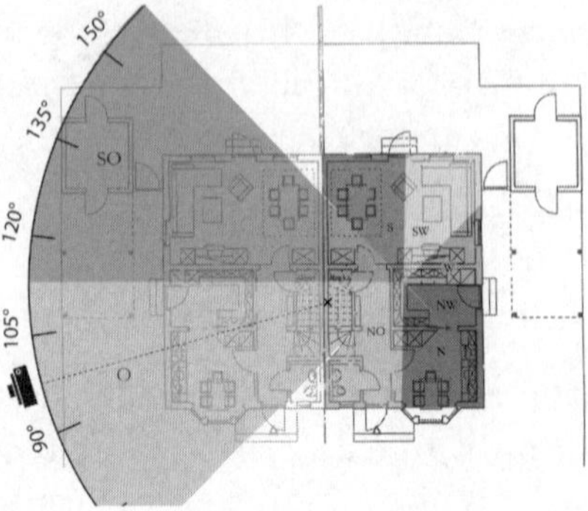

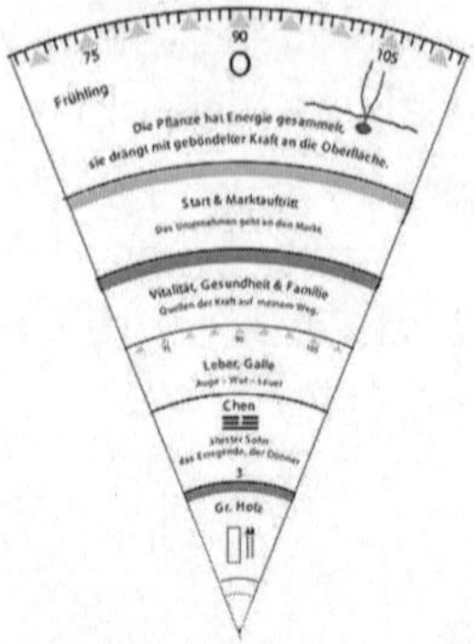

nanz befindet. Als Koordinationssystem dient die gemessene Gradzahl auf dem Kompass, die den Bezug zwischen Außen und Innen herstellt. Der Grund für die Wirksamkeit dieser Feng-Shui-Maßnahme: Alle Analogien (Baum, Element Holz, Himmelsrichtung, Gradzahl, Raumbereich) sind über das Gesetz der Entsprechung miteinander verbunden, wie das Ost-Segment des COS zeigt.

Das Innere Feng-Shui

Wir haben nun auf den vorangegangenen Seiten umfassend über das Feng-Shui unseres Umfelds geschrieben. Nun soll es um einen weiteren wichtigen Aspekt gehen, das Innere Feng-Shui. Wie Sie längst wissen, ist alles miteinander verbunden und beeinflusst sich gegenseitig. Das Ziel von Feng-Shui ist, das äußere Umfeld ganz bewusst so zu gestalten, dass es unsere Lebenswünsche und Entwicklungen fördert. Dazu bietet die Harmonielehre viele Wege und Möglichkeiten an. Und normalerweise müsste nun jeder in Wohlstand, Gesundheit und einer glücklichen Partnerschaft leben. Doch das ist ja offensichtlich nicht so. Funktioniert also Feng-Shui doch nicht? Oder müssen wir den Rahmen dieser Lehre nochmals um eine Dimension erweitern?

Letzteres ist der Fall: Lassen Sie uns das an einem Beispiel erläutern. Nehmen wir an, Herr B., der eher in bescheidenen Verhältnissen lebt, möchte seinen Reichtum und Wohlstand stärken. Seine Wohnung ist analysiert worden, der Grundriss wurde harmonisiert und der Wunschbereich, der des Reichtums, entsprechend aktiviert. Gehen wir nun einmal weiter davon aus, dass aus Feng-Shui-Sicht alles richtig und umfassend behandelt wurde. Und doch passiert nichts, was spürbar auf eine Erfüllung dieses Bereichs hindeutet. Woran kann das liegen?

Auf den vorherigen Seiten über die Gesetze des Lebens ist deutlich geworden, dass es immer einer Resonanzfähigkeit für das

Anziehen von bestimmten Energien bedarf. Und diese Resonanz bezieht sich nicht nur auf die Raumebene, sondern natürlich auch auf den Menschen selbst. Das heißt, wenn Herr B. nicht in Resonanz mit der Energie des Reichtums ist, dann kann er sie nicht anziehen und in der Folge auch nicht verwirklichen.

Was Wünsche blockiert

Wir können uns also selbst im Wege stehen, weil wir innerlich (noch) nicht bereit sind für Veränderungen. Den meisten Menschen sind diese blockierenden Gedanken, Einstellungen, Meinungen oder Verhaltensweisen aber nicht bewusst.

Doch gerade sie sind der Filter dessen, was wir wahrnehmen können, und deshalb erleben wir das, was wir denken. In unserem oben beschriebenen Fall, bei unserem Herrn B., war es die tief sitzende Moralvorstellung, dass dem Geld grundsätzlich etwas Negatives anhaftet. Und dass Menschen, die darüber im Überfluss verfügen, eher materialistisch geprägt und vom Charakter her nicht edel sind. Über viele Jahre hat sich in Herrn B. dieser Glaubenssatz manifestiert, der nun schon recht tief in seinem Wesen verankert ist.

Und mit dem, was Sie über die geistigen Gesetze wissen, brauchen wir an dieser Stelle nicht mehr erläutern, warum es auch mit Feng-Shui bei so festsitzenden Prägungen nicht unmittelbar gelingt, Lebenswünsche zu verwirklichen.

Aber mit Feng-Shui können wir den Weg über das Äußere, also die bewusste Gestaltung von Räumen, gehen, indem wir sie in Resonanz mit Formen, Farben und Symbolen bringen, die eine innere Verbindung zu dem Thema haben, das wir in unser Leben bringen möchten. Und durch die Veränderung des Umfelds wird sich auch in unserem Inneren etwas verändern, Entwicklungen werden eingeleitet.

Es ist also durchaus sinnvoll, nach der Bewusstwerdung der einengenden Sicht- und Verhaltensweisen auch äußere Resonanzen zu schaffen, die uns dabei unterstützen, uns aus eingefahrenen Denk- und Verhaltensmustern zu befreien.

Wer die Harmonielehre auf diese Weise verstehen lernt, dem bieten sich ungeahnte Möglichkeiten, das Umfeld als Spiegel unseres Selbst zu erkennen. Und dabei wird dann deutlich, wie auch unbewusste Denk- und Verhaltensmuster mit den äußeren Verhältnissen zu tun haben, in denen wir leben.

Unser Umfeld wird mit Feng-Shui also ganz direkt zu einem wichtigen Erfahrungsfeld für unsere Erkenntnisfähigkeit und Selbstverantwortung. Da alles miteinander verbunden ist, die Umgebung und das Haus, unsere Wohnung und unsere physisch-psychische Existenz, wirkt sich jede Veränderung – auf welcher Ebene auch immer – auf unser Leben aus. Das zeigt sich dann beispielsweise darin, dass, wenn das äußere Umfeld nicht mehr mit unserem Inneren im Einklang ist, wir oft den Wunsch nach Veränderung in uns spüren.

Wenn wir also nun mit Feng-Shui bestimmte Raumbereiche behandeln und in Resonanz mit unseren Zielen bringen, dann werden uns auf diese Weise bisher unbewusste Kreisläufe zwischen unserem So-Sein und der Umwelt bewusst. Durch Veränderung der äußeren Räume können wir diese und deren ungewünschte Wirkungen unterbrechen und unser Leben in eine neue Richtung lenken.

Wir sind also nicht Opfer unseres Lebens. Wir sind Schöpfer: hier, heute, an jedem Tag unseres Lebens. Das zu erkennen und danach zu leben ist unsere wichtigste Aufgabe. Feng-Shui bietet Möglichkeiten, Sie auf diesem Weg zu begleiten.

Verbindung zwischen Innen und Außen

Dabei unterscheidet sich das ganzheitliche Konzept von Feng-Shui ganz direkt von allen anderen Philosophien, denn es erkennt nicht nur Zusammenhänge, sondern bringt sie darüber hinaus auch in einen Bezug zueinander. Ebenso, wie wir die Energiemuster unseres Umfelds über die Analyseebenen der chinesischen Philosophie in ihrem Wesen erfassen können, so gelingt das auch bei den Menschen. Dabei stellt die Traditionelle Chinesische Medizin, die ja ebenso wie Feng-Shui aus der chinesischen Philosophie erwachsen ist, einen über Jahrtausende gewachsenen und bewährten Erfahrungshintergrund dar, auf den wir heute zurückgreifen können.

Denn jedem der Fünf Elemente wird in der chinesischen Medizin ein Organsystem zugeordnet und jedem Organ eine Entsprechung im Gefühlsleben. Wenn Körper und Seele eine Einheit sind, können Gefühle nicht isoliert von Organfunktionen betrachtet und behandelt werden. Und deshalb löst jedes Übermaß – auf welcher Ebene auch immer – eine Disharmonie im gesamtenergetischen System aus. Es ist daher nur logisch, dass Emotionen, die lange vorherrschen oder besonders stark ausgeprägt sind, auf eine gestörte Balance hinweisen. Umgekehrt heißt das, dass wir anhand des persönlichen Befindens Rückschlüsse auf das Wirken der Fünf Elemente im körperlich-seelischen Bereich ziehen können.

Der Kreislauf der emotionalen Prägungen

Erweitern wir nun unseren Blickwinkel, wird deutlich, dass Gedanken und Emotionen immer in ursächlichem Zusammenhang stehen und dass sie sich nach einer gewissen Zeit zu Meinungen, Einstellungen und dann schließlich zu Glaubenssätzen und Verhaltensweisen verdichten können. Und – hier

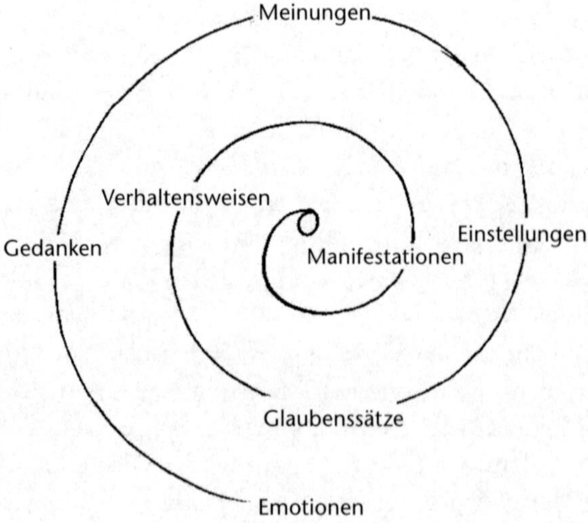

schließt sich der Kreis – diese sind natürlich wieder eng mit unserer Gefühlswelt verbunden. Um Feng-Shui ganzheitlich zu praktizieren, müssen wir lernen, den Kreislauf der äußeren Entwicklung mit dem der inneren zu verbinden.

Und nun kommt wieder ein alter Bekannter ins Spiel: der Circle of Success, der den Zyklus der Schöpfungsgesetze beschreibt. Anhand des COS wird es nun möglich, innere Blockaden, die uns bei der Erfüllung bestimmter Lebensziele im Weg stehen, deutlich zu machen und sie im Gesamtzusammenhang zu betrachten. Haben wir sie erst einmal bewusst erkannt, so können wir mit Feng-Shui deren Auflösung wirkungsvoll unterstützen.

Der COS – Kompass der Persönlichkeitsentwicklung

Alle Veränderungsprozesse benötigen Zeit, da sie sich harmonisch und im Einklang mit der Persönlichkeit vollziehen müssen. Der Prozess beginnt zunächst mit der Entdeckung der Ist-Situation, um Ihren persönlichen Energiestatus festzustellen, der sowohl konstruktive Potentiale als auch Blockaden sichtbar machen wird. Bei dieser Selbsterfahrung möchten wir Sie mit Fragebögen begleiten und Sie einladen, Ihre Ist-Situation sowohl analytisch als auch intuitiv zu erfassen. Beim nächsten Schritt geht es dann darum, die Transformation der Blockaden einzuleiten.

Der Circle of Success (COS) beschreibt den Entstehungszyklus des Erfolgs. Er beruht auf Naturbeobachtung und spiegelt die Gesetze der ewigen Wandlung wider. Da diese Gesetze grundlegend und allumfassend sind, können diese Schöpfungsgesetze auf jeden Bereich des Lebens übertragen werden.

Wir möchten Sie dazu anregen, diesen Kreislauf des Erfolgs über die Raumebenen hinaus für Ihre Persönlichkeitsentwicklung zu nutzen.

Damit die Energien im Zyklus sich umfassend entfalten können und sich von einer Phase in die nächste fortsetzen, ist es notwendig, dass in jeden Bereich Energie (in welcher Form auch immer) investiert wird. Hier steht der Begriff »Energie« für die bewusste Erfüllung eines jeden Bereichs, und zwar auf der Ebene, auf der wir uns gerade befinden.

Ein Beispiel aus der Natur

Ein Samen wird gesät. Ob er sich entwickeln kann, hängt davon ab, in welche Erde (wo?) und zu welchem Zeitpunkt (wann?) er gesetzt wird. Wird nicht im Einklang mit den Naturgesetzen gehandelt, hört der Zyklus schon hier auf, sich weiterzuentwickeln.

Wurde aber in Harmonie mit den Naturgesetzen agiert, hat der Samen den richtigen Nährboden und damit die Möglichkeit zum Wachstum. Er geht in die nächste Phase des COS (Ken, NO) über. Hier kann er die Nährstoffe aus der Erde (wenn es die richtige war!) aufnehmen, bis sich genügend Energie angesammelt hat, die ihn dann in eine neue Erfahrungsebene (an die Erdoberfläche, Chen, Osten) bringt.

Nur wenn die Pflanze an der Erdoberfläche angelangt ist, kann sie die neue Erfahrungsebene erleben, wachsen und sich dem Licht entgegenstrecken. Nach dem ersten Höhenwachstum beginnt dann die Phase der Ausweitung (Sun, SO), die allerdings nur dann gelingt, wenn sich die junge Pflanze im Boden gut verankert (Wurzelbildung = Ken-Phase) hat. Nach zunehmender Verzweigung können sich Blüten entwickeln, sie sind die Krönung und beenden das aufsteigende Yang. Nur wenn sich Blüten gebildet haben, können Samen entstehen, aus denen dann wiederum Früchte entwickeln …

Die zwei Seiten des COS

Dieses Beispiel macht deutlich, dass in jedem Lebensbereich des COS eine Möglichkeit der Fortentwicklung, aber auch der Stagnation existiert. Wer nicht richtig sät (zur rechten Zeit, im richtigen Boden), wird keine Früchte ernten. Während die Investi-

Die Energien des Circle of Success (COS)

- Die Energien, die uns in den Bereichen des COS konstruktiv zur Verfügung stehen und weiterbringen, stehen für den transformierten Zustand.
- Die Energien, die uns in einzelnen Bereichen des COS behindern, stehen für einen blockierten Zustand.
- Mit dem Begriff »Energien« sind in diesem Zusammenhang gemeint: Einstellungen, Verhaltensweisen, Eigenschaften, Leitbilder – also alles, was Sie so sein lässt, wie Sie sind.

tion (von Energie) in jeden Bereich des COS der Garant dafür ist, in den Genuss der Ergebnisse aus dem gesamten Kreislauf zu kommen, führt die Stagnation letztlich dazu, dass der Zyklus blockiert ist und sich nicht weiterentwickeln kann.

Dieser Kreislauf des Erfolgs lässt sich als logische Konsequenz auch auf Ihre individuelle Situation übertragen. Es ist klar, dass ein jeder sich Erfolg für seine Unternehmungen wünscht, und doch erreichen dieses Ziel nicht alle. Bei einer näheren Analyse stellt sich dann immer wieder heraus, dass es in bestimmten Bereichen des Lebenskreislaufs (COS) noch Blockaden gibt, die teilweise bewusst, oft aber auch unbewusster Natur sind. Und sie halten – bildlich gesprochen – unsere Energien in diesem bestimmten Bereich fest, so dass er sich nicht wie gewünscht entwickeln kann.

Der COS auf der persönlichen Ebene

Auf der persönlichen Ebene bedeutet das, dass wir jeden Abschnitt des COS mit Leben, mit Energie füllen müssen. Dann

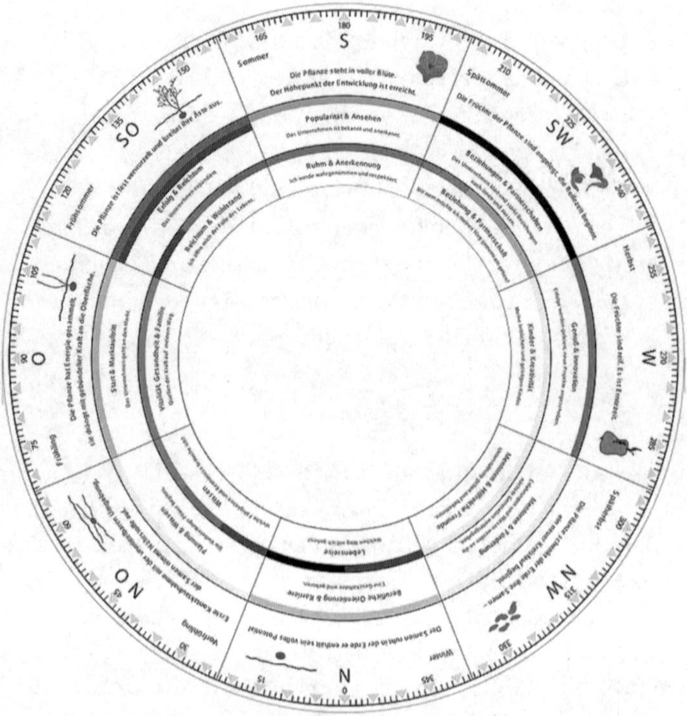

wird sich entsprechend der Schöpfungsgesetze der Natur jede nachfolgende Bagua-Energie logisch daraus ergeben. Wenn wir nicht in den Genuss einer vom Bagua repräsentierten Energiequalität kommen, so liegt es daran, dass wir in den davorliegenden Abschnitten noch ein Defizit haben.

Beispiel

Der Bioladen

Da ist der Fall einer selbstständigen Geschäftsfrau, die aus einer anderen Stadt kommend einen eingeführten Bioladen übernimmt. Auch zuvor hat sie bereits in diesem Bereich gearbeitet. Es ist ihr sehr wichtig, biologisch ganzheitlich angebaute Waren zu verkaufen, um ein Gegengewicht zur energetisch leeren Fertignahrung zu bieten, und sie kann sich nichts anderes vorstellen. Der Laden, den sie übernahm, war im Umkreis eingeführt und lief immer gut. Bis sie kam. Plötzlich blieben die Kunden aus, und der Umsatz brach ein. Woran lag das? Die COS-Analyse zeigt: Die Energie von K'an, die mit der beruflichen Orientierung in Resonanz steht, erfüllt Frau M. ganz sicher. Auch die notwendigen Fähigkeiten und das Wissen bringt sie mit, womit auch die Ken-Energie, die mit diesem Bereich verbunden ist, energetisch erfüllt ist.

Da es aber nicht zu den Umsätzen kommt, die man eigentlich erwarten müsste, verwirklicht sich der Bereich Fülle und Reichtum nicht. Schnell wurde die Ursache klar: Frau M. hat sich mehr oder weniger als »Fremde in den eingeführten Laden geschlichen«. Niemand kannte sie, und so entstand eine Schwellenangst vor der »Neuen«. Dies wurde auch noch über die Neugestaltung des Ladens forciert.

Kurz und gut: Alles Bewährte war mit einem Schlag etwas Neuem, Unbekannten gewichen. Und wie die Menschen eben so sind: Viele scheuen vor dem Fremden zunächst zurück.

Wie also lautete unsere Empfehlung? Neben einigen Veränderungen im Laden war es das Wichtigste, den Start des Geschäfts zu feiern. Frau M. war begeistert von der Idee, und schon drei Wochen danach bekamen wir eine Einladung zur Eröffnungsfeier. Als wir ankamen, fanden wir Auto an Auto in der Straße vor, und auf dem Hof drängten sich die Menschen. Frau M. hatte eine liebevolle Feier ausgerichtet mit einer Tombola für die Kinder und zahlreichen Spezialitäten aus ihrem Geschäft. Ein voller Erfolg, wie sie uns selbst sagte. Und seitdem ist ihr Biolädchen immer gut besucht!

Erkennen und entfalten Sie Ihr Potentiale

Nun aber soll es um Sie gehen. Wir möchten Sie einladen, mit dem COS Ihre persönlichen Potentiale, die mit dem jeweiligen Bagua-Bereich in Verbindung stehen, zu entdecken. Und in einem zweiten Schritt zu erfahren, wo es noch Defizite und Blockaden gibt, die Sie an der Erfüllung dieses Lebensthemas hindern.

Wir stellen Ihnen zwei Wege vor, sich mit den Energien des Bagua vertraut zu machen:

- Die Selbsterfahrungsübung zur Entdeckung Ihrer transformierten und blockierten Potentiale und
- die Bagua-Fragebögen, die über gezielte Fragen einen Einblick in Ihre persönliche Situation erlauben.

Unsere Empfehlung für die Praxis

Wir empfehlen das folgende Vorgehen. Beginnen Sie zunächst mit der intuitiven Erfassung Ihrer Situation über die nun folgende Selbsterfahrungsübung, und überlassen Sie sich Ihren Gedanken, Emotionen und Bildern. Erst danach sollten Sie die Bagua-Fragebögen ausfüllen und die Ergebnisse reflektieren. Der Vorzug dieser Vorgehensweise liegt darin, dass Sie noch vollkommen frei, offen und ohne andere Einflüsse für Ihre Wahrnehmung sind. Nur wenn Sie überhaupt keinen Zugang zu Ihrer inneren Situation bekommen, empfehlen wir, zuerst die Bagua-Fragebögen zu bearbeiten.

Selbsterfahrungsübung: Meine transformierten und blockierten Potentiale im COS

Tragen Sie in das Übungsblatt »Meine transformierten Potentiale im COS« auf Seite 284 die Eigenschaften und Fähigkeiten ein, die Ihnen in diesem Bereich bisher geholfen und die Sie weitergebracht haben.

Tragen Sie danach in das Übungsblatt »Meine Blockaden im COS« auf Seite 285 die Eigenschaften, Gedanken oder Überzeugungen ein, die Ihnen bei der Erfüllung des jeweiligen Bereichs im Weg stehen.

Beachten Sie bitte, dass es sich bei dieser Übung um den Ist-Status handelt. Die nachfolgenden Fragen sind als Anregung für Ihre Analysen mit dem Circle of Success gedacht.

Was denken und fühlen Sie zum Thema xxx?
Was fällt Ihnen als Erstes zu diesem Bereich ein?
Wie sehen Sie sich in diesem Bereich?
Was ist Ihre »beste« Eigenschaft in Bezug auf ...
Was ist Ihre schlechteste Eigenschaft in Bezug auf ...
Wovor haben Sie Angst?
Sind Sie aktiv in diesem Bereich?

Meine transformierten Potentiale im COS

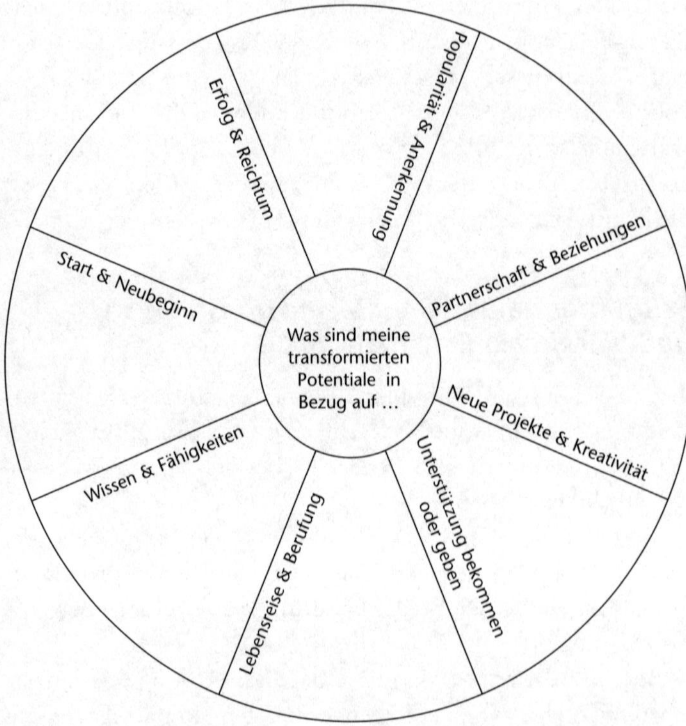

Achten Sie auch auf Stimmungen oder Bilder, die entstehen, wenn Sie einen bestimmten Bereich bearbeiten. Sie sind immer ein Wegweiser zu Ihrer inneren Wahrheit und können deshalb helfen, blockierte Potentiale zu entfalten. Bilder, die wir empfangen, entspringen der tieferen Seelenebene und haben Einfluss auf unser Unbewusstes, das uns wiederum steuert.

Meine Blockaden im COS

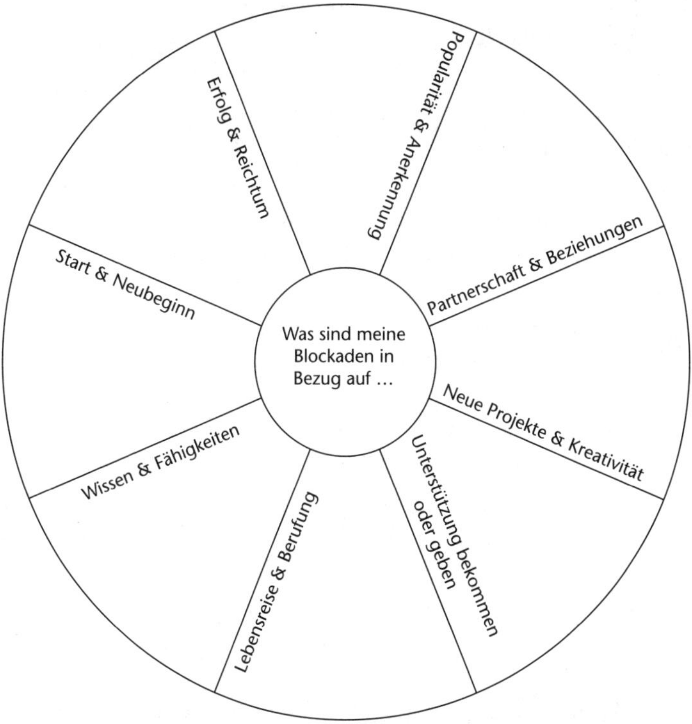

Die Auswertung der Übung zum transformierten und blockierten Ist-Zustand im COS

Sie haben nun Ihre Licht- und Schattenanteile für jeden Bereich des COS erarbeitet. Beide sind wie zwei Seiten einer Medaille, sind das Yin und Yang Ihrer Persönlichkeit in diesem Bereich des Circle of Success.

Bevor Sie nun damit beginnen, die stagnierten und Sie bindenden Energien umzuwandeln, damit Sie diese Potentiale nutzen können, vorab noch ein paar Worte zum Wesen der Blockaden.

Bei den Blockaden unterscheiden wir bewusste und unbewusste. Solche, die uns bewusst sind, können wir verändern. Die unbewussten holen wir durch die Bewusstwerdung ans Licht – ein erster Schritt zur Transformation. Nach der Beendigung der vorangegangenen Übung haben Sie bereits einige Ihrer unbewussten Blockaden in bewusste verwandelt.

Der Weg vom Schatten zum Licht kann also folgendermaßen beschrieben werden:

unbewusste Blockade → bewusste Blockade → Wandlung/ Transformation → transformierter Zustand

Nun geht es darum, die blockierten Energien des Bereichs, den Sie gerade bearbeiten wollen, zu transformieren. Denn jede Blockade nimmt Ihnen Energie und hält Sie fest. Wie viel leichter wäre der Weg, wenn Sie frei über diese Energie verfügen könnten!

Da das Unbewusste mit Bildern und der Vorstellungskraft arbeitet, können wir es auch am besten mit Bildern erreichen.

Ihre Wandlungsgeschichte

Wir schlagen Ihnen deshalb folgendes Vorgehen vor: Entwickeln Sie Ihre persönliche Wandlungsgeschichte. Überlegen Sie sich, wie Sie anhand der positiven Eigenschaften und Fähigkeiten, die Sie für den entsprechenden oder aber auch für andere Bagua-Bereiche herausgefunden haben, die Blockaden verwandeln könnten. Kleiden Sie dies in eine Geschichte.

Beim nächsten Schritt geht es darum, Ihre Geschichte mit Bildern aufzuladen. Das ist wesentlich für den Vorgang und macht Ihre Geschichte zur Wandlungsgeschichte. Schließen Sie deshalb die Augen, und stellen Sie sich Ihre Blockaden vor. Wie sehen sie aus, wie fühlen sie sich an? Wenn Sie Ihre Blockaden vorab schon als Bilder empfangen haben, so können Sie diese direkt für die Transformationsübung verwenden. Sehen Sie die Situationen und Bilder an, die nun erscheinen. Entfernen Sie sich dann immer mehr von der Sie blockierenden Situation, so dass die Szene vor Ihrem geistigen Auge immer kleiner wird (das Sinnbild dafür, dass Ihre Blockaden sich zunehmend auflösen). Entfernen Sie sich so lange, bis letztlich nur ein kleiner schwarzer Punkt übrig bleibt, der schließlich auch im Nichts verblasst.

Dies ist der Wendepunkt! Jetzt wandeln Sie mithilfe der Geschichte, die Sie sich vorab überlegt haben, Ihre gebundene Energie in frei transformierte Energie. Stellen Sie sich vor, wie aus dem Nichts wieder ein Punkt erwächst, doch dieses Mal ist er weiß, alles erstrahlt aus ihm. Sie gehen näher und sehen, wie Sie … (Lassen Sie hier Ihre Wandlungsgeschichte vor dem geistigen Auge ablaufen. Wichtig ist, sie mit vielen positiven Gefühlen aufzuladen. Also freuen Sie sich, dass Sie es nun geschafft haben, Ihre Blockade zu überwinden.)

Beziehen Sie auch Ihre vorab in der Übung: »Meine transformierten Potentiale« ermittelten Motive mit ein und verbinden Sie diese mit Ihrer »Wandlungsgeschichte«. Diese sind sehr kraftvoll und entfalten dann eine unglaubliche Dynamik.

Resonanzräume schaffen: Feng-Shui-Unterstützung im Außen

1. Nun setzen Sie Ihr Wissen über Feng-Shui ein und nutzen den Raum als Unterstützung von außen. Achten Sie auf den Energiestatus des COS-Sektors, auf den sich Ihre Entwick-

lungsarbeit gerade bezieht. Auf diese Weise verstärken Sie die Wirkung, weil der Raum im Außen ebenfalls in Resonanz mit der gewünschten Transformationsenergie ist, die Sie nun nochmals unterstützt.

2. Räumen Sie auf, machen Sie ein Clearing.
3. Aktivieren Sie den entsprechenden Raumbereich mit konstruktiven Aussagen, und zwar mit denen, die Sie bei Ihrer Wandlungsgeschichte eingesetzt haben. Verwenden Sie Bilder, Aussagen oder Symbole, etwas, was Sie innerlich »gesehen oder gefühlt« haben. So könnten Sie auch den zweiten Teil Ihrer Wandlungsgeschichte, den, der sich auf die Umwandlung der Blockaden bezieht, abschreiben, einrahmen und ihn dann in den Bereich des Raumes hängen, der mit dem dazugehörigen Bagua-Bereich verbunden ist. Das heißt, wenn Sie eine Wandlung im Bereich »Fülle & Reichtum« einleiten möchten, dann sollte das Geschriebene im Südosten, wenn es aber um »Beziehung & Partnerschaft« geht, im Südwesten aufbewahrt werden.
4. Eine andere Möglichkeit: Fertigen Sie eine Fotocollage, die bereits den positiven Wunschzustand für dieses Lebensthema zeigt. Achten Sie darauf, dass diese Collage sich auf Sie persönlich bezieht, am besten, Sie verwenden Bilder von sich.

Ihr persönlicher Bagua-Fragebogen

Wir haben für Sie diese Fragebögen für jeden Bagua-Bereich ausgearbeitet, mit denen Sie Ihren Energiestatus im Zyklus des COS tiefer erfassen können.

Fragebogen: Lebensreise & Beruf

Kreuzen Sie an, Frage trifft zu:	**Immer**	**Fast immer**	**Häufig**	**Manchmal**	**Nie**
Anzahl der Punkte	**4**	**3**	**2**	**1**	**0**
A Ich weiß in meinem tiefsten Inneren, was das Richtige für mich ist.					
B Wenn ich etwas zu entscheiden habe, gehe ich vorab in mich, um zu spüren, ob es gut für mich ist.					
C Mein Tätigkeitsfeld umfasst Themen, die mich wirklich interessieren.					
D Ich gehe Dingen auf den Grund.					
E Ich weiß genau, was ich will, und richte mein Leben danach aus.					
F Ich bin nicht auf Abwechslungen von außen angewiesen. Ich bin auch gern allein.					
G Es ist mir wichtig, dass das, was ich tue, auch einen Sinn hat.					
H Ich habe Vertrauen in die Zukunft. Alles wird sich schon so entwickeln, wie es richtig ist.					

Fragebogen: Wissen & Fähigkeiten

Kreuzen Sie an, Frage trifft zu:	**Immer**	**Fast immer**	**Häufig**	**Manchmal**	**Nie**
Anzahl der Punkte	**4**	**3**	**2**	**1**	**0**
A Bevor ich mit etwas nach außen gehe, muss ich es wirklich verstanden haben.					
B Ich kann Fachbücher so lesen, dass ich das Wesentliche sofort finde.					
C Prüfungssituationen machen mir keine Angst, weil ich mich so vorbereite, dass ich den Stoff beherrsche.					
D Ich kenne meine speziellen Fähigkeiten und Talente und fördere sie auch.					
E Ich lerne viel, leicht und gern.					
F Ich lebe sehr bewusst und nehme mit allen Sinnen auf.					
G Wenn ich ein Prinzip verstanden habe, kann ich es leicht auch auf andere Bereiche übertragen.					
H Wenn mir etwas zustößt, frage ich mich auch, was ich damit zu tun habe.					

Fragebogen: Start & Neubeginn

Kreuzen Sie an, Frage trifft zu:	Immer	Fast immer	Häufig	Manchmal	Nie
Anzahl der Punkte	**4**	**3**	**2**	**1**	**0**
A Ich habe die Tendenz, leicht ungeduldig zu werden, wenn Dinge mir zu lange dauern.					
B Wenn ich mich für etwas entschieden habe, möchte ich es auch schnell in die Welt bringen.					
C Ich bin sehr mutig.					
D Ausreichende Bewegung ist mir sehr wichtig.					
E Ich trage am liebsten sportliche Kleidung.					
F Im Urlaub liebe ich Abenteuer, ich buche die Unterkunft vorab nur, wenn es unbedingt sein muss.					
G Ich liebe es, etwas zu erleben, und gehe nach der Arbeit gerne weg.					
H Ich glaube, es ist wichtig, nicht lange zu reden, sondern zu starten. Man kann ja dann immer noch optimieren.					

Fragebogen: Erfolg & Reichtum

Kreuzen Sie an, Frage trifft zu:	Immer	Fast immer	Häufig	Manchmal	Nie
Anzahl der Punkte	**4**	**3**	**2**	**1**	**0**
A Geld ist kein Problem für mich.					
B Ich verfüge über ein großes Netzwerk von Menschen, die mir unterstützend zur Seite stehen.					
C Es fehlt mir an nichts im Leben.					
D Existenzsorgen – was ist das? So etwas kenne ich nicht.					
E Ich habe ein entspanntes Verhältnis zum Geld.					
F Ich habe in finanziellen Angelegenheiten ein gutes Händchen.					
G Ich gewinne häufig etwas.					
H Ich kann gut Netzwerke aufbauen und erhalten.					

Fragebogen: Popularität & Anerkennung

Kreuzen Sie an, Frage trifft zu:	**Immer**	**Fast immer**	**Häufig**	**Manchmal**	**Nie**
Anzahl der Punkte	**4**	**3**	**2**	**1**	**0**
A Ich genieße es, in der Öffentlichkeit zu stehen.					
B Ich bin anerkannt.					
C Wenn ich von etwas überzeugt bin, bin ich Feuer und Flamme. Ich kann dann auch andere begeistern.					
D Es fällt mir leicht, Menschen von meinen Qualitäten zu überzeugen.					
E Wo ich auch bin, ich stehe eigentlich immer im Mittelpunkt.					
F Es fällt mir leicht, die Karrierestufen hinaufzusteigen.					
G Ich erhalte eigentlich immer Bestätigung/Anerkennung von anderen.					
H Ich errege mit meiner Kleidung auch gerne mal Aufsehen.					

Fragebogen: Beziehung & Partnerschaft

Kreuzen Sie an, Frage trifft zu:	Immer	Fast immer	Häufig	Manchmal	Nie
Anzahl der Punkte	**4**	**3**	**2**	**1**	**0**
A Eine harmonische Partnerschaft ist mir sehr wichtig.					
B Wenn es Zwistigkeiten gibt, versuche ich immer zu vermitteln.					
C Ich finde, man sollte im Leben Struktur und Ordnung haben.					
D Ich mag eine große Familie.					
E Stabilität und Beständigkeit sind für mich die wichtigsten Kriterien einer Partnerschaft.					
F Ich achte immer darauf, mich in wichtigen Bereichen abzusichern.					
G Meinen Urlaub buche ich vorab, ich weiß schon vorher gerne, wo ich hinkomme.					
H Wenn ich die Wahl hätte zwischen Beruf und Familie, würde ich immer die Familie wählen.					

Fragebogen: Neue Projekte & Kreativität

Kreuzen Sie an, Frage trifft zu:	Immer	Fast immer	Häufig	Manchmal	Nie
Anzahl der Punkte	**4**	**3**	**2**	**1**	**0**
A Ich bin kreativ und kann Dinge auch umsetzen.					
B Genaues, gut strukturiertes Arbeiten ist mir wichtig.					
C Ich bringe Sachverhalte gerne auf den Punkt.					
D Ich lege Wert auf ausgewählte Qualität in allen Bereichen.					
E Neue Projekte finde ich spannend.					
F Ich genieße das Leben in vollen Zügen.					
G Ich kann klar äußern, was und worauf es mir ankommt.					
H Ich entwickle Projekte so lange weiter, bis sie für mich innerlich stimmig sind.					

Fragebogen: Hilfreiche Freunde & Mentoren

Kreuzen Sie an, Frage trifft zu:	Immer	Fast immer	Häufig	Manchmal	Nie
Anzahl der Punkte	**4**	**3**	**2**	**1**	**0**
A Ich bin eigentlich immer zur rechten Zeit am rechten Ort.					
B Ich habe Glück im Leben.					
C Ich kleide mich klassisch elegant.					
D Wenn ich Hilfe brauche, bekomme ich sie auch.					
E Ich habe oft das Gefühl, dass ich geführt werde.					
F Wenn ich helfen kann, dann tue ich das gerne.					
G Bei Projekten übernehme ich gerne die Führung und koordiniere.					
H Ich kann Wissen gut vermitteln.					

Auswertung der Bagua-Fragebögen

Übertragen Sie nun die Anzahl der Punkte in jedem Bagua-Bereich und ermitteln Sie Ihre Gesamtsumme.

Frage	Start & Neubeginn	Erfolg & Reichtum	Popularität & Anerkennung	Beziehung & Partnerschaft
A				
B				
C				
D				
E				
F				
G				
H				
Summe				

Frage	Neue Projekte & Kreativität	Hilfreiche Freunde & Mentoren	Lebensreise & Beruf	Wissen & Fähigkeiten
A				
B				
C				
D				
E				
F				
G				
H				
Summe				

32 bis 24 Punkte (sehr gut):
Glückwunsch! Sie sind wirklich gut in diesem Bereich. Sie fühlen und leben ihn. Es gibt keinen Grund, hieran etwas zu ändern. Weiter so!
23 bis 16 Punkte (nicht schlecht – aber):
Gut – Sie verfügen über eine gute Basis, weil Sie dieses Thema teilweise schon leben. Aber es braucht – im Sinne Ihrer harmonischen Persönlichkeitsentwicklung – noch etwas Auseinandersetzung mit dem Thema, damit Sie es sich ganz zu eigen machen. Nur los, Sie verfügen über gute Voraussetzungen!
Weniger als 16 Punkte (stark verbesserungswürdig):
Achtung! In diesem Bereich haben Sie ein echtes Defizit. Sie sollten an diesem Thema arbeiten und sich intensiv mit ihm auseinandersetzen. Überlegen Sie sich Wege, dieses Thema gezielt in Ihr Leben zu integrieren, damit Sie es »energetisch auffüllen« können.

Die Meisterübungen der ewigen Jugend

Im letzten Kapitel dieses Buches geht es um einen interessanten Fund, den wir auf einer unserer Reisen durch Asien machten. In einem philippinischen Antiquariat entdeckten wir ein lang verschollenes, von vielen klassischen Meistern aber immer wieder erwähntes und viel zitiertes Werk: *Die Schriften aus der Geheimen Kammer.* Der Autor war ein Kan-Yu-Meister namens Yo Han (geboren 251 v. Chr., sein Todesjahr ist nicht bekannt). Hier geht es um nichts weniger als den Kern der Harmonielehre und die nun folgenden tiefgreifenden Einübungen, die uns Menschen bis ins hohe Alter körperlich gesund und geistig frisch erhalten.

In diesem Buch stellen wir Ihnen drei der acht überlieferten Einübungen des Yo Han vor. Wir haben diejenigen ausgewählt und kombiniert, die zum einen den Zugang zum Thema ermöglichen und auf der anderen Seite in ihrer Kombination schnell spürbare und sehr effektive Wirkungen entfalten. Jede der Einübungen ist allein durchführbar, sie ergänzen sich jedoch wunderbar in ihrer Wirkung auf Körper, Seele und Geist.

1. **Einübung: Die fließende Acht**
   Eine höchst effektive Visualisierung, welche die feinstofflichen Energiekreisläufe harmonisiert und uns mit unserer Quelle der Kraft, mit Himmel und Erde, verbindet.

2. **Einübung: Die Lotos-Atmung**
   Hier erlernen Sie die Uratmung, mit der es gelingt, unseren Vorrat an Lebensenergie wieder aufzufüllen, um den Alterungsprozess aufzuhalten. Ein Geschenk für jeden Menschen – vor allem auch in unserer Zeit.
3. **Einübung: Die Lotos-Massage**
   Eine außergewöhnliche Massage, die sich auf unsere Hauptmeridiane bezieht und über die Akupunkturpunkte grundsätzlich harmonisierend wirkt. Je nach Bedarf wirkt sie reinigend, ausgleichend oder vitalisierend.

Der Meister Yo Han nannte seine heiligen acht Übungen auch »Die Einübungen der ewigen Jugend«. Sie alle zielen darauf ab, unser Chi-Reservoir wieder aufzufüllen und das vorhandene auszugleichen, zu reinigen und zu harmonisieren. Wir haben sie inzwischen vollständig in unser Leben integriert und auch in ersten Meisterkursen weitergegeben. Und wir können sagen: Der Erfolg dieser bis zu 3000 Jahre alten Exerzitien war sensationell. Heute glauben wir, was der Autor schon damals schrieb, nämlich dass sie das Leben beinahe unendlich verlängern können – weit über die Marke von 100 Jahren hinaus. Gemeint ist hier das glückliche, heitere, von keinerlei Gebrechen geprägte Alter. Um diesen Ansatz des Yo Han, seine Sicht des Älterwerdens und der ewigen Jugend, nachzuvollziehen, haben wir mit den Übungen auch die dazugehörigen Erläuterungen übernommen.

Wer war Yo Han?

Vorab noch ein paar Zeilen über den Autor. Yo Han – so konnten wir den biografischen Skizzen und Bemerkungen anderer entnehmen, die aus seinen Schriften zitieren – war mehr als

200 Jahre v. Chr. ein anerkannter Kan-Yu-Meister, Prinzenerzieher am Hofe des Herzogs Yüan und Oberhaupt der »Lotosweißen Bruderschaft«. Diese mysteriöse Bruderschaft hat nachweislich über Jahrhunderte gewirkt – und sogar ab 200 n. Chr. einen gewissen Einfluss am Hofe des Kaisers gehabt. Ab dem 7. Jahrhundert n. Chr. verwischen sich die Spuren dieser Geheimgesellschaft.

Kommen wir nun zurück auf Yo Han. Und auf seine mehr als zwei Jahrtausende alten »Körper-Rituale«, die er auch bei Hofe anwandte. Wir haben es immer wieder erlebt – wer sie in sein Leben integriert, wird etwas Wunderbares an sich und seiner Umgebung erfahren: Er nimmt die Welt um sich herum tiefer wahr und wird herzlich von jedermann angenommen. Denn ab jetzt ist er im Einklang mit sich und der Welt, weil er gelernt hat, die Energie in und um sich zu lenken. In diesem Zustand ist er mit einer Aura des Lichts umgeben, die selbst der gewöhnliche Mensch wahrnehmen kann. Sein Geist wird frischer, sein Körper wird sich verjüngen.

Wie ist das möglich? Nun, mit den Übungen verbinden wir uns wieder mit dem Urgrund unserer Existenz, der allumfassenden Lebensenergie. Und mit ihnen gelingt es zudem, sie zum Fließen zu bringen und unser »Gefäß des Lebens« wieder zu füllen. Und genau das macht den Verjüngungseffekt aus, der sich in wachsender Vitalität und Spannkraft zeigt.

Faszinierend war für uns beim Studium der Schriften des Yo Han stets eines: Alle Gedanken, alle Einübungen des Meisters lassen sich sehr leicht in das Hier und Heute übertragen. Der Grund: Sie wenden sich stets an die ursprünglichen Grundlagen unserer Existenz. Im Gegensatz zu vielen anderen Werken aus dieser Zeit, vor allem aber auch aus späteren Jahrhunderten, die sehr oft traditionelle Praktiken beschreiben, sind Yo Hans Aufzeichnungen von ursprünglicher Einfachheit im Sinne der Philosophie des Daoismus geprägt.

Und genau aus diesem Grund sind seine schriftlichen Hinterlassenschaften auch für den Menschen des 3. Jahrtausends so verständlich und nachvollziehbar. In einer Welt, die immer komplexer und schnelllebiger wird und unsere Aufmerksamkeit zunehmend an die Außenwelt bindet, ist es notwendig, in stillen Momenten wieder inwendig zu sein, um die körperlich-seelische Balance zu finden.

Das verschwundene Werk

Das umfangreiche Werk des Kan-Yu-Meisters Yo Han ist leider zum allergrößten Teil den Bücherverbrennungen unter Kaiser Shi Hunagdi, dem Reichseiniger und Tyrannen, zum Opfer gefallen. Darunter sind Klassiker wie *Die tausend Wege des Wasserdrachen, Das Auge Deines Hauses* und *Das Einhorn begegnet der Schlange,* die allesamt verschollen sind. Zu finden sind nur noch Kommentare über sie, etwa in den Büchern von Chen Yao und Liang Gau, welche die Frühzeit des Kan Yu geprägt haben. Überlebt hat nur ein einziges Buch von Yo Han, nämlich *Die Schriften aus der Geheimen Kammer* – und das, obwohl ein kaiserliches Bulletin aus dem Jahre 219 v. Chr. verkündet, dass mit anderen philosophischen und literarischen Schriften auch dieses Buch des »Renegaten und Verächters seines Kaisers, Yo Han« mit sämtlichen Auflagen restlos verbrannt worden sei. Nun, einige Exemplare sind den Schergen doch entgangen – eines davon besitzen wir.

Neue Lebenskraft mit den Übungen der ewigen Jugend

Mit den Übungen der Lotosweißen Bruderschaft öffnen wir uns dem grenzenlosen Potential der Schöpfung. Dies führt zu neuer Lebenskraft, einem starken Körper, einem wachen Geist und einem langen, erfüllten Leben. Denn verbinden wir uns mit der Urquelle des Lebens, haben wir unsere Begrenzungen hinter uns gelassen. Wie durch ein unsichtbares Band werden wir fortan durchs Leben geführt und geleitet. Wir werden im Einklang mit den Gesetzen des Lebens zur rechten Zeit am rechten Ort sein, das Glück wird auf Schritt und Tritt unser Begleiter sein. Denn Glück ist nichts, was uns zufällig findet. Nein, es ist das Ergebnis unseres So-Seins in der Welt. Somit ist unser Sein, also das, was wir fühlen, denken und tun, bestimmend dafür, ob wir dem Glück ein Leben lang hinterherlaufen oder ob es wie ein guter Freund stets an unserer Seite ist.

Die Wirkungen der Einübungen der ewigen Jugend

Wer diese Einübungen in Bewusstheit pflegt, wird die Ergebnisse schon nach einem Monat spüren. Da jeder Mensch einzigartig ist, können die Auswirkungen, die diese Einübungen mit sich bringen, hier nur verallgemeinert angedeutet werden. Und doch gibt es Übereinstimmungen, die der überwiegende Teil der Praktizierenden erlebt.

Lesen Sie nun, was der Meister selbst über die Wirkungen der Einübungen schreibt (Übersetzung aus dem Alt-Chinesischen von Dr. Layla Wu):

Die acht Zeichen der Harmonie:

1. Der Schlaf wird wieder tiefer, man wacht des Morgens auf und fühlt sich wieder energiegeladen.
2. Die Sinne schärfen sich. Es ist, als ob man einen Schleier ablegt, durch den man zuvor gesehen, gehört, gerochen und gefühlt hat.
3. Auch das Essen wird genussvoller und intensiver, wenn wir mit allen Sinnen daran teilhaben. Zudem stärkt unsere Energie die Qualität der Nahrung, und wir haben den Nutzen davon, weil wir vitaleres Chi in uns spüren.

4. Die Spannkraft des Körpers verstärkt sich, weil mehr Energie harmonischer durch den Körper fließt. Wie eine Pflanze, die zuvor schlaff und durstig war und nun nach einem kräftigen Mahl wieder aufrecht und gespannt dasteht.
5. Die geistige Zustand ändert, erweitert sich. Man wird wacher, wendiger und beweglicher.
6. Durch die Weite des Geistes eröffnet sich dem Adepten auch wieder die innere Stimme, die er zuvor durch eine einseitige Wahrnehmung und Kopflastigkeit überhört hat.
7. Mit der Weitung der Wahrnehmung entsteht auch eine engere Verbindung zur Umwelt, zu den Tieren, den Pflanzen, aber auch zu den Mitmenschen. Man kann sich in sie hineinfühlen und ihre Welt erkennen. Dieses »Sich-Einschwingen« auf die Welt ermöglicht den Dialog mit der Umwelt und bringt uns näher zum Dao.
8. Hinzu kommen auch viele äußere Aspekte, die hier nicht vergessen werden sollen. Unsere Hauthülle wird wieder straffer und rosig wie ein Pfirsich. Das Haar wird wieder kräftig, wie das Gras des frühen Sommers. Die Augen bekommen den Glanz der Kinderaugen, weil unsere Seele erwacht ist.

Über das Altern – aus den Schriften des Meisters Yo Han

Yo Han schreibt weiter über die vor- und nachgeburtliche Lebensenergie, das Altern, das Geheimnis des langen Lebens und über die Notwendigkeit, das Leib-Seelen-Gefäß wieder zu füllen:

»Wie aber ist es möglich, ein hohes Alter in großer Freude und voller Gesundheit zu erreichen? Nun, den Weg dorthin kennen die Weisen – doch er ist unwegsam und steinig. Freilich nur für den Reichen, der vermeint, seine Gesundheit und das frohe Alter mit klingender Münze erkaufen zu können. Denn der Preis ist zwar hoch, aber er ist nicht mit Seide oder Münzen zu bezahlen. Er fordert das Schönste und Kostbarste eines jeden Menschen ein: sein Leben. Dieses gilt es zu ändern. Nicht mehr und nicht weniger. Und das ist schwer und leicht zugleich. Aber es ist etwas, das sich lohnt.

Denn die vorrangigste und schönste Aufgabe eines Menschen ist es, sein Leben mit Sinn zu füllen. Und deshalb geht es nicht um irgendwelche Elixiere, sondern um die Wahrheit des Lebens. Denn die einzelnen Bestandteile der Elixiere sind nichts als Symbole für die Wandlungen des Menschen, die er durchleben muss, um sich zu läutern, zu reinigen, zu erhöhen.

Einfachheit und Einheit

Gewiss, ich könnte viele Seiten füllen über dieses umfassende Wissen – doch es geht im Kern nur um dieses: die Gesetze des Lebens in aller Einfachheit und Klarheit zu erkennen. Denn die Einfachheit im Ursprung ist immer der Einheit am nächsten, und die Vielheit stellt letztlich nur die zahlreichen Verästelungen des Einen dar, alles aber wird über die gleiche Wurzel genährt. Also lasst uns einfach sein, damit wir nicht unseren Kopf, sondern unser Herz erreichen. Denn dies ist das Ziel.

Doch wo beginnen? Beginnen wir mit unserem Körper, bevor wir unsere spirituellen Wurzeln berühren. Seid gewiss: Ein jeder Mensch erhält mit seiner Zeugung sein ureigenes Potential an Energie. Es entsteht aus der Verschmelzung des Himmels mit der Erde.

Der erste Erd-Kontakt eines jeden werdenden Menschen sind seine Eltern, die bei der Zeugung gemeinsam mit dem Himmel etwas Lebendiges erschaffen. Aus eins und eins wird nicht zwei, sondern drei. Himmel und Erde stellen die Gleichnisse des Menschen auf den Kopf, weil sie zusammen weit mehr sind als das, was der gewöhnliche Mensch auf der Erde erblicken kann. Das ist die Paarung von Himmel und Erde, und sie erschafft neues Leben.

Dieser Funke Leben, der in dem neuen Menschen ruht, ist sein Erbe, seine Lebensenergie, sein Chi-Potential. Jeder Mensch hat die Aufgabe, mit diesem Erbteil verantwortungsvoll umzugehen. Er kann ihn behüten und mehren oder aber gedankenlos verschleudern. Beides geschieht.

Solange das Kind im Bauch der Mutter geborgen ist, übernimmt sie die Verantwortung für das Wohl des Kindes. Sie nährt es und gibt ihm Heimstatt. Sie hat also nicht nur für sich, sondern auch für das werdende Leben zu sorgen, und sollte deshalb in der Zeit der freudigen Erwartung besonders gut mit sich sein.

Die vorgeburtliche und die nachgeburtliche Lebensenergie

Das vorgeburtliche Chi ist also das Erbe, das ein jeder Mensch durch die Vereinigung der Eltern im Schöpfungsakt erhält, es entfaltet sich aus dem Funken des Lebens. Es ist deshalb grundlegend und entspricht dem Lebensatem, ist ursprüngliche Quelle und Treibmittel aller körperlichen Funktionen.

Das vorgeburtliche Chi kann gemehrt und erhalten oder aber gemindert und verzehrt werden. Es verbindet sich mit dem nachgeburtlichen Chi, der Energie, die uns nun zusätzlich beeinflusst – wie, das wird durch unsere Lebensweise bestimmt.

Wir kennen zwei Ebenen des nachgeburtlichen Chi. Die erste hat ganz direkt mit der Aufnahme von Energie aus der Luft

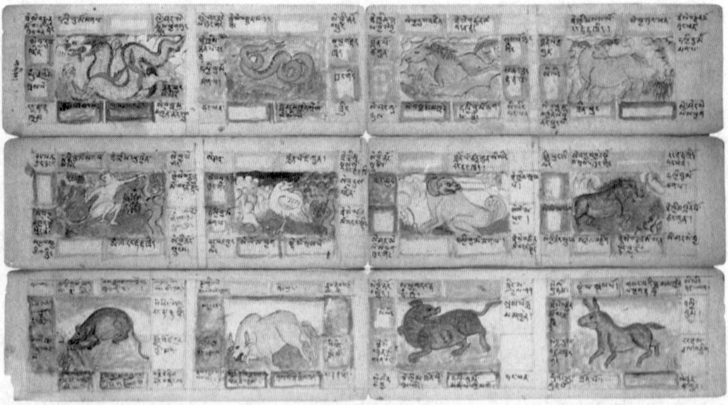

Schon früh erkannten die Chinesen die Zusammenhänge zwischen Himmel und Erde und erklärten sie in der Astrologie über die Tierkreiszeichen. Sie stehen für bestimmte energetische Grundmuster, die unser So-Sein in der Welt beschreiben.

und über die Nahrung zu tun. Beides wird im Körper zu Chi umgewandelt und geläutert. Dieses nachgeburtliche Chi nun ist es, was uns beeinflusst und bestenfalls nährt.

Die zweite Ebene des nachgeburtlichen Chi bezieht sich auf das Lebensumfeld, unsere geistige Grundeinstellung und die Pflege und Achtung des Körpers. Denn bedenket: Wir alle sind körperlich-geistige Wesenheiten und nähren uns aus stofflicher und feinstofflicher Energie. Deshalb sind gerade diese Verhaltensweisen und Einstellungen für das Erreichen eines stattlichen Alters in guter Gesundheit wesentlich.

Denn sobald das Kind das Licht der Welt erblickt, tritt es – zwar eine Zeit noch gelenkt und behütet – selbst aktiv ins Leben. Bereits hier wird die Basis dafür gelegt, wie der Mensch sich entwickeln wird, auf welche Weise er die Welt wahrnimmt und in ihr lebt.

Mit der Zeugung, über die Kindheit bis ins Erwachsenenalter

hinein, entscheidet sich also, welches Potential an Lebensenergie ein Mensch besitzt und damit auch, wie sein Leben verlaufen kann. Denn hat er schon gleich von Beginn an viel vererbtes Chi verbraucht, wird sich dies in der Qualität und Länge des Lebens offenbaren.

Dies klingt beinahe zu einfach, ist jedoch zutiefst wahr. Jeder Mensch hat die Möglichkeit, selbst sein Leben zu gestalten und das Bestmögliche zu tun. Gleich ob arm oder reich. Fassen wir zusammen, was wir erlernten:

Die erste Ebene des nachgeburtlichen Chi sind:
- Atmung und
- Nahrung

Die zweite Ebene des nachgeburtlichen Chi sind:
- Der Körper als Tempel
- Die Geisteshaltung
- Das wohltuende Umfeld

Über das Altern

Was bedeutet es eigentlich, zu altern? Was ist der Unterschied zwischen einem alten und einem jungen Menschen? Ein jeder kann ihn sehen: Während der junge Mann aufrecht und gerade des Weges geht, geht der alte gebückt, seine Bewegungen sind langsam. Er erinnert an eine Pflanze, deren Blüten schon vor Zeiten verwelkt und deren Stängel und Blätter sich nun kurz vor ihrem Vergehen gen Boden neigen.

Altern heißt, dass die Lebenskraft Chi abwelkt. Und zwar mit jedem Jahr mehr und mehr. Der Grund dafür ist eine immerwährende – je nach Art unserer Lebensführung – langsame oder schnelle Leerung des Chi-Gefäßes. Daher verringert sich die Lebenskraft mit der Folge, dass sie sich nun nur noch um das Wesentliche kümmern kann. Das bedeutet: die Aufrechterhaltung der lebenswichtigen Organfunktionen, die des Blutflusses und die der Atmung. Äußere Dinge, wie die Geschmeidigkeit der Gelenke und die Spannkraft der Haut, das Leuchten der Augen, kräftige Haare oder ein aufrechter Gang sind im Verhältnis zur reinen Erhaltung des Lebens unwichtig. Dass nun weniger Chi im Körper fließt, zeigt sich unter vielem anderen auch in einer reduzierten Bewegungsfähigkeit und einer gebückten Haltung, die ja nach Ansicht der Menschen stets die Begleiter der Alten sind …

So gleicht denn der alte Mensch einem Wagen, dessen Achsen und Räder sich nach unendlich vielen Meilen unter schwerer Last beugen, bis sie schließlich zerbersten. Doch was, wenn der Wagen keine Last tragen musste und zudem nach jedem Einsatz sorgsam gepflegt wurde? Wäre er in der gleichen Zeit so schadhaft geworden wie sein Bruder? Natürlich nicht. Und ebenso ist es mit den Menschen. Denn die Gesetze des Lebens gelten für alle gleich: für Pflanzen und Tiere, aber auch für Menschen und Dinge wie Wagen. Die Natur macht keinen Unterschied zwischen ihnen.

Der Mensch ist frei

Der Mensch ist also frei, selbst zu bestimmen, welche Lasten er in diesem Leben tragen will und wie sorgsam er mit sich umgeht. Diese Wahrheit aber ist im Volke nicht bekannt! Die Menschen sehen es als ein Gesetz der Natur an, dass die Begleiter des Alters Krankheit und Siechtum sind und die Greise gebückt durchs Leben gehen müssen. Doch ist dies kein Naturgesetz. Nur eine Folge ihres Lebens. Wer über viele Jahre hinweg dem Weine reichlich frönt, der gibt seinem Körper ein erhebliches

Maß an Mehrarbeit auf, denn er muss diese Rauschmittel ja verarbeiten und wieder ausscheiden. Er verbraucht mehr Energie, als nötig wäre – mit der Folge, dass sich das Körpergefäß schneller leert und die Lebenszeit früher zur Neige geht.

Altern bedeutet also nichts weiter, als den Vorrat an Lebensenergie zu schnell zu verbrauchen. Das geschieht, wenn ein Mensch das Maß vergisst, zu wenig schläft, sich der maßlosen Völlerei hingibt, seine Umgebung ihm Kraft abzieht, er unharmonisch lebt und wohnt oder sich ständigen Kämpfen mit sich und anderen ausliefert.

Das Geheimnis des langen Lebens

Worin also liegt das Geheimnis der ewigen Jugend, des langen Lebens? Einfach gesagt darin, den Vorrat an Lebensenergie zu erhalten. Das gelingt, indem wir Störendes für Körper und Seele erkennen und ausschließen. Denn das bindet und verbraucht – ob bewusst oder unbewusst – unser Chi. Wie kann jemand, der sich Nacht für Nacht auf dem Bett wälzt und nicht zur Ruhe kommt, jemals seine Kräfte aufladen und sich von den Mühen des Tages erholen? Die störenden Kräfte der unterirdischen Wasserströme fordern unsere Kraft heraus – vergleichbar mit den Feinden im Kampf, die man stets unter Beobachtung haben muss, ohne jemals die Entspannung zu finden.

Das heißt nicht, sich vom Leben ganz zurückzuziehen, nicht mehr teilzunehmen. Aber es heißt, mit mehr Bewusstheit zu leben, zu wissen, dass nichts, aber auch gar nichts, ohne Wirkung ist. Und das führt dazu, die Welt mit allen Sinnen wahrzunehmen, zu wissen, dass wir ein Teil von ihr sind. Mehr noch – aufs Engste mit ihr verbunden sind.

Wer sich mit den Einübungen der ewigen Jugend beschäftigt, findet den Weg, seine Lebenskraft lange, sehr lange zu erhalten.

Ein Zen-Garten wirkt in seiner Schlichtheit zentrierend und kann uns dabei helfen, wieder unsere Mitte zu finden.

Jeder Meister des Ersten Grades kennt diese Einübungen und weiß um ihre Wirkung. Sie alle zielen darauf ab, nachgeburtliches Chi von hoher Qualität zu erzeugen, auf dass sie das vorgeburtliche zu ernähren vermögen. Auch hier irrt die Natur nicht, wenn sie weiß, dass unterschiedliche Dinge unterschiedliche Qualitäten von Chi erzeugen.

So wie ein gutes, dichtes Stück Holz im Herd mehr Wärme und damit mehr Energie zu erzeugen vermag als ein feuchtes oder gar mangelhaft genährtes, so kann durch eine gute Ernährung und eine tief entspannte Atmung im Menschen hochwertiges Chi von großer Lebenskraft entstehen. Lassen wir diese hochwertige Lebensenergie im Körper fließen, und zwar demgemäß, dass sie jedes Organ und jede Zelle erreicht, so haben wir das unsere für ein langes und erfülltes Leben getan.

Das Körper-Seelen-Gefäß wieder füllen

Was aber, wenn man schon einige Jahre durch Unwissenheit sein Chi im Übermaß aufgezehrt hat? Ich empfehle dem Menschen auf der Suche, die Anleitungen in dieser Schrift sorgfältig zu lesen und sie sodann Schritt für Schritt in sein Leben zu übernehmen. Denn auch hier gilt: Wer zu viel auf einmal will, zerstreut sogleich seine Aufmerksamkeit und damit sein Chi. Es geht bei der Verjüngung stets darum, das, was man gerade tut, mit Bewusstheit zu füllen. Auf diese Weise entsteht durch die Aufmerksamkeit ein Kreislauf zwischen dem Außen und uns, der uns nährt. Sind wir dagegen unachtsam und zerstreuen unsere Kraft an viele Gedanken und Dinge, so zerschneiden wir diesen natürlichen Kreislauf des Lebens. Es sollen sich vereinen Außen und Innen, Körper und Seele, Kopf und Bauch, also Yang und Yin. Dann und gerade dann entsteht aus der Verschmelzung etwas Neues, ähnlich der Verschmelzung von Mann und Frau bei der Zeugung des Kindes. Nur, dass wir kein neues Wesen erschaffen, sondern pure Lebenskraft. Wir werden zum Schöpfer unserer Selbst.

Leib und Seele

Doch ist der Mensch nicht nur Leib. Vergessen wir niemals unsere Seele. Denn im Kern sind wir Seelen, die einen Körper haben – und nicht umgekehrt! Ja, wir machen einen entscheidenden Fehler, wenn wir glauben, das Altern sei nichts als ein körperlicher Prozess. Wie kann das sein, da der Mensch ein Wesen aus Leib und Seele ist. Und so, wie sich im Alter der Körper immer mehr versteift, so sind auch die Einstellungen und Sichtweisen vieler Greise verfestigt. Körper und Seele aber sind eins. Machen wir es wie die Kinder, die jeden Tag die Welt mit ihren großen Augen bestaunen. Bleiben wir beweglich in unseren Ansichten, dann können auch unsere Leiber beweglich bleiben.

Schon der große Wong Chi sagte: ›Jung bleibt, wer sich das Herz und den Geist eines Kindes zu bewahren vermag.‹

Beginnen wir nun mit der ersten der Einübungen, die das Ziel hat, sich dem Strom der Lebensenergie wieder ganz zu öffnen, um von ihr geleitet und genährt zu werden.

1. Einübung: Die fließende Acht

Wir schließen die Augen und atmen sanft fließend ein und aus. Wir denken an den Atem der Welt und lassen vor unserem geistigen Auge das Unendlichkeitszeichen entstehen. Der obere Bereich der Acht steht für den Himmel, der untere für die Erde. Himmel und Erde sind die Grundlagen der Schöpfung, sie verbinden sich im Spiel des Lebens.

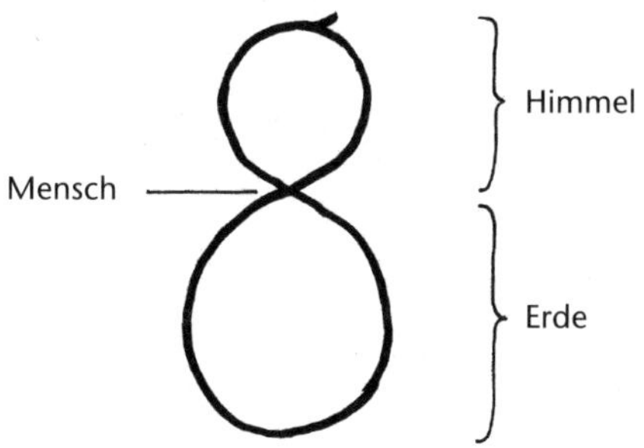

Der Himmel

Der Himmel schenkt uns die Gaben und Talente. Es sind jene angeborenen Potentiale, die wir im Lauf des Lebens entwickeln und vervollkommnen sollten. Darüber hinaus steht das Himmelsglück auch für die Zeit, in der wir auf die Erde kommen. Es ist nicht gleich, wann das geschieht, denn jede Stunde hat ihr eigenes Wesen, das sich in dem unseren offenbaren wird.

Die Erde

Die Energie der Erde erhalten wir mit der Empfängnis, denn hier hat sich bereits im Kleinsten materialisiert, wer wir einmal werden wollen. So sind es Mutter und Vater, die uns prägen, aber auch das Umfeld, in dem wir aufwachsen und das wir uns später wählen.

Und der Mensch

Aus der Verschmelzung der Himmels- und Erdenergie entsteht nun das neue Leben, das sich im Mittelpunkt, dort wo die Schleifen der Acht sich begegnen, wächst. Dort sind wir Menschen. Wir empfangen die Kräfte des Himmels und der Erde, doch sie allein bestimmen nicht unser Leben. Vielmehr sind sie Möglichkeiten, die sich uns bieten. So, wie ein unbestellter Acker zunächst nur eine Möglichkeit bietet, die wir nutzen können – aber nicht müssen. Viele, zu viele Menschen vergeben ihre Möglichkeiten. Dennoch sind sie für uns da und warten darauf, von uns entdeckt zu werden. Sie alle sind in der Acht enthalten, doch sie verjüngen sich im Scheitelpunkt der Acht. Wir können also nicht alles auf einmal leben, aber wir haben die Wahl zu entscheiden, was wir wann wie tun.

Nachdem wir nun Himmel und Erde über die Acht verbunden haben, soll es darum gehen, den Chi-Fluss in uns zu aktivieren. Auf diese Weise gelingt es, unser ganzes Sein zu durchfluten, so dass Körper und Seele mit frischem und vitalem Chi auf-

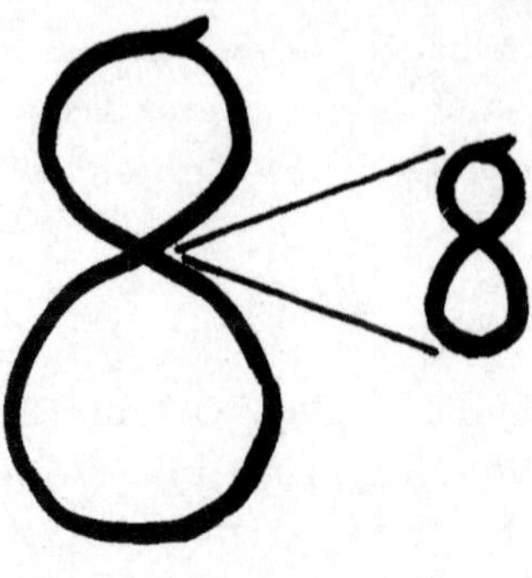

geladen werden. Dazu lassen wir vor unserem geistigen Auge wieder die große Acht entstehen, gehen dann in den Scheitelpunkt, dort, wo der Ursprung des Menschen ist. Wir sehen nun die kleine Acht, vergrößern sie in einer Weise, dass sie die Größe unseres Körpers erreicht. Jetzt steht sie vor uns, ihre Farbe ist weiß. Nun verbinden wir uns mit der Acht. Dazu treten wir nun einen Schritt nach vorne und begeben uns in sie. Der Mittelpunkt liegt nun in Höhe unseres Bauchnabels.

Wie sieht sie aus, die Acht? Ist sie eng oder eher weit und bauchig? Das sagt sehr viel über den Besitzer aus, denn beide unterscheiden sich in ihrem Fassungsvermögen, das ja die Möglichkeiten enthält, die wir in unser Leben lassen. Die schmale Acht entsteht bei Menschen, die sich stets einschränken und sich ihrer Möglichkeiten noch nicht voll bewusst sind. Sie sollten die Acht vor ihrem geistigen Auge weiten, auf dass sie sich füllen kann. Diejenigen, die eine bauchige Acht gesehen haben, können mit der Übung fortfahren.

Wir haben nun also die Acht mit unserem Körper verbunden

und atmen gleichmäßig und fließend. Während wir das tun, beginnt die Acht sich zu bewegen. Die obere Schleife in Richtung des Sonnenlaufs, die untere entgegengesetzt. Der obere Teil der Acht symbolisiert unsere Yang-Seite, die, die uns aktiv in die Welt treten lässt, und er steht für unseren Kopf und unseren Verstand. Der untere vertritt unseren Yin-geprägten Teil, der aufnehmender Natur und mit der Erde, dem Herzen und den Gefühlen verbunden ist.

Immerfort nun bewegt sich die Acht in uns, und während sie das tut, bringt sie unsere Körper- und Seelennatur wieder in Fluss, Staus werden gelöst, Spannungen – gleich ob sie geistiger oder schon körperlicher Herkunft sind – werden hinweggeschwemmt. Wir sind angeschlossen an den ewigen Kreislauf des Chi und werden an Leib und Seele mit frischer Energie genährt.

Diese innere Bewegung der Acht hält einen Tag lang an und wirkt auf Körper und Seele gleichsam. Deshalb empfehle ich meinen Schülern, es sich zur Angewohnheit zu machen, sie allmorgendlich im Stehen oder Liegen vor dem geistigen Auge zu üben. Für den Fall, dass sich in Leib und Seele schon viele Spannungen und Blockaden aufgebaut haben, kann die fließende Bewegung der Acht auch früher erlahmen und schließlich zum Stillstand kommen. Dann ist es sinnvoll, sie in Zeiten der Ruhe etwa zwei- bis dreimal am Tag zu wiederholen, so lange, bis sie eine Sonne lang hält. Dies wird recht schnell geschehen. Denn wenn der Adept auch die anderen Übungen – hier sei vor allem die des Gelben Flusses genannt – übt, werden sich Staus und Blockaden noch innerhalb eines halben, spätestens innerhalb eines Mondes lösen.«

Anmerkung der Autoren

Die Übung der fließenden Acht eignet sich in besonderer Weise als energetische Basisübung für einen ausgewogenen Energiefluss. Sie ist für alle bestimmt, die sich ausgebrannt, müde und leer fühlen, aber auch für jene, die ihre körperlich-geistige Vitalität, ihre Spannkraft und ihr Wohlbefinden erhalten und steigern möchten. Das Besondere an der fließenden Acht sowie auch an allen anderen Einübungen des Yo Han: Sie harmonisieren ganzheitlich und ohne jegliche Fremdeinflüsse und wirken ausschließlich auf die Reharmonisierung und Vitalisierung der Lebensenergie, also direkt an der Quelle der Regulation, und setzen damit genau dort an, wo Disharmonien entstehen. Wir haben diese Übung seit langer Zeit in unser Leben integriert und sind jedes Mal aufs Neue von ihrer ganzheitlichen und schnellen Wirkung fasziniert. Es reicht übrigens aus, wenn Sie sich nur auf den zweiten Teil der Übung, den, der sich auf den Menschen bezieht, konzentrieren.

Unsere Empfehlung

Visualisieren Sie die fließende Acht bei Bedarf einmal am Tag, am besten gleich vor dem Aufstehen. So profitieren Sie den gesamten Tag von ihren Wirkungen. Die fließende Acht entwickelt mit der Zeit eine eigene Kraft, die den Chi-Fluss von sich aus reguliert. Um das zu erreichen, sollten Sie sie über drei Monate täglich visualisieren. Als Zeitangabe gilt: Sobald Sie die Acht in Bewegung sehen, sollten Sie sie weitere drei Minuten fließen lassen. Wenn Sie etwas Übung haben, wird sich die Wirkung auch schon nach einem kurzen inneren Bild einstellen, und Sie können die Übung dann auch zwischendurch in einer ruhigen Minute einschieben. Besonders zu empfehlen ist sie auch bei Krankheiten jeglicher Art und in Zeiten der Rekonvaleszenz, da sie die körpereigene Abwehr stärkt und die Vitalität spürbar erhöht.

Über die Atmung – aus den Schriften des Meisters Yo Han

»Wird ein Kind geboren, so beginnt es zu atmen. Es füllt seinen Leib mit der Essenz des Lebens, um von nun an unabhängig zu bestehen. Dieser ewige Rhythmus begleitet uns vom ersten Moment des Lebens bis zum letzten. Da wir dies Tag für Tag, Mond für Mond und Jahr für Jahr tun, ist es so selbstverständlich, dass die meisten Menschen dies in ihrem Leben nur noch selten mit Bewusstheit tun. Doch vor allem auch der Atem erhält uns. Wie kann etwas so Bedeutsames uns so gleichgültig sein, dass wir es nicht mehr zu erfühlen bereit sind? Warum gönnen wir unserem Leib nicht jeden Tag eine Durchflutung mit frischer, vitaler Luft?

So wie jedes Haus vom Atem der Welt umspielt wird, so sollte es auch unser Körper sein. Räume, die in der Erde liegen und keinen Zugang zur Welt haben, sind in der Atmosphäre müde, sie erlahmen und nehmen nur noch wenig am Leben teil. So aber ist es auch mit dem Atem eines Menschen, der nur noch die vorderen und oberen Räume des Körpers erreicht. Unser Körper ist das Haus unserer Seele. Wir sollten ihn pflegen. Und ebenso, wie wir unser Haus regelmäßig säubern, um es frei von Abfall und Schmutz zu halten, so sollten wir diese Reinigung auch unserem Leib gönnen.

Ich weiß von Atemtechniken, mit denen es gelingt, sich aufzuladen mit starkem, hohem Chi. Jeder Atemzug bedeutet, sich von Altem zu lösen, um das Neue wieder aufzunehmen. Und das tun wir zu jeder Zeit: Wir atmen aus, um Altes zu verabschieden, und atmen ein, um das Neue in uns aufzunehmen. Dieses Ein- und Ausatmen, das Gleichgewicht des Lebens, ist ein Gesetz der Natur. Überall finden wir es. So entspricht der

Wechsel zwischen Morgen und Abend, Tag und Nacht, aber auch zwischen Sommer und Winter jeweils einem Atemzyklus der Natur.

Was geschieht, wenn wir falsch atmen?

Doch so einfach und natürlich es die Natur auch vorgesehen hat, so weit haben sich viele Menschen von ihrem Rhythmus entfernt. Der Weise vermag es, von der Atmung eines Menschen auf seinen Zustand zu schließen, er erkennt, wie er lebt und ob er gesundheitliche Probleme hat oder später haben wird. Das ist nicht ungewöhnlich: Es weiß ja auch jede Köchin, wenn sie ihren Herd bewacht, ob der Wind das Feuer erhalten kann oder er so schwach ist, dass es erlöschen wird. Auch hier gilt: Die Natur behandelt alle gleich, der Mensch ist da nicht ausgeschlossen. Und deshalb wird jemand, der sich selbst nicht genug guten Atem gönnt, auch weniger Lebensfeuer in sich tragen, das er für die immerwährenden Prozesse des Lebens so sehr benötigt. Ja, die meisten unter uns haben verlernt zu atmen, so wie es die Natur für uns vorgesehen hat.

Wie können wir lernen, natürlich zu atmen?

Auch hier sind die Kinder wieder unsere Lehrmeister. Sie, die sich noch um nichts Sorgen machen, weil für sie gesorgt wird, atmen stetig ein und aus. So klar sind sie noch mit der Schöpfung verbunden, dass nichts die vertraute Gemeinsamkeit trübt.

Schauen wir uns also die Kinder an und lernen von ihnen. Alle Kinder, sofern sie von guter Gesundheit sind, atmen natürlich und zwanglos. Wir sehen, wie sich bei jedem Einatmen der Bauch hebt, beim Ausatmen aber wieder zusammenzieht. Wer so atmet, der versorgt Leib und Seele mit dem Atem des Lebens. Niemals werden wir ein gesundes Kind sehen, das den Atem anhält, stoßweise atmet oder aber den Bauch nicht teilhaben lässt an der Nahrung des Lebens aus der Luft.

Schauen wir nun auf die Erwachsenen. Wie weit haben sie sich von dieser natürlichen Atmung entfernt. Viele Frauen atmen nicht über den Bauch, um ihrer Figur etwas Zierlicheres zu geben. Bei ihnen hebt sich nur der Oberkörper, und deshalb gelangt die Luft auch nur in die vorderen Bereiche des Körpers.

Doch auch viele Männer atmen nicht mehr über den Bauch. Bei ihnen weitet sich ausschließlich die Brust: Wollen sie so stärker erscheinen, als sie sind? Bei manchen, so scheint mir, ist die Brust bis zum Bersten mit Luft gefüllt, auf dass man meinen könnte, sie drohe zu zerplatzen. Doch dieses Überfüllen ist nicht gut. Es ist ein ungleichmäßiges Atmen, eines, das die oberen Leibesbereiche überbeansprucht und die unteren vergisst.

Denn was passiert mit dem Atem des Lebens? Er stagniert im Brustbereich, ja: drängt durch seine Überfülle die anderen Organe in die Enge. Wie soll er sich dann zum Wohl von Leib und Seele entfalten? Und der Bauch bleibt nahezu unberührt von der Leben spendenden Kraft. Ist das ausgewogen, natürlich, gesund? Nein! Ich habe immer wieder erlebt, dass die unnatürliche Atmung eine Vielzahl von Krankheiten begünstigen kann. So bringt sie den unausgewogenen Kreislauf, Schmerzen in Kopf und Gliedern, aber auch Müdigkeit und Abgeschlagenheit. Gleichzeitig führt diese Art der fehlerhaften Atmung zu vermehrtem Luftholen. Der Körper versucht, den Mangel über die vermehrte Luftzufuhr auszugleichen. Ein zutiefst ungesunder Kreislauf beginnt.

Bei wieder anderen haben Sorgen und Angst den Atem zum Stocken gebracht. Sie atmen stoßweise und nicht mehr fließend, wie es die Natur verlangt. Gelangt der Atem aber nicht mehr fließend und weich in unseren Leib, wird dieser mit all seinen Organen und Funktionen, ebenso wie unser Geist, nicht vollständig versorgt.

Die Uratmung

Wie also können wir wieder lernen, natürlich zu atmen? Zuerst einmal sollten wir uns nur erinnern: Ein jeder von uns weiß in seinem tiefsten Innern, was zu tun ist. Einst waren wir alle einmal Kinder. Auch hier geben wir also nicht dem Verstand den Vorrang, sondern lernen wieder zu fühlen, was ist. Doch auch der Verstand soll nun gehört werden und auf seine Kosten kommen. Er kann uns helfen zu verstehen, was geschieht, und durch dieses Wissen unsere Wahrnehmung, unsere Emotionen lenken. Betrachten wir deshalb den Prozess der Atmung einmal im Einzelnen.

Die Phasen der Atmung:

- Das Einatmen
- Die Übergangsphase zwischen dem Ein- und Ausatmen
- Das Ausatmen
- Die Übergangsphase zwischen dem Aus- und Einatmen

Während das Einatmen dem aufnehmenden Yin-Prinzip entspricht und das Ausatmen dem abgebenden Yang-Prinzip, entstehen zwischen beiden Übergangsphasen. Hier nähern sich Yin und Yang einander an, ja sind für einen Moment in vollkommener Harmonie. Diese Pausen zwischen Ein- und Ausatmen sind Phasen der Ruhe, des tiefen Einklangs mit der Natur, in denen wir ganzheitlich wahrnehmen und über die menschliche Sicht des Daseins hinauswachsen können. Der bewusste Adept nutzt

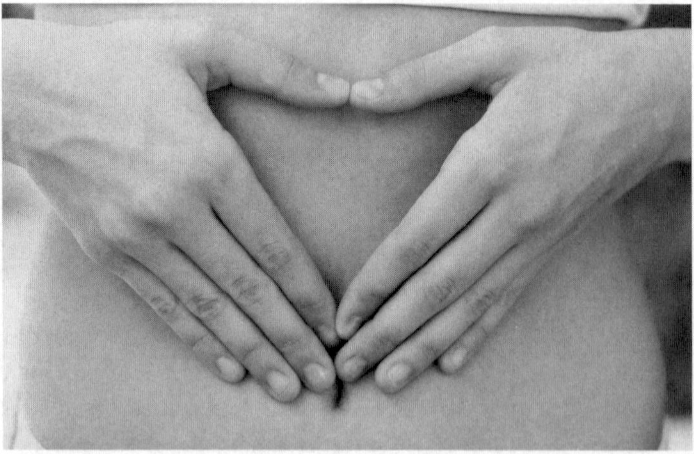

diese Phasen, um seinen Geist zu reinigen und zu klären, um der Einheit ein Stück näherzukommen. Und dieser Zustand der Einheit, des Dao, ist wichtig für das lange Leben. Denn im Dao sind wir eins mit der Welt. Spannung und Entspannung halten sich die Waage, so dass nichts in Körper und Seele von unseren Einsichten, Meinungen und Zielen verzerrt wird. Wir sind in der Mitte. In diesem Zustand kann sich unser Körper wieder einschwingen in die kosmische Harmonie. Ebenso wie ein Kompass, der – frei von Nebenwirkungen des Metalls – neu auf einen Wagen gesetzt wird, sich wieder neu einpendelt auf die Himmelsrichtung, sich also ausrichtet auf die Gesetze der Natur. Und so geschieht es auch im Menschen, wenn er in der Lage ist, diese Phasen in meditativer Bewusstheit zu erleben.

2. Einübung: Die Lotos-Atmung

Damit wir wieder lernen, ursprünglich gesund zu atmen, ist diese Übung ein wirksamer Begleiter. Denn sie entspricht im Wesen einer besonders ausgeprägten natürlichen Atmung, der Uratmung. Wenn wir sie täglich auf diese Weise des Morgens üben, prägt sich der Ablauf in uns ein, so dass wir mit der Zeit wieder natürlich atmen werden, es atmet uns. Ja, wir lassen atmen. So, wie es die Kinder tun. Damit das gelingt, sind aber viele Einübungen wichtig, die wir bewusst und täglich in der Frühe einplanen.

Für die Lotos-Atmung stellen wir uns zunächst einmal aufrecht und entspannt hin, so dass die Füße so weit auseinander stehen, wie die Schultern breit sind. Die Arme hängen locker an der Seite des Körpers herunter. Während der Atemübung sollten wir leichte Kleidung tragen, nichts darf uns beengen. Gut ist es, wenn wir an der frischen Luft üben oder das Fenster öffnen. Hier stehen wir nun also und üben die Atmung des weißen Lotos. Wir können die Augen schließen oder aber sie geöffnet halten, aber wir sollten mit unserer Aufmerksamkeit ganz und gar dabei sein.

Wir atmen durch die Nase ein und lassen den Atem langsam und gleichmäßig in uns hineinströmen. Er passiert den Brustraum, verweilt dort aber nicht, sondern fließt weiter hinab in den Bauch. Um den Atem aufzunehmen, weitet sich unser Bauch und wölbt sich nach außen.

Nun, in dem Moment, da dem Einatmen das Ausatmen folgt, lenken wir unsere Aufmerksamkeit auf den unteren Rücken, an die Stelle rechts und links oberhalb des Gesäßes, wo die Wirbelsäule ihr Ende findet. Hier sammelt sich das vorgeburtliche Chi und wird vom nachgeburtlichen genährt. Indem wir un-

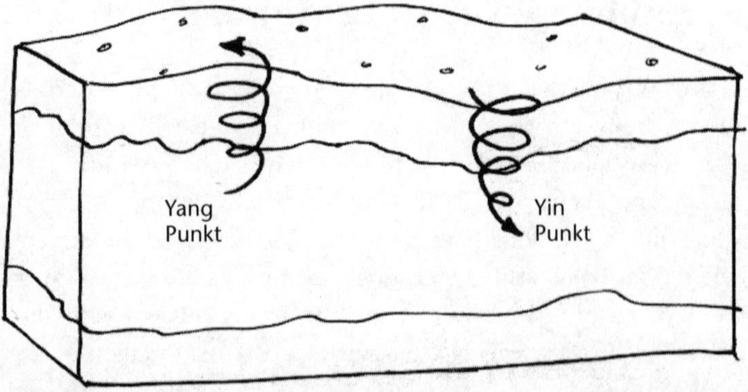

Überall auf der Körperoberfläche befinden sich Energiepunkte, die je nach ihrer Wirkungsrichtung als Yin- oder Yang-Punkt bezeichnet werden. Quellpunkte haben Yang-Charakter, denn sie strahlen ihre Energien spürbar nach außen ab. Yin-Punkte dagegen sind nach innen orientiert und stellen ein Energiereservoir dar.

sere Aufmerksamkeit auf diesen Ort richten, lenken wir auch unseren Atem dorthin, und so fließt er beim Ausatmen über den Rücken nach oben, um den Körper schließlich wieder zu verlassen. Natürlicherweise zieht sich der Bauch dabei zusammen, da die Luft aus ihm entweicht und zum Rücken fließt. Die Phase nach dem Ausatmen widmen wir ganz der Entspannung, wir lassen los, bis es uns wieder atmet.

Diese Atemübung enthält alle Merkmale der gesunden Uratmung. Doch zusätzlich gelingt es über die Rückenatmung, das Chi-Gefäß, das sich im unteren Wirbelbereich befindet und in dem das vorgeburtliche Chi gespeichert ist, wieder mit nachgeburtlichem Chi zu nähren. Hierin besteht die verjüngende und lebensverlängernde Wirkung dieser Übung. Gleichzeitig erlernen wir über diese Einübung wieder die natürliche Atmung. Und das ist die Voraussetzung für ein gesundes Leben.

Es gibt auch andere Arten von Atemübungen, etwa eine Kombination von rhythmischem und stoßweisem Atmen, verlängerten Ein- und Ausatmungsphasen oder das Anhalten des Atems. Ich bin aber der Gewissheit, dass es darum zu tun ist, das natürliche Atmen wieder zu erlernen, und aus diesem Grund lasse ich von solchen Übungen ab und empfehle sie auch meinen Schülern nicht. Denn viele der vorgenannten Übungen verlangen das Einschalten des Kopfes, wenn es darum geht, den Atem zu verzögern, zu beschleunigen oder eine bestimmte Zeit anzuhalten. Wenn wir aber lernen wollen, wieder so zu atmen, wie die Natur es vorgesehen hat, dann ist die Lotos-Atmung der wirksamste Weg. Neben dem hohen Nähreffekt des Chi für jede einzelne Zelle wirkt sie auch besonders ganzheitlich, verbindet durch den zyklischen Atemfluss die Vorder- und Rückseite des Körpers und damit symbolisch die Zukunft und Vergangenheit im Hier und Jetzt. Darüber hinaus kann der Adept mit der Lotos-Atmung kontinuierlich sein Chi-Gefäß auffüllen.«

Anmerkungen der Autoren

Yo Han hat in seinen Aufzeichnungen sehr genau auf die Unterschiede zwischen der Atmung während der Meditationen und der Lotos-Atmung hingewiesen. Die Aufmerksamkeit während der Meditationen soll vollständig auf die inneren Bilder, deren Wahrnehmung und Wandlung gerichtet sein. Dieser Ansatz unterscheidet sich sehr von heute gängigen Meditationsanleitungen. Der Hintergrund ist aber einleuchtend und nachvollziehbar. Orientieren wir uns zu sehr am Atmen, dann ist unsere Aufmerksamkeit zerstreut, und wir haben nicht mehr die volle Energie für den Meditationsprozess.

Wir haben die Lotos-Atmung ausgewählt, weil wir wissen, wie wichtig die natürliche Atmung ist. Wir haben in unserer langen Dozenten- und Beratungstätigkeit kaum jemanden kennengelernt, der wirklich natürlich atmet. Umso bedeutsamer ist diese Übung, die nun als Geschenk zu uns in die heutige Zeit kommt. Wir selbst sind von ihrer Wirkung so überzeugt, dass wir sie jedem Menschen ans Herz legen möchten. Im Gegensatz zu vielen anderen Atemstechniken, die – wie schon Yo Han schreibt – eher verkopft sind, gefällt uns die absolute Natürlichkeit. Man atmet mit dem Körper und seiner Energie. Ganz nebenbei tritt ein Stärkungs- und Verjüngungseffekt ein, der sehr schnell sichtbar und spürbar ist.

Unsere Empfehlung

Die Lotos-Atmung ist für alle Menschen auf dieser Welt existentiell wichtig. Ob jung oder alt, gesund oder krank. Wir haben immer wieder erlebt, wie Menschen sich unmittelbar von körperlich-psychischen Krisen erholten. Das klingt erstaunlich, ist es aber eigentlich nicht. Vor allem, wenn man bedenkt, dass der Atem das Lebenselixier ist. Inzwischen gilt es als erwiesen, dass sich eine ausgewogene Atmung messbar positiv auf alle körperlich-geistigen Prozesse auswirkt. Da es darum geht, die natürliche Atmung wieder zu erlernen, sollte die Lotos-Atmung so lange geübt werden, bis sie tief in unserem Bewusstsein verankert ist und wir – auch wenn wir nicht daran denken – natürlich atmen (natürlich ohne Rückenatmung!).

Ganz zu Beginn sollte sie zur Einübung einmal täglich am Morgen, oder besser noch zwei- bis dreimal pro Tag geübt werden. Hier gilt es, den individuellen Bedarf zu erspüren.

Zur wirkungsvollen Verjüngung von Körper und Geist sollte die Lotos-Atmung alltäglich einmal eingeübt werden. Ganzheitlich arbeitende Mediziner, vor allem auch TCM-Ärzte, haben zudem festgestellt, dass sich unter anderem das Nieren-Chi nach der Lotos-Atmung erheblich stärkt und vitalisiert. Laut der Chinesischen Philosophie sammelt sich genau dort das vorgeburtliche Chi.

Über den Körper, das Gefäß der Seele – aus den Schriften des Meisters Yo Han

»Der Körper ist das Haus unserer Seele, wir sollten ihn pflegen und stärken. Denn er ist das Medium, der uns erlaubt, uns in der Welt zu bewegen. Einige glauben, er sei rein äußerlich und es sei deshalb nicht weise, sich seinem Leib zu widmen. Sie beschäftigen sich allein mit den Künsten, der Malerei, der Musik oder der Philosophie und glauben, sie kämen gerader und schneller auf den Pfad der Erleuchtung. Ich frage sie dann: Wozu haben wir unseren Körper erhalten? Durch ihn können wir wirken in der Welt, sehen, hören und fühlen. Was wäre die Musik ohne den Musikanten oder die Malerei ohne die geschickte Hand? Um wie viel ärmer wäre die Welt ohne Körperlichkeit, denn dann gäbe es keine Bäume, keine Pflanzen, keine Tiere. Ja, er gehört zu uns wie die Sonne zum Tag und der Mond zur Nacht, er ist das Gefäß, in dem sich unser Geist offenbart. So hat die Natur es gewollt für uns Menschen auf Erden. Wir sollten ihn also ehren und pfleglich behandeln.

Der Körper ist ebenfalls das Spiegelbild unseres Geistes. Er besteht bereits als geistiger Abdruck zur Zeit der Zeugung, lange bevor er körperlich wird. Er ist pure Energie und unterscheidet sich nur in der Dichte von der geistigen Essenz. Das Geistige ist fein, das Materielle – zu dem auch der Körper gehört – grober in seiner Struktur, ähnlich dem Unterschied zwischen feinster, durchsichtiger Seide und grobem, festem Hanf. Diese grobe Struktur im Zusammenhang mit der nahen Dichte der Teilchen macht ihn fest. Und durch diese Festigkeit wird er für uns erfahrbar und berührbar.

Jeder Körper verändert sich zeitlebens, nicht nur weil er altert. Nein, er ist das Abbild unseres Geistes, und sobald wir die geistige Basis verändern, wird auch er die körperliche Entsprechung werden. Das heißt, so wie wir unseren Körper denken, werden wir ihn auch wahrnehmen und fühlen, und so wird er auch sein.

Doch auch ein fester Körper ist nicht abgeschlossen, sondern offenporig und durchlässig. Und deshalb gibt es auch eine Verbindung zwischen Innen- und Außenwelt, und die besitzt Ein-

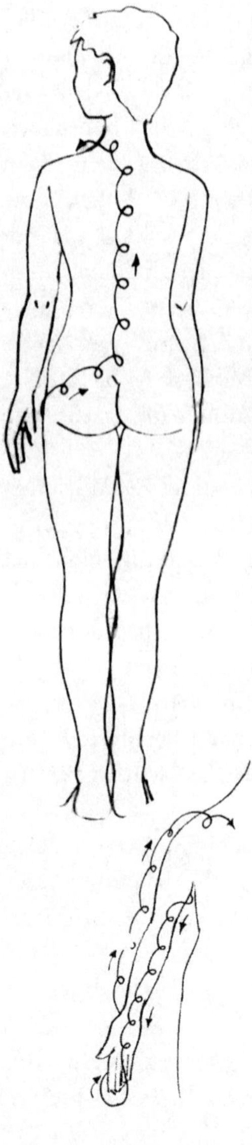

fluss auf unser körperlich-seelisches Befinden. Auch hier wird deutlich: Körper und Seele sind eine Einheit!

Die Landschaft unseres Körpers

Unser Körper ist die Landschaft, in der unsere Seele wohnt. Er besitzt Berge und Täler, Flüsse, Seen und Meere. Denn ebenso wie die Natur durchzogen ist von der Lebensenergie Chi, so ist es auch der Körper. Wir sprechen hier von Quellpunkten, aus denen das Chi vermehrt an die Oberfläche tritt, oder vom Meer, also von Bereichen, in denen sich das Chi besonderes reich sammelt. Und auch hier wird der enge Zusammenhang zwischen Mensch und Umfeld deutlich, denn er ist ein Abbild desselben.

Denn ebenso, wie auf unserer Erde Hauptflüsse die kleineren nähren, so finden wir auch auf unserer Körperoberfläche Gebiete, die von besonderer Bedeutung für die körperlich-geistige Versorgung des Menschen und damit für seine Lebenskraft sind. Über diese will ich nun schreiben.

Ein wichtiger Bereich ist der so genannte Gelbe Fluss des Körpers. Er befindet sich rechts und links neben der Wirbelsäule. Hier treffen sich alle Yang-Flüsse des Körpers, weshalb die Regulation des Energieflusses dort besonders wirkungsvoll ist.

3. Einübung: Die Lotos-Massage

Dieser Bereich wird nun regelmäßig einmal am Tag – und zwar des Morgens – sanft in Bewegung gebracht. Da diese Zone einen Einfluss auf den gesamten Körper hat, können Staus und Ansammlungen von Chi abgebaut und die gesamte Energie harmonisiert und ausgeglichen werden.

Die sanfte Massage wird mit einem Hanfbeutel, der mit speziell angereichertem Reis gefüllt ist, durchgeführt. Diese Methode entstand im Kreise der Lotusweißen Bruderschaft und ermöglicht eine umfassende Harmonisierung der Hauptgefäße, die sonst nur unter Zuhilfenahme einer weiteren Person möglich wäre. Mit diesem Reisbeutel wird nun der gesamte Bereich des Gelben Flusses abgeklopft, und zwar sanft schwingend von unten nach oben.

Dies sollte einmal am Tag geschehen, und zwar nach den Atemübungen. Diese Übung wird die kleine Lotos-Massage genannt und ist ein willkommenes Geschenk für all jene, die ihren Körper lange erhalten wollen, denn sie wirkt auf seinen Energiefluss. Für jeden dritten bis siebten Tag ist die große Lotos-Massage angebracht, die neben der Klopfmassage der Wirbelsäule auch die Beine und Arme mit einbezieht.

Die große Lotos-Massage

Sie beginnt an den Beinen. Bei den Männern mit dem rechten, bei Frauen mit dem linken. Sanft kreisend wird der Reisbeutel über

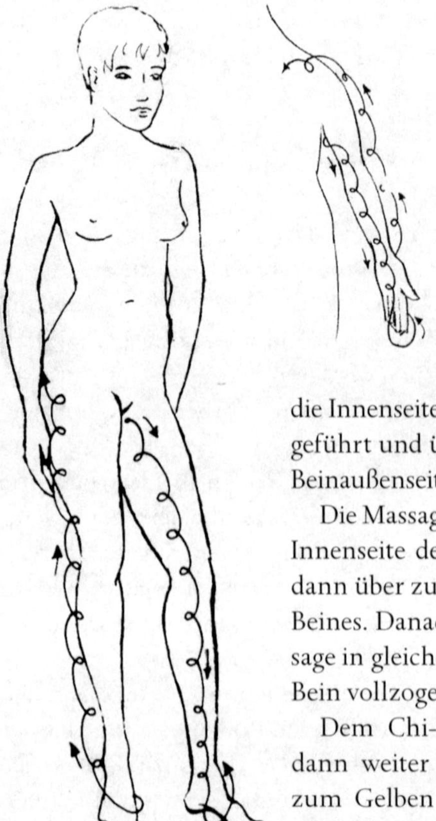

die Innenseite des Beines nach unten geführt und über die Knöchel an der Beinaußenseite wieder nach oben.

Die Massage beginnt unten an der Innenseite des rechten Beines, geht dann über zur Innenseite des linken Beines. Danach wird die Lotos-Massage in gleicher Weise für das andere Bein vollzogen.

Dem Chi-Fluss folgend, geht es dann weiter über das Gesäß hoch zum Gelben Fluss, der von unten nach oben gelockert wird. Über die Arm-Innenseiten geht es dann hinab zu den Händen und in gleicher Weise – ähnlich den Beinen – an der Außenseite wieder zurück zur Schulter. Dann ist der andere Arm an der Reihe.

Ist der Schüler wieder an der Schulter angelangt, klopft er den Gelben Fluss abwärts entlang, über das Gesäß, um schließlich mit dem Bein abzuschließen. Die große Lotos-Massage endet im Bereich der Nieren, wo das vorgeburtliche Chi sich sammelt.

Über die Wirkungen der Massage

Diese Massage wirkt durch die Aktivierung des Chi-Flusses und damit auf die Harmonisierung und Verjüngung des gesamten Körpers. Denn der sensible Bereich des Rückens, der auch als »Gelber Fluss« bezeichnet wird, ist das zentrale Sammelbecken der Energie. Hier treffen sich – wie beschrieben – die Hauptenergien des Körpers. Sie sind verbunden mit allen Bereichen des Leibes und wirken bis in den kleinsten Teil hinein. Wie eine sanfte Welle fließt der Impuls immer tiefer in den Körper hinein und erreicht mit seiner Vitalkraft selbst den entlegensten Winkel.

Über die Pflege des Lotosbeutels

Der Lotosbeutel, der ein grundlegender Teil der Massage ist, wirkt zweifach: Zum einen über die Massage, die durch die Berührung mit dem Reis und dem Sonnensalz entsteht. Zum anderen aber auch durch die Zutaten, die im Lotosbeutel enthalten sind. Darin sind ein spezieller Reis aus dem Süden des Landes, Sonnensalz sowie ausgewählte Kräuter, die besonders wärmend und ausgleichend auf das Chi einwirken und sich in der Medizin seit Jahrhunderten bewährt haben. Um die allumfassende Wirkung der Lotos-Massage zu vollenden, befindet sich in ihm ein besonders aufgeladener Jadestein, der die Wirkungen auf Leib und Seele vervielfacht. In dieser Weise zusammengestellt wirkt alles harmonisierend auf den gesamten Energiefluss, giftige Dämpfe werden gereinigt und ausgeleitet, Staus und Ablagerungen abgebaut. Deshalb sollte der Reisbeutel alle zwei bis drei Monde gewechselt werden, da er sonst für die Gesundheit nicht mehr förderlich, sondern hinderlich wird. Denn in diesem Fall kommen die alten, im Reis gespeicherten Gifte wieder auf den Leib und gelangen in den feinen Kreislauf der Lebensenergie.

Damit die neu aufgenommenen Verunreinigungen sich nicht zu schnell im Reis festsetzen und ihn vor seiner Zeit vergiften, sollte er nach dem Üben immer kräftig an der frischen Luft ausgeschlagen werden.

Die tägliche Pflege

Wesentlich ist auch die Chi-Aktivierung bei der täglichen Körperpflege. So reiben wir, bevor wir das Gesicht mit Wasser reinigen, unsere Hände gegeneinander, damit das Chi sich auf den Handflächen spürbar entfaltet, aktiviert und vermehrt ausgestrahlt wird. Mit solchen, von Chi durchflossenen Händen, geben wir unserer Haut – und damit auch unserem Leib – eine tägliche Portion Vitalität, die der Gesundheit und Jugendlichkeit sehr zuträglich ist.«

Anmerkung der Autoren

Während der Übersetzung der Texte des Yo Han hat es uns überrascht, dass er die Lotos-Massage ausgerechnet mit Reis empfiehlt. Denn Reis war zu jener Zeit ein rares Gut, das zudem vorrangig im Süden des Landes zu finden war. Der Meister aber lebte im Norden des Landes. Wenn es ihm um die rein mechanische Klopfbewegung des Reises im Lotosbeutels gegangen wäre, dann hätten es unendlich viele andere Samen oder Früchte aus der Region des Yo Han sein können. Es ging ihm also um den Reis als solchen, und er deutet einmal an, dass dieser dem Wesen nach verwandt sei mit den »Flüssen und dem Wasser im Leib«, und spielt hier auf die Herkunft und die Wachstumsbedingungen von Reis an. Wie auch immer: Tatsache ist, die Lotos-Massage ist außergewöhnlich wirksam, sehr wohltuend und belebend. Wer schon einmal eine ausgiebige und umfassende Akupressur erhalten hat, weiß, was die Aktivierung der Energiezentren im Körper bewirkt. Und ohne zu viel zu versprechen: Die Lotos-Massage ist noch effektiver, weil sie großflächig arbeitet und statt der punktuellen eine breitere, flächendeckende Wirkung erzielt. Schon direkt nach der Massage ist der Erfolg spürbar, und nach ein paar Tagen des Einübens wird man gefragt, ob man im Urlaub war. Es ist immer wieder faszinierend, wie wahr und tief das Wissen der Chinesen schon zu dieser Zeit war. Vor allem, wenn man bedenkt, dass die wesentlichen philosophischen Erkenntnismodelle der Medizin und des Feng-Shui im Grundsatz schon vorhanden waren.

Da diese Übung für jeden ohne fremde Hilfe umzusetzen ist, bietet sie sich für alle und jeden an, ob daheim, auf Dienstreise oder im Urlaub. Aufgrund der umfassenden Wirkung sollten Sie, bevor Sie die Lotos-Massage durchführen, Ihren Arzt dazu befragen.

Unsere Empfehlung

Führen Sie die Lotos-Massage täglich einmal durch, und zwar am besten morgens. Der philosophische Hintergrund ist, dass am Morgen die Energie ansteigend ist, weshalb die Lotos-Massage dann besonders wirksam ist. Der pragmatische Hintergrund: Wenn Sie am Morgen üben, dann starten Sie gleich dreifach so gut in den Tag. Da die Massage selbst höchstens fünf Minuten dauert, ist das eine Investition, die sich auf jeden Fall für Sie lohnen wird.

Die große Lotos-Massage planen wir ungefähr ein- bis zweimal die Woche ein.

Hier endet nun der Teil der Yo-Han-Übungen in der Übersetzung von Layla Wu, die wir in unserem Meister-Buch öffentlich machen wollten. Denn natürlich können wir – wie bereits geschrieben – im Rahmen dieses Werkes nur einen Ausschnitt veröffentlichen. Die übrigen, tiefer gehenden Exerzitien sowie andere Meisterübungen werden unter der Anleitung von erfahrenen Lehrern in den Räumen des DFSI angeboten.

Nachwort

Die Regeln das Dao für ein gesundes Heim

Sie sind nun einen weiten Weg mit uns gegangen, um das unverfälschte und wahrhaft klassische Dao des Feng-Shui kennenzulernen. Viel wäre noch zu sagen und zu schreiben – doch diese Gedanken sollen zukünftige Bücher füllen.

Enden wollen wir nun mit dem Meister Ersten Grades (es existierte im Kan Yu kein Großmeister, »Imperial Master« oder was auch immer – es gab nur acht Grade, und selbst den ersten erreichten nur wenige) und ihm das Wort übergeben: Yo Han. In seinen Schriften fanden wir den folgenden Aufsatz, den wir Ihnen nach 2200 Jahren als »Zweitveröffentlichung« weiterreichen:

Über ein gesundes Lebensumfeld

»Begegne dem Leben mit einem Lächeln – dann lächelt dein Heim zurück. Dann wird es ein Dialog der Liebe sein, der uns mit ihm verbindet. Und dieser Dialog, dieses stille Zwiegespräch, wird uns täglich neue Kraft geben, uns heilen oder mitfühlend trösten, in den Tagen der Dunkelheit.

Wisset nun: Was immer wir tun, denken und fühlen, trägt sich weiter in den Raum fort und verhaftet sich mit ihm. Und deshalb sollten wir unserem Haus in Liebe begegnen, und Liebe wird seine Antwort sein.

Manch einer sagt freilich: Es ist gleich, wie und wo wir leben, wenn wir nur den Blick nach innen wenden.

Doch wer kann seinen Blick nach innen wenden, wenn er friert, der Wind durchs Gebälk pfeift oder aber der Regen durch das undichte Dach tropft? Wer, außer dem Daoisten in den Wäldern, der ganz gebrochen hat mit der menschlichen Eitelkeit? Doch das ist ein Weg, der nur wenigen vorbehalten ist.

Der kluge Arzt weiß: Für jede Krankheit, für jedes Unwohlsein gibt es innere und äußere Gründe. Innere werden durch starke und über lange Zeit dauernde Gefühle wie Angst oder Traurigkeit genährt. Sie haben einen Einfluss auf unsere Organe und auch auf die Verteilung der Lebensenergie. Äußere Faktoren dagegen sind die Einflüsse, die von außen kommen und den Körper in Disharmonie bringen, als da sind: Kälte, Hitze oder Wind. Und so teilt man Krankheitszeichen auch auf der Basis ihrer Entstehung ein.

Ein Haus ist die dritte Hülle des Menschen

Schon im *Buch der tausendfachen Heilung* steht: ›Baue dir eine Hütte, auf das du dich schützen kannst vor dem Wetter. Auch sollst du unterirdische Gewässer meiden, sie verwirren den Körper und rauben dein Yin. Wie soll da Gleichgewicht entstehen?‹

Ein Haus, das uns behütet, hält uns gesund an Leib und Seele. Es ist nach der Haut und der Kleidung unsere dritte Hülle. Und jeder Einfluss, der aus unserem Umfeld auf uns einwirkt, wird von uns erwidert. Da gibt es die uns fördernden Einflüsse, die Energie spenden, und andere, die uns Energie rauben. Wir sollten erstere erschaffen und die zweiten vermeiden. Denn Wahrheit ist: Es besteht eine ständige Wechselwirkung zwischen uns und der Umgebung. Wir nehmen sie auf, und sie beeinflusst uns.

Sehen wir etwas Schönes, das unsere Blicke anzieht, unsere Seele nährt, so werden wir Energie erhalten. Fordert etwas Destruktives unsere Aufmerksamkeit, unser Chi, so vermag es das körperlich-seelische Gleichgewicht zu verwirren, denn es sitzt wie ein Getier an uns und nimmt unsere Kraft.

Ein Haus im Einklang mit der Natur

Das nährende Haus ist stets eines, das die Energie der Natur noch in sich trägt. Es wurde mit Materialien aus der Nähe des Wohnorts gebaut, die bewusst gewählt worden sind. Das alles wirkt in seiner Gesamtheit auf das Haus und verleiht ihm seine natürliche Eigenart, so wie auch jeder Mensch etwas ganz Besonderes ist. In der Tat, ich habe in den Jahren viele Häuser besucht, und jedes war in Wesen und Ausstrahlung speziell, denn ein jedes verfügt – wie der Mensch auch – über eine eigene Biografie. Das, was die Zeugung des Menschen ist, gleicht beim Haus der Grundsteinlegung, die Zeit der Reife im Mutterleib ist der Bau, und die Geburt entspricht der In-Besitznahme, dem Einzug der Bewohner. Und wenn das Haus noch jung ist an Lebenszeit und die Bewohner sich dort niederlassen, dann ist es besonders lernfähig. Wie ein Kind auch, so nimmt es beständig auf, was passiert. Und so erhält es seinen Charakter, seine eigene Ausstrahlung, die man fühlen kann. Deshalb seid euch dessen bewusst, nie mehr wird ein Haus so geprägt wie in jungen Jahren. Deshalb ist es gut, wenn wir in ihm leidenschaftlich lieben, gelassen leben und laut lachen.

Der Organismus des Hauses

Unser Haus ist ein Organismus, gleich dem des Menschen. Es verfügt über einen Mund, das ist der Eingang, und über Augen, das sind die Fenster. Die Mauern sind die Haut, und das Dach der Kopf. Das Fundament sollte fest, stabil und gerade sein, auf gutem Boden gestampft, denn es versinnbildlicht den Stand im Leben. Niemand vermag es, sicher im Leben zu sein, wenn er auf schwankendem Boden steht.

Neben dem Körper des Hauses kommt es auch auf die Verhältnismäßigkeit der einzelnen Bereiche zueinander an. Der Mensch wird als schön und harmonisch empfunden, wenn seine Maße einem bestimmten natürlichen Rhythmus folgen. Auch das Haus folgt einer eigenen Melodie, einem ganz speziellen Klang. Die Tür braucht eine ausgewogene Größe zum übrigen Haus, damit sie ausreichend atmen kann, die Fenster ebenso, damit der Blickwinkel stimmt.

Doch auch die Längen-, Höhen- und Breitenmaße stehen in einem Verhältnis zueinander, das stets in Zahlen ausgedrückt werden kann. Und Zahlenwerte wiederum sind die Grundbausteine der Musik. Deshalb ist es von entscheidender Bedeutung, wie die Fenster und Türen, die Wandlänge und Haushöhe zueinander stehen, wenn eine Harmonie des Hauses entstehen soll. Diese umhüllt den Bewohner mit heilenden Energien, die der Körper versteht, weil er der gleichen Natur entstammt. Zugleich vermag solch ein Haus seinen Bewohner mit dem kosmischen Atem zu verbinden. Denn wisset: Auch die Sterne am Himmel haben ihre Standorte zueinander nach dem nämlichen Gesetz gefunden. Alles ist miteinander verwoben, nichts existiert isoliert.

Über die Harmonie von Innen und Außen

- Achtet darauf, dass das Haus sich in die Umgebung einfügt. Es sollte die Sprache der Natur verstehen, um förderliche Einflüsse aufnehmen und verstärken zu können, schadhafte dagegen zu mindern und aufzulösen. Der Wegweiser zu diesem Ziel ist die Landschaft, sind die Formen der Natur, die alle – wie der Mensch auch – Verkörperungen von Energien sind, die durch sie wirken. Und deshalb sprechen sie eine sehr deutliche Sprache für denjenigen, der zuhören will. Nun entsteht ein harmonischer Einklang, gleich einer Melodie zwischen Haus und Ort.

- Natürlich aber muss ein Haus nicht prunkvoll sein. Oft sind es die einfachsten Katen, die beruhigend und harmonisierend auf den Menschen wirken. Ich habe Hütten von Einsiedlern gesehen, die so eng mit der Natur verbunden waren, dass sie beinahe eins mit ihr geworden sind. Als ich einen Bruder einmal besuchte, fand ich seine Hütte für eine lange Weile gar nicht. Wie ein Nest schmiegte sie sich an einen Baum und war so an einen Fels gebaut, dass dieser ihr nicht nur Schutz und Geborgenheit spendete, sondern zudem eine neue Einheit bildete.
- Ein Haus muss also nicht aus geschnitzten Balken oder weiterem Zierrat bestehen, das könnte ablenken vom Eigentlichen und den Blick an das rein Äußere binden. Wahre Schönheit entsteht aus der Harmonie von Innen und Außen, wenn also das Außen nicht vorgaukelt, etwas anderes zu sein, als in seinem Inneren vorhanden ist. Ich habe schon Häuser gesehen, da verbargen die edlen Seidenkissen die Löcher in der Bank und so manches Bild die brüchig gewordenen Ritzen in der Holzwand. Hier entsteht dann ein Bruch zwischen Innen und Außen, ein Konflikt, der sich in den Raum fortsetzt. Dieser bringt Spannungen, ein Konflikt, der das Chi beschäftigt und verbraucht.
- Lasse dein Heim Teil deiner Familie werden, damit es dich liebt – und schützt, wenn die Stürme aufkommen mit all ihrer Kraft. Und wenn es mit dir eine Familie bildet, dann

kannst du es auch bewusst in die Sippe einbinden. Stelle die Zeichen der Natur ins Haus, damit sie dir gewogen sind. So schaffst du eine Verbindung zwischen dem Umfeld und deinem Haus, was es stärker macht, als es allein jemals sein könnte. Und da du mit deinem Haus verbunden bist, wirst auch du von ihm gestärkt. Wisse, dein Haus und du, ihr geht eine immerwährende Verbindung ein, zu jeder Zeit, ob es dir nun bewusst ist oder nicht. Auch des Nachts bist du eins mit ihm, und gerade dann brauchen du und die Deinen nährende Harmonie, die euch umhüllt, die Spuren des Tages tilgt, auf dass ihr gestärkt den Morgen begrüßt.

Regeln des Hauses für ein gutes Feng-Shui

- **Ziehe immer die Schuhe aus, wenn du ein Haus betrittst.** Dann würdigst du es und zollst ihm Respekt. Es mit staubigen Schuhen zu betreten ist so, als wenn dir jemand zur Begrüßung beschmutzte Hände reicht.
- **Der Eingangsbereich des Hauses** ist die Schwelle zwischen Außen und Innen. Er sollte sich zwar der Außenwelt öffnen, aber auch den nötigen Schutz für die Menschen bilden. Achte darauf, dass er stets mit hoher Energie versorgt wird, und versiegele ihn mit der fließenden Acht, bevor du das Haus verlässt. Benetze den Eingang regelmäßig mit Schutzwasser, auf dass es eine unsichtbare Hürde für Ungebetenes wird. Diese Versiegelung schützt es vor unerwünschten Einflüssen und hält seine hohe Energie. Denn wenn die Stimmung im Haus von Liebe und Licht getragen ist, kann sich nichts Niederes und nichts Dunkles niederlassen.
- **Lüfte täglich,** denn die Atmung des Hauses entspricht dem Tai Chi des Menschen. Das Lüften bringt Energie in Bewegung, dehnt die Meridiane.

- **Die Lebewesen im Haus sollten geehrt, geschützt und gepflegt werden.** Deshalb sind verwahrloste Haustiere und achtlos herumstehende Pflanzen mit verwelkten Blättern ein Symbol für einen Tod vor der Zeit.
- **Würdige den Herd und die Speisen.** Der Herd ist das Symbol der Erde, denn hier wird die Nahrung für unser Fortbestehen erschaffen. Die Nahrung schenkt uns die Erde.
- **Pflege den Körper deines Hauses.** Achte auf den Stoffwechsel deines Hauses, und zwar im wahrsten Sinn des Wortes. Wie überall in der Welt, so findet auch in unseren Häusern ein Kommen und Gehen, der ewige Wandel in dieser Welt statt. Das heißt: Hüte dich davor, dein Haus mit Habseligkeiten vollzustopfen. Es würde die Gesundheit des Hauses beeinträchtigen, und das Chi kann nicht mehr fließen. So wie kein edler Mensch sich mit Speisen vollstopft – und seien sie noch so erlesen.
- **Kläre den Geist deines Hauses** mit einer geweihten Räucherung mindestens jeden Monat einmal. Gibt es Krankheiten oder schlechte Nachrichten zu vermelden, so räuchere innerhalb von drei Tagen nach dem Ereignis, damit sich die Energien nicht im Haus festsetzen.
- **Nähre Körper und Seele deines Hauses.** Trete in Kontakt mit deinem Haus. Begrüße es, wenn du kommst, und verabschiede dich, wenn du gehst. Behandle es wie einen Freund, denn es lebt wie du. Gib ihm Nahrung für die Sinne, auf das es sich vollsaugen kann mit den Kostbarkeiten des Lebens. Versprühe kostbarstes Jadewasser, lass es den Duft der Blüten atmen und den Atem der Natur spüren.
- **Umgib dich nur mit Dingen,** die dein Herz mit Wohlgefühl versorgen. So kommt Gutes, Harmonisches zu dir. Denn was kann dich mehr stärken und mit Liebe erfüllen als das Ge-

fühl der Anmut und des Wohlgefallens, die in dein Herz dringen. Zugleich bringst du durch deine Empfindungen diese Stimmung in den Raum zurück, und dieser wird sich abermals bei dir bedanken und dich mit dieser Kraft nähren.

- **Pflege und reinige dein Haus.** Es braucht das Wasser so wie der Mensch es benötigt. Reinige es, heilige es mit edlen Essenzen – und gib ihm Jadewasser zu trinken, indem du es einmal täglich in die Ecken deines Heimes sprühst.

Tut ihr so, wie hier gesagt, wird euer Glück grenzenlos sein.«

Einige Gedanken über die Zeit

(entnommen den *Schriften aus der Geheimen Kammer* des Kan-Yu-Meisters Yo Han)

»Lasse deinen Tag nicht zerschneiden von den scheinbaren Notwendigkeiten des Alltags. Es ist das Gegenteil von Langlebigkeit, wenn du den Tag zerschneidest in kleine Teile, in denen du dies tust oder dich mit jenem triffst.

Der Grund ist einfach: Wenn du die Lebenszeit des Tages zerschneidest, dann lebst du von einem Zeitstück zum nächsten und überspringst die Lücken, weil du zum nächsten Punkt gelangen willst.

Du kannst deshalb nur an der Oberfläche des Lebens bleiben, weil du deine gesamte Aufmerksamkeit auf äußere Punkte lenkst.

Wirkliches Leben aber entsteht, wenn du die Tiefe erfühlen kannst. Sie ist zeitlos und lässt dich mit der Welt im Hier und Jetzt verschmelzen. Nur in dieser Tiefe kannst du eins werden mit dem Leben und zur Weisheit gelangen.

Das heißt nicht, dass du ab sofort nur noch in den Tag hinein lebst. Aber erschaffe dir von Zeit zu Zeit einige Momente, wo du es dir gestattest, ganz eins mit dir zu sein.

Einige solcher Momente könnten ab jetzt die Einübungen der ewigen Jugend sein, die ich in diesen Aufzeichnungen vorstelle. Sie werden dich auch in deinem Bestreben unterstützen, denn sie bringen dich in ihrer Wirkung nochmals dem Dao nahe.

Wenn es dir weiterhin gelingt, den Dingen, die du gerade tust, deine volle Aufmerksamkeit zu schenken, dann hältst du dich ebenfalls im Hier und Jetzt und näherst dich dadurch ganz natürlich dem Dao an. Und das Dao verbindet dich mit dem Strom des Lebens, schenkt dir also Lebenskraft, statt sie dadurch zu vergeben, dass du gegen ihn anschwimmst und dabei immer schwächer wirst.«

Glossar

Aktivierung: Setzen eines Wirkakzentes;f der Voraussetzung für Wirksamkeit der Aktivierung: Resonanz zwischen Thema und Akzent; Aktivierung sollte immer erst nach der »Harmonisierung« erfolgen

Ausrichtung (Lage): Ausrichtung von Gebäuden (Räumen), entspricht der Lage im Makrokosmos; Ansatz für Lageausrichtung ist die Vorderfront bzw. die Haustür

Bagua: wörtlich: Acht Trigramme (Pa kua, Ba Gua); achteckige Anordnung der Trigramme des *I Ging* und Übertragung der Eigenschaften auf das Leben der Menschen; siehe auch »Kompass-Bagua«

Cang-feng-de-shui: übersetzt: Verbergen des Windes, Erlangen des Wassers; altertümliche Bezeichnung für Feng-Shui

Chen: Trigramm des *I Ging*; Assoziationen: das Erregende, ältester Sohn, der Donner

Chi: Chi entspricht der Lebensenergie oder Universalenergie, die allen Dingen und Erscheinungen innewohnt; Entsprechungen in anderen Kulturen: Ki = Japan, Prana = Indien, Geist = abendländische Kultur

Chi'en: Trigramm des *I Ging*; Assoziationen: das Schöpferische, der Vater, der Himmel

Chin: Metall; eines der Fünf Elemente; siehe auch »Wu-Xing-Shuo«

Ching: Klassiker

Choy: Glück; siehe auch »Ti Choy«, »Tien Choy«, »Ren Choy«

Circle of Success: COS (Kreislauf des Erfolges); Analysescheibe des DFSI (Deutschen Feng-Shui Instituts), mit der sich die Bagua Bereiche direkt auf Grundrisse übertragen lassen; COS = Weiterentwicklung des Bagua durch Rückführung auf das essentielle Feng-Shui; COS verbindet das Wissen des Feng-Shui wieder mit seinen ursprünglichen Wurzeln, den Schöpfungsgesetzen des Lebens

Cutting Chi: schneidendes Sha-Chi; eine Form des Sha; siehe auch »Versteckte Pfeile«

Diagonalachse: Energieverbindungen von jeweils 2 gegenüberliegenden Trigrammen: Nord-Süd-Achse, Nordost-Südwest-Achse, Ost-West-Achse, Südost-Nordwest-Achse

Energetische Wandöffnung: bei blockierten Richtungsenergien durch geschlossene Wände; verbindet Außen und Innen durch Einbringen von außerhalb des Gebäudes befindlichen Energien (Fotos, Symbole usw.) im Innenraum; durch gradgenaue Ausrichtung entsteht eine Resonanzlinie, die die entsprechende Energiequalität im Raum etabliert

Energiefluss: Analyse: Wie fließt die Energie?; Energiefluss-Analyse bezieht sich auf äußeres Umfeld (Berge, Flüsse, Straßen, Nachbarhäuser, Gehwege) und innere Strukturen von Gebäuden (Grundrissform, Lage von Türen und Fenstern)

Energiequalität: Analyse der Energiequalität; bezieht sich auf die Frage: Was für eine Art von Energie fließt?; Energiequalität wird beschrieben über Yin und Yang, Richtungsenergien, Fünf Elemente und das Bagua; Analyse der Energiequalität erfolgt nach der des Energieflusses

Fünf Elemente: siehe »Wu-Xing-Shuo«

Funktionsebene:eine Interpretationsebene; übersetzt die Funktion eines Raumes in Energiequalitäten und prüft die Verträglichkeit in Bezug auf die Bagua-Sektoren

Geobiologie: beschäftigt sich mit den lebendigen Prozessen auf der Erde und deren Auswirkungen auf den Menschen

Gesamtbagua: Bagua, dass sich räumlich auf eine gesamte Einheit (Gesamtgrundriss, Garten) bezieht

Gestaltungsebene: eine Interpretationsebene; setzt die Energie der Bagua-Sektoren mit der Gestaltung des Raumes ins Verhältnis

Grüner Drache: eines der vier himmlischen Tiere (Lehnstuhlprinzip); Drache beschreibt den Bereich rechts neben einem Haus; in der Kompass-Methode: Verknüpfung mit dem Osten

Harmonikales Bauen: Bauen nach harmonischen Proportionen; gelingt durch die Übertragung von Maßen in Töne

Harmonisierung: das Herstellen des energetischen Gleichgewichts zwischen den einzelnen Bagua-Bereichen auf Raum-, Funktions- und Gestaltungsebene (siehe auch »Interpretationsebenen«); Harmonisierung unterscheidet sich klar von der »Aktivierung«, die bewusst einen gestalterischen Schwerpunkt setzt.

Hexagramm: Kombination von jeweils sechs übereinanderliegenden offenen (Yin) und geschlossenen (Yan) Linien

Hilfsmittel: Hilfsmittel wirken auf zwei Ebenen; dienen der Energieflusskorrektur und dem Einbringen einer bestimmten Energiequalität über Symbole, Farben, Zeichen, Formen, Düfte usw.

Himmlische Tiere, vier: schwarze Schildkröte, weißer Tiger, grüner Drache, roter Phönix; symbolische Umschreibung für den idealen Feng-Shui-Standort, der durch die Formation dieser Tiere geschützt ist

Horizontale Verbindung: energetische Verbindung zwischen Makro- (Umwelt) und Mikrokosmos (Raum) mit dem Ziel, Wirksynergien zu schaffen

Hsien-sheng: Feng-Shui-Meister

Hsing Shi: Formen des Bodens und der Landschaft, Bezeichnung für Formen-Schule

Huo: Feuer, eines der Fünf Elemente; siehe auch »Wu-Xing-Shuo«

I Ging: Buch der Wandlungen; Hexagramme (64) beschreiben grundlegende Entwicklungstendenzen, die auf alle Bereiche des Lebens übertragen werden

Individuelles Befinden: Analyseansatz auf der Grundlage der TCM, mit dem sich der individuelle Elementarbedarf bestimmen lässt

Interpretationsebenen: es gibt drei: Raumebene, Funktionsebene, Gestaltungsebene; sollten bei der umfassenden Analyse von Grundrissen beachtet werden

K'an: Trigramm des *I Ging*; Assoziationen: das Abgründige, mittlerer Sohn, das Meer

K'un: Trigramm des *I Ging*; Assoziationen: das Empfangende, Mutter, die Erde

Kan Yu: alter Begriff für Feng-Shui, der sich auf Himmel und Erde bezieht

Ken: Trigramm des *I Ging*; Assoziationen: das Beständige, jüngster Sohn, der Berg

Kompass-Bagua: Analysesystem für Grundstücke, Häuser, Zimmer usw.; Ansatzpunkt ist die Orientierung des zu untersuchenden Objektes im Gelände, also die Himmelsrichtung

Kwangsi-Methode: Bezeichnung für die Formenschule des Feng-Shui

Lehnstuhlprinzip: umgangssprachliche Bezeichnung für den idealen Feng-Shui-Standort, der durch die Formation der vier himmlischen Tiere symbolisiert wird

Li: Trigramm des *I Ging*; Assoziationen: das Heiße, mittlere Tochter, das Feuer; bei den Konfuzianern steht Li auch für die Ursprungsidee

Lo Pan: (Luo Pan) chinesischer Geomantiekompass; Hauptwerkzeug der Kompass-Schule

Lo Shu: magisches Quadrat, bestehend aus neun gleich großen Bereichen, die mit (Trigramm) Zahlen der postnatalen Sequenz verbunden sind

Meridiane: in der Akupunktur die Energieleitbahnen des Körpers

Ming Tang: heller Saal; Platz, an dem die Energien aus verschiedenen Richtungen zusammenfließen

Monocord: Instrument zur Hörbarmachung von Maßen

Mu: Holz; eines der Fünf Elemente; siehe auch »Wu-Xing-Shuo«

Pakua Lo Shu Formel: Formel, die auf der Basis des Pakua und des magischen Quadrats Lo Shu entsteht; mit der Formel gelingt es, förderliche Richtungen und Raumbereiche zu ermitteln

Raumausrichtung: dem Raum eine spezielle Prägung (durch Symbole, Klänge, Düfte, Räucherungen) verleihen; ihn also auf eine bestimmte Energie, einen Wunsch hin ausrichten; Raum erhält durch Raumausrichtung eine Grundschwingung, von der die Bewohner profitieren, da Raum und Bewohner in Resonanz sind

Raumebene: Interpretationsebene; beschreibt die räumliche Ausdehnung von Bagua Sektoren

Raumprägung: die spezifische Ausstrahlung eines Raumes, die sich durch seine Biografie entwickelt hat

Reinigung, ganzheitlich: 2 Ebenen; besteht aus der grobstofflichen Reinigung (Aufräumen, Sauber machen) und dem Reinigen (Clearing) auf der feinstofflichen Energieebene

Ren Choy: persönliches Glück

Roter Phönix: eines der vier himmlischen Tiere (Lehnstuhlprinzip); Phönix beschreibt den freien Platz vor einem Haus; in der Kompass-Methode: Verknüpfung mit dem Süden

Roul Ramirez-Chen: philippinischer Feng-Shui-Meister

Schwarze Schildkröte: eines der vier himmlischen Tiere (Lehnstuhlprinzip); Schildkröte beschreibt den Bereich hinter dem Haus; in der Kompass-Methode: Verknüpfung mit dem Norden

Sequenz des frühen Himmels: (pränataler Himmel) Verknüpfung der Trigramme mit den Himmelsrichtungen; die jeweils gegensätzlichen Trigramme liegen sich gegenüber und gleichen sich aus; Anordnung für das Yin Feng-Shui

Sequenz des späten Himmels: (postnataler Himmel) Verknüpfung der Trigramme mit den Himmelsrichtungen; die Trigramme stehen spannungsreich zusammen; Anordnung für das Yang Feng-Shui

Sha: (Sha-Chi) fehlgelenkte Energie, die im Feng-Shui vermieden bzw. harmonisiert werden soll; Entstehung von Sha = Chi fließt zu schnell, zu geradlinig, zu langsam oder stagniert

Shan: Berge

Shen: Geister

Sheng Chi: Lebensatem; äußerst günstige Energie, vitale Energie

Shui: Wasser; eines der Fünf Elemente; siehe auch »Wu-Xing-Shuo«

Sun: Trigramm des *I Ging*; Assoziationen: das Sanfte, älteste Tochter, der Wind

Tai Yang: die Sonne

Tai Yin: der Mond

Ti: Erde; eines der Fünf Elemente

Ti Chi: Energie der Erde (in Drachenadern, Flüssen usw.)

Ti Choy: Erdenglück

Ti Li: Beschaffenheit der Landschaft; Geographie; laut klassischer chinesischer Texte die ursprüngliche Bezeichnung für die Formenschule (Ti = Erde, Li = Vernunft)

Tien Chi: Energie des Himmels

Tien Choy: Himmelsglück

TrI Ging: Feng-Shui-Methode, die die Kombination der Trigramme der vorhimmlischen und nachhimmlischen Sequenz auf der Basis der Hexagramme des *I Ging* betrachtet; es entstehen acht TrI-Ging-Haustypen (Tempel, Amtshaus, Schule, Kanzleramt, Wasserschloss, Hochhaus), die die Hexagramm-Energien auf die Raumebene übertragen

Trigramme, acht: grundlegende Energiequalitäten, die die Wandlungsphasen des Chi beschreiben, Basis des *I Ging* (Buch der Wandlungen)

Tui: Trigramm des *I Ging*; Assoziationen: das Heitere, jüngste Tochter, der See

Unterbagua: auf der Grundlage des Gesamtbagua werden Untereinheiten (Zimmer, Grundrissbereiche usw.) gebildet

Versteckte Pfeile: (geheime Pfeile) von formalen Strukturen (kantige Felsen, Straßen, Ecken, Kanten) ausgehende unsichtbare Energiepfeile, die Ansammlungen von vitalem Chi durchdringen

Wang Chi: chinesischer Gelehrter (ca. 960 n. Chr.); Hauptvertreter der Kompass-Schule; lebte lange Zeit in Fukien (Fukien Schule)

Weißer Tiger: eines der vier himmlischen Tiere (Lehnstuhlprinzip); Tiger beschreibt den Bereich links neben einem Haus; in der Kompassmethode: Verknüpfung mit dem Westen

Wu Chi: Urenergie; undifferenziert; das Eine

Wu-Xing-Shuo: die Lehre von den Fünf Elementen; Wu-Xing = wörtlich: Fünf Umgehendes; Xing = wörtlich: Gehen

Yang: wörtlich: Sonnenseite eines Berges; entspricht dem aktiven, schöpferischen Prinzip

Yang Chai: Wohnstätten für Lebende

Yang Feng-Shui: Feng-Shui für Lebende

Yang Sha: aggressive, geradlinige und beschleunigte Energie, die Ansammlungen von vitalem Chi durchdringt

Yin: wörtlich: bedecktes Wetter an einer Bergseite; Yin entspricht dem passiven, aufnehmenden Prinzip der polaren Energien

Yin Chai: Grabstätten

Yin Feng-Shui: Feng-Shui für Begräbnisstätten

Yin-und-Yang-Theorie: Lehre von den polaren Energien Yin und Yang, die den allen Dingen innewohnenden Charakter des Gegensatzes, der Ergänzung und der Untrennbarkeit anerkennt

Yinisieren von Farben: Dämpfung des Licht-Gehaltes von Farben mit Schwarz (Yin), dadurch Verminderung der Lichtabstimmung

Yin-Sha: Stagnation; Minderung des Chi-Gehaltes

Yün-Sung: bekanntester Begründer der Formenschule (ca. 840–880 n. Chr.), lebte in Kwangsi (Kwangsi-Methode)

Leserservice

Haben Sie Fragen rund um Feng-Shui? Dann wenden Sie sich an:

Deutsches Feng Shui Institut (DFSI)

Gründung und Leitung des DFSI:
Katrin Martin-Fröhling & Thomas Fröhling
Selzenstraße 23
79280 Freiburg/Au
Tel: 0761/ 8866259
Fax: 0761/ 40 46 53
Internet: www.dfsi.de
e-mail: info@dfsi.de

Seminare & Ausbildungen

Allen, die Feng-Shui zu ihrem Beruf machen oder dieses Wissen als Ergänzung ihrer bisherigen Tätigkeit nutzen wollen, bietet das Deutsche Feng Shui Institut (DFSI) eine mehrmonatige Basis-Ausbildung mit drei Intensiv-Wochen an, in denen sie die Grundlagen dieser Harmonielehre erlernen können. Nach erfolgreichem Abschluss sind sie berechtigt, als »Feng Shui-Berater, DFSI-geprüft« zu arbeiten. Weiterhin bietet das DFSI – in Zusammenarbeit mit Architektenkammern – Aus- und Weiterbildungsprogramme für Architekten, Raumausstatter und Bauunternehmer an.

Per Fernkurs zum Feng-Shui-Berater

Mit dem staatlich anerkannten und geprüften Fernkurs des Deutschen Feng Shui Instituts (DFSI) werden Anfragen nach fundierten und kompetenten Ausbildungen von zu Hause aus erfüllt. Er ist auf Grundlage des Feng-Shui-Basiskurses entwickelt worden, den die meisten der bekannten und anerkannten Feng-Shui-Berater in den deutschsprachigen Ländern, aber auch zahlreiche Berater u. a. aus Russland, Dänemark, Spanien und Mexiko absolviert haben.

Business & Management

Im Bereich Business-Feng-Shui hat das DFSI Management-Schulungen sowie verschiedene Unternehmensberatungsprodukte – von der Raumgestaltung bis hin zur Neuplanung von Firmengebäuden im Programm. Einen besonderen Service für alt eingesessene Firmen und solche in Neugründung bietet das DFSI mit seinem Logo-Check.

Beratungen & Analysen

Weiterhin arbeiten Fröhling/Martin in den Bereichen Firmen- und Privatanalysen. Beide bieten Haus- und Siedlungsplanungen und Coachings für Bauherren und Architekten an. Im Geo- und Elektrobiologischen Bereich können Sie zwischen Grundstücks- und Hausuntersuchungen – sowie Schlafplatz- und Büroanalysen wählen. Darüber hinaus vermitteln sie über das Deutsche Feng Shui Institut kompetente Berater in Ihrer Nähe.

Die Kompass-Scheibe COS, Produkte & mehr …

Feng-Shui-Heilmittel und ausgesuchte Accessoires finden Sie unter www.vitabiente.de. Die Analyse-Scheibe des DFSI »Circle of Success« erhalten Sie im Internet-Shop.
Möchten Sie Näheres über den Feng-Shui-Versand und/oder das Ausbildungs- oder Beratungsangebot auf dem Postweg erfahren, so legen Sie bitte Ihrer Anfrage einen frankierten Rückumschlag im Din A 4-Format bei.

Register

Entspannen mit Feng Shui

16319

16811

16567

16693

Mosaik bei GOLDMANN

Der Weg zum Erfolg

16666

Mosaik bei GOLDMANN

Gesunde Alternativen

16717

16722

16763

16760

Mosaik bei GOLDMANN

GOLDMANN

Das Gesamtverzeichnis aller lieferbaren Titel erhalten Sie im Buchhandel oder direkt beim Verlag.
Nähere Informationen über unser Programm erhalten Sie auch im Internet unter:
www.goldmann-verlag.de

⋆

Taschenbuch-Bestseller zu Taschenbuchpreisen
– Monat für Monat interessante und fesselnde Titel –

⋆

Literatur deutschsprachiger und internationaler Autoren

⋆

Unterhaltung, Kriminalromane, Thriller
und Historische Romane

⋆

Aktuelle Sachbücher, Ratgeber, Handbücher und Nachschlagewerke

⋆

Bücher zu Politik, Gesellschaft, Naturwissenschaft und Umwelt

⋆

Das Neueste aus den Bereichen
Esoterik, Persönliches Wachstum und Ganzheitliches Heilen

⋆

Klassiker mit Anmerkungen, Anthologien und Lesebücher

⋆

Kalender und Popbiographien

⋆

Die ganze Welt des Taschenbuchs

⋆

Goldmann Verlag • Neumarkter Str. 28 • 81673 München

Bitte senden Sie mir das neue kostenlose Gesamtverzeichnis

Name: ______________________________

Straße: ______________________________

PLZ / Ort: ______________________________